한 번에 합격, 자격증은 이기적

# 이렇게 기막힌 적중률

오직 스터디 카페 멤버에게만
주어지는 특별 혜택!

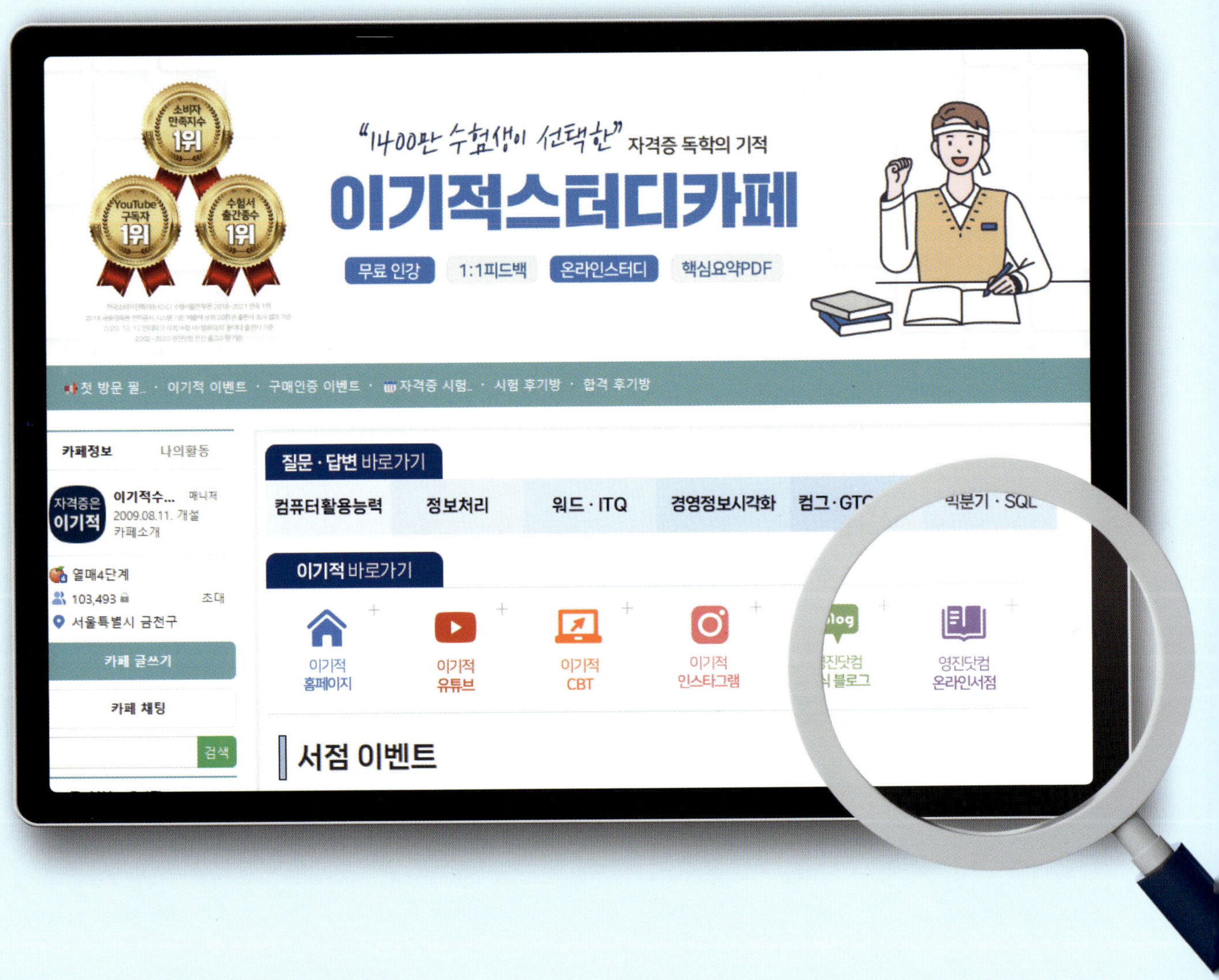

# 이기적 스터디 카페

 합격을 위한 기적 같은 선물
**또기적 합격자료집**

 혼자 공부하기 외롭다면?
**온라인 스터디 참여**

 모든 궁금증 바로 해결!
**전문가와 1:1 질문답변**

 1년 내내 진행되는
**이기적 365 이벤트**

 도서 증정 & 상품까지!
**우수 서평단 도전**

 간편하게 한눈에
**시험 일정 확인**

# 합격까지 모든 순간 이기적과 함께!
# 이기적 365 EVENT

## QR코드를 찍어 이벤트에 참여하고 푸짐한 선물 받아가세요!

### 1 기출문제 복원하기

이기적 책으로 공부하고 시험을 봤다면 7일 내로 문제를 제보해 주세요!

### 2 합격 후기 작성하기

당신만의 특별한 합격 스토리와 노하우를 전해 주세요!

### 3 온라인 서점 리뷰 남기기

온라인 서점에서 책을 구매하고 평점과 리뷰를 남겨 주세요!

### 4 정오표 이벤트 참여하기

더 완벽한 이기적이 될 수 있게 수험서의 오류를 제보해 주세요!

※ 이벤트별 혜택은 변경될 수 있으므로 자세한 내용은 해당 QR을 참고해 주세요.

# 기적의 적중률, 여러분의 참여로 완성됩니다
# 기출 복원 EVENT

영진닷컴 쇼핑몰
**30,000원**

기출 복원하기 ▶

전원
지급

N Pay

네이버페이
포인트 쿠폰

최대
**20,000원**

**1** 이기적 수험서로 공부하고 시험에 응시했다면 누구나 참여 가능

**2** 응시일로부터 7일 이내 복원 문제만 인정(수험표 첨부 필수!)

**3** 중복, 누락, 허위 문제는 당첨 대상에서 제외

※ 이벤트별 혜택은 변경될 수 있으므로 자세한 내용은 해당 QR을 참고해 주세요.

# 시험 환경 100% 재현!
# CBT 온라인 문제집

**CBT 온라인 문제집 이용 가이드**

**STEP 1**  CBT 사이트 (cbt.youngjin.com) 접속하기

**STEP 2**  과목을 선택하고 시작하기 버튼 클릭하기

**STEP 3**  시간에 맞춰 문제 풀고 합격 여부 확인하기

**STEP 4**  로그인하면 MY 페이지에서 응시 결과 확인 가능

**글자 크기 조절**

글자 크기  100%  150%  200%

**안 푼 문제 수 확인 가능**

· 전체 문제 수 : 40  · 안 푼 문제 수 : 40

**실제 시험처럼 시간 재며 풀기**

제한 시간 40분
남은 시간 37분 39초

답안 표기란

**모바일 접속도 가능**

컴퓨터활용능력 2급 필기

글자 크기  100%  150%  200%     전체 문제 수 : 40  · 안 푼 문제 수 : 40     제한 시간 40분  남은 시간 38분 50초

답안 표기란

1. 다음 중 1TB(Tera Byte)에 해당하는 것은?
① 1024 Bytes
② 1024 × 1024 Bytes
③ 1024 × 1024 × 1024 Bytes
④ 1024 × 1024 × 1024 × 1024 Bytes

2. 다음 중 아래의 기능이 의미하는 용어는?

다중 처리 시스템에서 특정 처리기에 과중한 부하가 걸리지 않도록 시간을 조정하여 부하를 골고루 분배하는 것

① Load Map
② Load Segent
③ Load Balancing
④ Loading Address

**답안 표기란에 체크**

계산기     ◀ 1/14 ▶     ✓ 안 푼 문제     📝 답안 제출

**안 푼 문제로 바로 이동 가능
합격 결과 즉시 확인**

이기적 CBT

# 합격을 위해 모두 드려요.
# 이기적 합격 솔루션!
## 이기적이 여러분을 위해 준비했어요

### 시행처 발표 출제기준 반영, 2026년 출제기준

프로그래밍기능사의 2026년 출제기준, 완벽 분석!
정확하게 확인하고, 다시 한 번 합격을 위해 달립니다~

### 마지막까지 이기적과 함께, 또기적 합격자료집

핵심 키포인트 이론과 CBT 모의고사까지,
또기적 PDF로 시험장에서도 이기적과 함께 하세요!

### 언제든지 PC와 모바일로, CBT 온라인 문제집

요즘에는 프로그래밍기능사 필기 시험을 컴퓨터로 본다고?
시험장에 가서 당황하지 않도록 미리 모의고사를 풀어보세요!

### 1:1 질문답변부터 이벤트까지, 이기적 스터디 카페

모르는 내용은 서로 물어보고 깜짝 이벤트도 참여하세요.
시험이 끝나고 나의 합격 후기를 공유하면 선물도 드려요!

※ 〈2026 이기적 프로그래밍기능사 필기 기출 900제〉를 구매하고 인증한 회원에게만 드리는 자료입니다.

◀ 모든 혜택 한 번에 보기

정오표 바로가기 ▶

또, 드릴게요! 이기적이 준비한 선물

# 또기적 합격자료집

도서구매자
신청 시
100% 증정

PDF
파일 제공

**1** **시험에 관한 A to Z 합격 비법서**
책에 다 담지 못한 혜택은 또기적 합격자료집에서 확인

**2** **편리하고 똑똑한 디지털 자료**
PC · 태블릿 · 스마트폰으로 언제든 열람하고 필요한 부분만 출력 가능

**3** **초보자, 독학러 필수 신청**
혼자서도 충분한 학습 플랜과 수험생 맞춤 구성으로 한 번에 합격

※ 도서 구매 시 추가로 증정되는 PDF용 자료이며 실제 도서가 아닙니다.

◀ 또기적 합격자료집 받으러 가기

이렇게
기막힌
적중률

# 프로그래밍기능사
## 필기 기출 900제

"이" 한 권으로 합격의 "기적"을 경험하세요!

# 차례

**또기적
합격자료집**

 PDF ⬇ 중요 핵심이론        📓 CBT 모의고사

**참여 방법**
'이기적 스터디 카페' 검색 → 이기적 스터디 카페(cafe.naver.com/yjbooks) 접속 →
'합격 추가 자료' 게시판 → 구매 인증 → 메일로 자료 받기

# 이 책의 구성

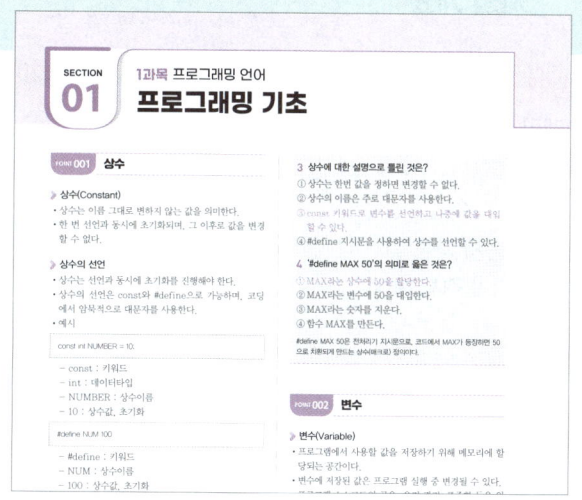

**STEP 1**

## 중요한 내용만 쏙쏙! 핵심이론 68선

- ☑ 어려워진 시험에 딱맞는 이론
- ☑ 꼭 알아야 할 중요 내용 수록
- ☑ 개념체크 문제로 이론 내용 정리

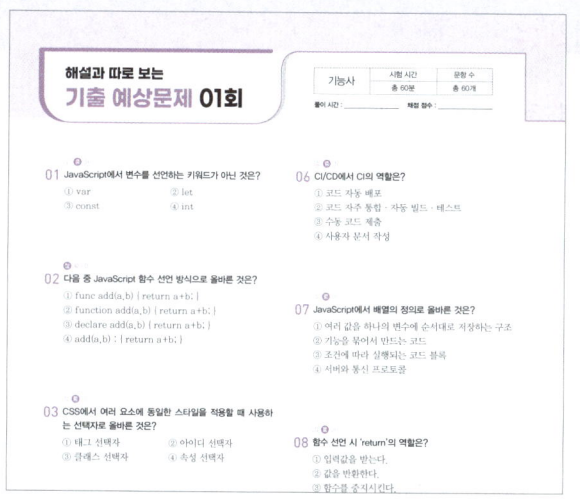

**STEP 2**

## 시험처럼 연습하는, 기출 예상문제

- ☑ 문항별 '상/중/하' 난이도 체크
- ☑ 회당 풀이시간과 채점점수 확인
- ☑ 혼자서도 이해 가능한 친절한 해설

**STEP 3**

## 마지막까지 이기적, 또기적!

- ☑ 시험 시작부터 합격까지 완성
- ☑ 중요 핵심 개념들만 골라서 정리
- ☑ CBT 모의고사로 완성하는 시험 준비

# 시험의 모든 것

## STEP 1 시험 개요

### 자격증명
프로그래밍기능사(Craftsman Programming)

### 응시 자격
• 모든 학과 응시 가능
• 실기는 필기 합격자 대상

### 필기 시험 과목
• 프로그래밍 언어
• 응용 SW 기초 기술
• SQL 활용
• 정보 시스템 기초 기술

### 검정 방법
• 필기 : 객관식 4지 택일형 60문항(60분)
• 실기 : 작업형(1시간 30분)

> **고사장 및 시험 관련 문의**
> • 시행처 : 한국산업인력공단
> • 홈페이지 : www.q-net.or.kr
> • 고객지원 : 1644-8000

## STEP 2 접수 및 응시

### 시험 일정
• 1년에 필기/실기 각 4회씩 시행
• 정확한 시험 일정은 시행처 참고

### 유의 사항
• 원서접수시간은 원서접수 첫날 10:00부터 마지막 날 18:00까지
• '접수 일정 전에 공지되는 해당 회별 수험자 안내(Q-net 공지사항 게시)' 참조 필수

### 합격 기준
• 필기 : 100점을 만점으로 하여 60점 이상
• 실기 : 100점을 만점으로 하여 60점 이상

## STEP 3 출제기준

### 개요
• 적용 기간 : 2026.01.01.~2026.12.31.
• 정보통신 〉 정보기술 〉 프로그래밍기능사

### 세부 내용

| | |
|---|---|
| 프로그래밍 언어 활용 및 응용 | 구조적 프로그래밍 |
| | 객체지향 프로그래밍 |
| 응용 SW 기초 기술 활용 | 네트워크 기초 |
| | 데이터베이스 기초 |
| 화면 구현 및 UI 테스트 | UI 테스트 |
| | 화면 구현 |
| SQL 작성 및 활용 | 데이터 조회 |
| | 데이터 수정 |
| 테스트 및 배포 | 애플리케이션 테스트 수행 |
| | 애플리케이션 배포 |
| 개발자 환경 구축 | 운영체계 기초 활용 |
| | 기본 개발환경 구축 |
| 개발 환경 운영 지원 | 개발 환경 백업 및 복원 |

## STEP 4 합격자 확인

### 합격자 발표
• 시험 종료 즉시 합격 여부 확인 가능
• 필기 시험 합격 예정자 및 최종 합격자 발표 시간은 해당 발표일 09:00

### 자격증 발급
• 인터넷 발급 신청하여 우편 수령
• 인터넷 자격증 발급 시 비용 발생
• 발급 문의 : 32개 지부/지사

# 시험 출제 경향

2026년부터는 기존의 정보처리기능사가 '프로그래밍기능사'로 명칭이 변경되며, NCS(국가직무능력표준) 기반으로 시험 과목이 대폭 개편됩니다. 기존 정보처리기능사의 필기 시험 과목이었던 '전자계산기 일반, 정보통신기술, 정보처리일반, 정보처리실무' 과목이 아래와 같이 변경되며, 각 과목별로 출제 내용은 다음과 같습니다.

## 1 과목  프로그래밍 언어

기본 프로그래밍 문법과 구조
자료구조와 알고리즘 기초
객체지향 프로그래밍 개념

## 2 과목  응용 SW 기초 기술

소프트웨어 개발 방법론
애플리케이션 설계 및 구현 기초
개발 환경 및 도구 활용

## 3 과목  SQL 활용

데이터베이스 기본 개념
SQL 기본 문법(SELECT, INSERT, UPDATE, DELETE 등)
데이터 조작 및 조회 기법

## 4 과목  정보 시스템 기초 기술

운영체제 기초
네트워크 기본 개념
정보 보안 기초

## 총평  실무 중심으로 재편된 과목 구성

주요 변화 포인트로는 실무 중심으로 재편된 과목 구성이 특징입니다.

특히 프로그래밍 언어와 SQL 활용 부분이 강화되어 실제 개발 현장에서 필요한 기술 위주로 평가할 것으로 예상됩니다. 기존 정보처리기능사의 출제 경향과 크게 다르지 않을 수 있으나, NCS 기반으로 더욱 체계화되고 현업 적용성이 높아질 것으로 보입니다.

또한 실기시험 방법도 NCS 기반 종목개편 결과에 따라 변경될 예정이므로, 필기와 실기의 연계성이 더욱 강화될 것으로 예상됩니다.

# CBT 가이드

## CBT란?

CBT는 시험지와 필기구로 응시하는 일반 필기시험과 달리, 컴퓨터 화면으로 시험 문제를 확인하고 그에 따른 정답을 클릭하면 네트워크를 통하여 감독자 PC에 자동으로 수험자의 답안이 저장되는 방식의 시험입니다. 오른쪽 QR코드를 스캔해서 CBT를 체험해 보세요!

큐넷 CBT 체험하기

## CBT 응시 유의사항

- 수험자마다 출제되는 문제는 다를 수 있습니다.
- 문제를 다 풀면, 반드시 '제출' 버튼을 눌러야만 시험이 종료됩니다.
- 시험 종료 안내방송이 따로 없으므로 시험 종료 시간에 유의하여야 합니다.

## FAQ

**Q** CBT 시험이 처음이에요! 시험 당일에는 어떤 것들을 준비해야 좋을까요?

**A** 시험 시간 시작 20분 전 도착을 목표로 출발하고 시험장에는 주차할 자리가 마땅하지 않은 경우가 많으므로, 대중교통을 이용하는 것을 추천합니다. 무사히 시험 장소에 도착했다면 수험자 입장 시간에 늦지 않게 시험실에 입실하고, 자신의 자리를 확인한 뒤 착석하세요.

**Q** 기존보다 더 어려워졌을까요?

**A** 시험 자체의 난이도 차이는 없지만, 랜덤으로 출제되는 CBT 시험 특성상 경우에 따라 유독 어려운 문제가 많이 출제될 수는 있습니다. 이러한 돌발 상황에 대비하기 위해 이기적 CBT 온라인 문제집으로 실제 시험과 동일한 환경에서 미리 연습해 두세요.

**Q** 풀었던 문제의 답안 수정은 어떻게 하나요?

**A** 마킹한 답안을 수정할 경우에는 문제지 화면에서 수정하고자 하는 문제의 답을 다시 클릭하면 먼저 체크한 번호는 없어지고 새로 선택한 번호가 검은색으로 마킹됩니다.

**Q** 문제를 다 풀고 나면 어떻게 하나요?

**A** 문제를 다 풀고 시험을 종료하려면, '시험 종료' 버튼을 클릭하면 됩니다. 마킹하지 않은 문제가 있을 경우 남은 문제의 문제번호 목록을 보여 주고, 남은 문제번호를 선택한 다음 [문항으로 이동] 버튼을 클릭하면 문제 화면에 클릭한 문제가 나타납니다. 남은 문제가 없을 경우 최종적으로 종료 여부를 확인하는 대화 상자가 나타나며 [예]를 클릭하면 시험이 종료되고 수험자가 작성한 답안은 자동으로 저장되어 서버로 전송됩니다.

## CBT 진행 순서

**좌석번호 확인** — 수험자 접속 대기 화면에서 본인의 좌석번호를 확인합니다.

**수험자 정보 확인** — 시험 감독관이 수험자의 신분을 확인하는 단계입니다.
신분 확인이 끝나면 시험이 시작됩니다.

**안내사항** — 시험 안내사항을 확인하고, 다음을 클릭합니다.

**유의사항** — 시험과 관련된 유의사항을 확인합니다.

**문제풀이 메뉴 설명** — 시험을 볼 때 필요한 메뉴에 대한 설명을 확인합니다.
메뉴를 이용해 글자 크기와 화면 배치를 조정할 수 있습니다. 남은 시간을 확인하며 답을 표기하고,
필요한 경우 아래의 계산기를 이용할 수 있습니다.

**문제풀이 연습** — 시험 보기 전, 연습을 해 보는 단계입니다.
직접 시험 메뉴화면을 클릭하며, CBT가 어떻게 진행되는지 확인합니다.

**시험 준비 완료** — 문제풀이 연습을 모두 마친 후 [시험 준비 완료] 버튼을 클릭하면 시험 감독관의 지시에 따라 시험이 시작됩니다.

**시험 시작** — 시험이 시작되었습니다. 수험자는 제한 시간에 맞추어 문제풀이를 시작합니다.

**시험 준비 완료** — 시험을 완료하면 [답안 제출] 버튼을 클릭합니다.
답안을 수정하기 위해 시험화면으로 돌아가고 싶으면 [아니오] 버튼을 클릭합니다.

**답안 제출 최종 확인** — 답안 제출 메뉴에서 [예] 버튼을 클릭하면, 수험자의 실수를 방지하기 위해 한 번 더 주의 문구가 나타납니다.
완벽히 시험 문제 풀이가 끝났다면 [예] 버튼을 클릭하여 최종 제출합니다.

**합격 발표** — CBT 시험이 모두 종료되면, 퇴실할 수 있습니다.

---

이제 완벽하게 CBT 시험에 대해 이해하셨나요?
그렇다면 이기적이 준비한 CBT 온라인 문제집으로 학습해보세요!

이기적 온라인 문제집: https://cbt.youngjin.com

이기적
CBT
바로가기

# Q&A

**Q 프로그래밍기능사 시험에 대해 알려주세요.**

**A**

정보 시스템 구축에 필요한 기초 프로그래밍, UI 구현, SQL 활용, 테스트 등의 업무를 수행하는 직무입니다. 출제기준 내에서 문제가 출제되며 필기는 총 60문항, 시험 시간은 60분입니다. 100점 만점에 60점 이상이면 합격입니다.

**Q 필기시험 합격 후 실기시험까지의 유효기간은 얼마인가요?**

**A**

필기 합격일로부터 2년간 실기시험에 응시할 수 있습니다. 수험자별 상황에 따라 유효기간이 다를 수 있으므로 시행처에서 반드시 확인해 주세요. 프로그래밍기능사 자격은 평생 자격으로 별도의 갱신이 필요하지 않습니다.

**Q 기존 정보처리기능사와 어떤 차이가 있나요?**

**A**

정보처리산업기사보다는 낮지만, 기존 정보처리기능사보다 높습니다. UI 구현, 자료구조, DevOps 개념 등 최신 실무 요소가 추가되었고 특히 코드 해석 문제와 SQL 문제가 까다롭게 출제될 것으로 예상됩니다.

**Q 지난 번에 구매한 정보처리기능사 책이 있는데, 이 책으로 공부해도 되나요?**

**A**

위험한 선택입니다. 2026년 개편의 핵심은 단순히 이름만 바뀐 것이 아니라, 구시대적 이론이 대거 삭제되고 최신 프로그래밍 패러다임이 들어온 것입니다. 예전 책으로 공부하면 나오지도 않을 이론을 외우느라 정작 중요한 내용을 공부할 시간을 뺏기게 됩니다.

**Q SQL과 프로그래밍 언어는 어느 정도 준비해야 하나요?**

**A**

SELECT, JOIN, 서브쿼리, 트랜잭션 등 실무 SQL 문법이 필수입니다. SQL 파트가 합격의 당락을 좌우할 것으로 생각됩니다. 또한 특정 언어에 한정되지 않고, C 언어 스타일의 문법, 객체지향(OOP) 기본 개념, JavaScript 기초가 출제됩니다.

**Q 비전공자나 '수포자'도 합격할 수 있을까요?**

**A**

프로그래밍기능사 시험에서 요구하는 계산 실력은 사칙연산(더하기, 빼기, 곱하기, 나누기) 수준으로 충분합니다. 시험의 본질은 공식을 푸는 것이 아니라 '순서대로 일을 처리하는 과정'을 이해하는지에 있습니다. 전공자들은 이미 익숙한 개념을 건너뛰는 경향이 있지만, 비전공자는 기초부터 차근차근 다지기 때문에 오히려 함정 문제에서 실수를 덜 하는 경우가 많습니다. 기초 용어부터 하나씩 정복해 나가는 학습 방식은 시험에서 가장 강력한 무기가 될 수 있습니다.

**Q 프로그래밍기능사는 어떻게 공부하는 것이 좋을까요?**

**A**

프로그래밍기능사 시험을 준비한다면 다음의 순서로 공부해 보세요.
- 프로그래밍 언어 기초 다지기
- 응용 SW 기초 기술 학습
- SQL 집중 학습
- 정보 시스템 기초 기술 정리
- 기출문제 풀이와 오답노트

기존 정보처리기능사 기출문제와 최신 정보처리산업기사 기출문제를 풀어보세요. 그리고 자주 등장하는 유형을 정리하고, 틀린 문제는 오답노트로 관리하세요.

필기시험은 60문항 60분이므로, 평균 1분 이내에 문제를 풀 수 있어야 합니다. 어려운 문제는 과감히 넘기고, 확실히 아는 문제부터 푸는 습관을 들이세요.

# 핵심이론
# POINT 68선

1과목 프로그래밍 언어

# 프로그래밍 기초

## POINT 001 상수

### ▶ 상수(Constant)
- 상수는 이름 그대로 변하지 않는 값을 의미한다.
- 한 번 선언과 동시에 초기화되며, 그 이후로 값을 변경할 수 없다.

### ▶ 상수의 선언
- 상수는 선언과 동시에 초기화를 진행해야 한다.
- 상수의 선언은 const와 #define으로 가능하며, 코딩에서 암묵적으로 대문자를 사용한다.
- 예시

```
const int NUMBER = 10;
```

- const : 키워드
- int : 데이터타입
- NUMBER : 상수이름
- 10 : 상수값, 초기화

```
#define NUM 100
```

- #define : 키워드
- NUM : 상수이름
- 100 : 상수값, 초기화

### 개념 체크 ✔

**1 다음 중 C언어에서 상수를 선언할 때 사용하는 명령어는?**

① #include      ② #fuction
③ #valuable      ④ #define

**2 다음 중 상수를 선언하는 방법으로 옳지 않은 것은?**

① const int AGE = 25;
② int const VALUE = 10;
③ #define PI 3.14
④ const float;

const float;는 변수 이름도 없고 초기값도 없어 상수 선언으로 올바르지 않다.

**3 상수에 대한 설명으로 틀린 것은?**

① 상수는 한번 값을 정하면 변경할 수 없다.
② 상수의 이름은 주로 대문자를 사용한다.
③ const 키워드로 변수를 선언하고 나중에 값을 대입할 수 있다.
④ #define 지시문을 사용하여 상수를 선언할 수 있다.

**4 '#define MAX 50'의 의미로 옳은 것은?**

① MAX라는 상수에 50을 할당한다.
② MAX라는 변수에 50을 대입한다.
③ MAX라는 숫자를 지운다.
④ 함수 MAX를 만든다.

#define MAX 50은 전처리기 지시문으로, 코드에서 MAX가 등장하면 50으로 치환되게 만드는 상수(매크로) 정의이다.

## POINT 002 변수

### ▶ 변수(Variable)
- 프로그램에서 사용할 값을 저장하기 위해 메모리에 할당되는 공간이다.
- 변수에 저장된 값은 프로그램 실행 중 변경될 수 있다.
- 프로그램 소스코드의 공유, 유지 관리, 표준화 등을 위해 일정한 규칙에 따라 작성된다.

### ▶ 변수명 작성 규칙
- 영문 대문자/소문자(대소문자 구분), 숫자, 밑줄(_)의 사용이 가능하다.
- 첫 자리에 숫자로 시작할 수 없다.
- 변수 이름의 중간에는 공백을 사용할 수 없다.
- 이미 사용되고 있는 예약어(키워드)는 변수로 사용할 수 없다.
- 밑줄(_)을 제외한 특수문자(예 -, @, . 등)는 사용할 수 없다.

## 변수의 개념도

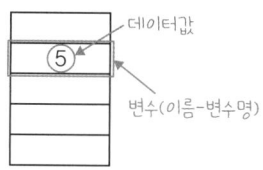

주기억장치

- 변수에 들어갈 데이터 : 데이터값
  데이터값이 들어갈 공간 : 변수
  그 공간의 이름 : 변수명
- 즉, 변수명은 변수를 가리키고, 변수에는 데이터값이 저장된다.

**개념 체크 ✔**

**1** 프로그램이 실행되는 동안 발생하는 값을 저장하기 위한 공간을 의미하는 용어는 무엇인가?

① 변수　　　　　② 상수
③ 주석　　　　　④ 예약어

**2** 다음 중 변수명으로 사용할 수 있는 것은?

① 3abc　　　　　② one test
③ 12_ABC　　　　④ a_PATH

**3** 변수 이름을 작성할 때 지켜야 할 규칙으로 옳지 <u>않은</u> 것은?

① 첫 글자로 숫자를 사용할 수 없다.
② 변수명에 공백을 사용할 수 있다.
③ 영문 대소문자, 숫자, 밑줄(_)을 사용할 수 있다.
④ 예약어(키워드)는 변수 이름으로 사용할 수 없다.

**4** 다음 중 올바른 변수 이름으로만 이루어진 것은?

① apple, _data, user1
② 1table, info!, main
③ abc def, return, 7temp
④ new-variable, print, 123

---

**POINT 003** **예약어**

## 예약어(Reserved word)

- 프로그래밍 언어에서 미리 사용하기로 약속한 단어이다.
- 예약어는 변수 이름이나 식별자로 사용할 수 없다.
- C, JAVA, Python 등 언어마다 예약어는 다르며, 일부는 공통적으로 쓰이기도 한다.

## JAVA 예약어의 종류

| 데이터 타입 | int, double, char, boolean, byte, short, long, float |
|---|---|
| 제어문 | if, else, switch, case, default, while, for, break, continue |
| 클래스 및 객체 | class, extends, implements, new, this, super |
| 접근 제어 | public, protected, private, default |
| 기타 | void, static, final, abstract, interface, package, import |

**개념 체크 ✔**

**1** 다음 중 프로그래밍 언어의 '예약어(Reserved word)'에 대한 설명으로 가장 옳은 것은?

① 개발자가 자유롭게 변수명으로 사용할 수 있는 단어이다.
② 실행 중에 변경할 수 있는 값을 의미한다.
③ 이미 특정한 기능이나 용도로 지정되어 변수명이나 식별자로 사용할 수 없는 단어이다.
④ 변수나 함수의 사용을 제한하는 오류 메시지이다.

**2** 다음 중 C언어에서 예약어로 사용되는 단어는 무엇인가?

① apple
② int
③ score
④ number

int는 C언어의 자료형 예약어이다.

**3** 다음 중 변수명이나 식별자로 사용할 수 <u>없는</u> 예약어는?

① for
② data
③ info1
④ user_name

**4** 예약어에 대한 설명으로 옳지 <u>않은</u> 것은?

① 예약어는 프로그래밍 언어마다 다를 수 있다.
② 예약어는 변수 이름으로 사용할 수 없다.
③ JAVA와 Python, C언어는 모두 같은 예약어를 사용한다.
④ 예약어는 미리 특정 기능을 위해 정해진 단어이다.

**5** 다음 중 '예약어'의 예가 <u>아닌</u> 것은?

① while　　　　　② if
③ result　　　　　④ return

**데이터 타입**

## 데이터 타입(Data Type)
변수에 들어갈 값의 특성을 구분하여 그 특성에 맞게 저장할 수 있도록 하는 데이터 속성값의 길이 및 성질을 의미한다.

## 불린 타입
- 참과 거짓을 의미하는 데이터 타입으로, C++에서는 bool이라고도 부른다.
- 참을 의미하는 true와 거짓을 의미하는 false 두 가지의 값을 가지고 있다.

| 종류 | 데이터 타입 | 크기 |
|---|---|---|
| JAVA | boolean | 1Byte |

## 문자 타입
- 문자 하나를 저장할 때 사용한다.
- 예 char a='A';

| 종류 | 데이터 타입 | 크기 |
|---|---|---|
| C | char | 1Byte |
| JAVA | char | 2Byte |

## 문자열 타입
- 문자열을 저장할 때 사용한다.
- C++와 JAVA에서 사용하며, C언어에서는 지원하지 않는다(C언어에서는 배열을 이용).
- 예 string a = "welcome";

## 정수 타입
- 정수값을 저장하고자 할 때 사용한다.
- 예 int i = 25000;

| 종류 | 데이터 타입 | 크기 |
|---|---|---|
| C | short | 2Byte |
| | int | 4Byte |
| | long | 4Byte |
| | long long | 8Byte |
| JAVA | byte | 1Byte |
| | short | 2Byte |
| | int | 4Byte |
| | long | 8Byte |

## 실수 타입
- 소수점을 포함하는 실수값을 저장하고자 할 때 사용한다.
- 예 double d = 3.141592;

| 종류 | 데이터 타입 | 크기 |
|---|---|---|
| C | float | 4Byte |
| | double | 8Byte |
| | long double | 8Byte |
| JAVA | float | 4Byte |
| | double | 8Byte |

## 배열 타입
- 여러 데이터를 하나로 묶어서 저장하고자 할 때 사용한다.
- C언어에서는 배열의 공간(크기)를 선언하고, JAVA는 비워둔다.

| 종류 | 정수형 배열 선언 |
|---|---|
| C | Array[5]={1,2,3,4,5}; |
| JAVA | Array[ ]={1,2,3,4,5}; |

## 포인터 타입
- 메모리 주소를 저장해서 다른 변수/함수/배열 등을 가리키는 타입이다.
- 커다란 배열의 원소를 효율적으로 저장하고자 할 때 이용한다.
- C언어와 C++ 등의 프로그래밍 언어에서 지원한다.

### 개념 체크 ✔

**1** 다음 중 JAVA에서 참(true)과 거짓(false)의 두 가지의 값을 가지고 있는 자료형은 무엇인가?
① byte
② bool
③ boolean
④ bit

**2** 다음 중 C언어에서 실수를 표현하는 자료형은 무엇인가?
① int
② boolean
③ short
④ float

**3** C언어에서 정수형 데이터 타입으로 옳지 <u>않은</u> 것은?
① int
② float
③ short
④ long

float는 실수형(부동소수점) 자료형이다.

**4** 다음 중 4바이트 크기를 가지는 데이터 타입은 무엇인가?

① char                           ② short
③ int                            ④ long long

**5** 부호가 없는(unsigned) 데이터 타입의 특징으로 옳은 것은?

① 음수와 양수를 모두 저장할 수 있다.
② 음수는 저장할 수 없고 0 이상의 값만 저장할 수 있다.
③ 실수만 저장할 수 있다.
④ 메모리를 2배로 사용한다.

unsigned 자료형은 부호 비트가 없어서 음수는 저장할 수 없고, 0 이상의 값만 저장할 수 있다.

**6** 다음 중 double 타입의 실수 리터럴을 올바르게 표현한 것은?

① 3.14                           ② 3.14f
③ '3.14'                         ④ 3

C에서 3.14는 기본적으로 double 리터럴이고, 3.14f는 float 리터럴, '3.14'는 문자/문자열 표현이 아니며, 3은 정수이다.

---

**POINT 005** **C언어 입력 및 출력**

### ▶ C언어 표준 입출력 명령어

| | scanf | 표준 입력 함수 |
|---|---|---|
| 입력 함수 | getchar | 문자 입력 함수 |
| | gets | 문자열 입력 함수 |
| | printf | 표준 출력 함수 |
| 출력 함수 | putchar | 문자 출력 함수 |
| | puts | 문자열 출력 함수 |

### ▶ 서식 지정자

값을 어떤 형식으로 출력하거나 입력받을지 지정하는 기호로, 서식 문자열 안에서 %로 시작한다.

| | %d | 부호 있는 10진수 정수 |
|---|---|---|
| 정수형 | %u | 부호 없는 10진수 정수 |
| | %o | 부호 없는 8진수 정수 |
| | %x | 부호 없는 16진수 정수 |
| | %f | 소수점 6번째까지의 실수 |
| 실수형 | %e | 0.000000e+00, 실수 지수 표현 |
| | %g | 숫자 값의 크기에 따라 %e나 %f로 표현 |

| 문자형 | %c | 단일 문자 출력 |
|---|---|---|
| | %s | 문자열 출력 |

### ▶ 이스케이프(탈출)문

문자열 안에서 줄바꿈, 탭, 따옴표, 역슬래시처럼 직접 입력하기 어렵거나 특별한 의미를 갖는 문자를 표현하기 위해 역슬래시(\ 또는 ₩)와 함께 사용하는 표기법이다.

| \a | 경보(alert) | 경보를 울림 |
|---|---|---|
| \b | 백스페이스(backspace) | 백스페이스 |
| \f | 폼피드(form feed) | 커서를 다음 페이지의 시작 부분으로 넘김 |
| \n | 개행(new line) | 커서를 다음 줄 첫 번째 위치로 넘김 |
| \r | 복귀(carriage return) | 커서를 다음 줄로 넘기지 않고 첫 번째 위치로 넘김 |
| \t | 수평 탭(horizontal tab) | 키보드의 [tab] 키와 같은 기능 |
| \v | 수직 탭(vertical tab) | 수직으로 탭 |
| \0 | 널 문자(Null) | 널 문자 출력 |
| \\ | 백슬래시(backslash) | 백슬래시를 표기함(₩ 또는 \로 표기) |

**개념 체크** ✔

**1** C언어에서 문자열 출력 시 사용하는 함수는?

① gets                           ② getchar
③ puts                           ④ putchar

**2** C언어에서 사용되는 이스케이프 문으로 커서를 다음 줄 처음으로 이동하는 것은 무엇인가?

① \n                             ② \a
③ \t                             ④ \\

**3** C언어에서 사용되는 서식 지정자와 의미가 올바르게 연결되지 <u>않은</u> 것은?

① %d – 부호있는 10진수 정수
② %x – 부호 없는 8진수 정수
③ %s – 문자열 출력
④ %f – 소수점 6번째까지의 실수

**4** scanf( ) 함수로 입력을 받을 때 변수 이름 앞에 붙이는 기호로 알맞은 것은?

① * (별표)                       ② $ (달러)
③ & (앰퍼샌드)                   ④ # (샵)

scanf( )는 입력값을 변수에 저장해야 하기 때문에 보통 주소 연산자 &를 붙여서 사용한다.

# JAVA 입력 및 출력

## ▶ JAVA 표준 입출력 명령어

| 입력 함수 | Scanner | 표준 입력 함수 |
|---|---|---|
| | System.in.read | 문자 입력 함수 |
| | Scanner.nextLine | 문자열 입력 함수(행 기준 입력) |
| 출력 함수 | System.out.write | 표준 출력 함수 |
| | System.out.print | 문자 출력 함수 |
| | System.out.println | 문자열 출력 함수(출력 후 개행) |

• JAVA에서는 입력받은 값을 변수에 저장하려면 먼저 Scanner 클래스를 이용하여 변수를 생성해서 사용한다.

## ▶ JAVA 출력 응용

• 문자열을 출력할때는 큰따옴표(" ")로 묶어주어야 한다.
• 문자열 또는 문자열 변수를 연속으로 출력할 때는 +를 이용한다.
• 숫자+숫자는 숫자의 합을 출력하지만, 문자열+숫자 같이 문자열이 하나라도 포함되면 뒤의 값들이 문자열로 변환되어 연결된다.

• 예

| System.out.println(1 + 2); | // 3 |
|---|---|
| System.out.println("1" + 2); | // 12 |
| System.out.println(1 + "2"); | // 12 |
| System.out.println(1 + 2 + "3"); | // 33 (1+2 먼저 계산) |
| System.out.println("1" + 2 + 3); | // 123 (문자열이 먼저 나오면 뒤도 연결) |
| System.out.println("1" + (2 + 3)); | // 15 ((2 + 3)이 먼저 계산돼서 5가 되고, 그 다음 "1" + 5는 문자열 연결) |

### 개념 체크 ✔

**1** Java에서 표준 출력을 할 때 주로 사용하는 클래스와 메서드는?

① System.in.read()
② System.out.println()
③ Scanner.nextInt()
④ System.err.print()

**2** Java에서 키보드로부터 정수 값을 입력받기 위해 가장 많이 사용하는 클래스는 무엇인가?

① InputStream        ② Scanner
③ BufferedReader     ④ PrintStream

**3** 다음 중 Java에서 표준 출력 함수 System.out.printf( )에 대한 설명으로 옳은 것은?

① 출력 후 자동으로 줄바꿈이 된다.
② 서식 지정자를 이용해 다양한 형식으로 출력할 수 있다.
③ 입력을 받기 위한 함수이다.
④ 반드시 숫자 값만 출력할 수 있다.

**4** Java에서 Scanner 클래스의 입력 메서드로 문자열 전체 한 줄을 입력받는 것은?

① next()          ② nextInt()
③ nextLine()      ④ readLine()

**5** 다음 중 Java 표준 출력에 사용되는 메서드가 <u>아닌</u> 것은?

① System.out.print()
② System.out.println()
③ System.out.printf()
④ System.in.read()

**6** 다음 JAVA 프로그램의 실행 결과로 올바른 것은?

```java
public class Main {
    public static void main(String[ ] args) {
        System.out.print(2*1000+26 + "PATH");
    }
}
```

① 2100026PATH        ② 200026PATH
③ 2026PATH           ④ 실행오류

2*1000+26이 먼저 계산되어 2026이 되고, 그 뒤 "PATH"와 문자열 결합되어 2026PATH가 출력된다.

# Python 입력 및 출력

## ▶ Python의 특징

• 변수의 속성에 대한 선언이 없고 자동으로 지정된다.
• 한 줄에 여러 문장을 쓸 수 있으며 세미콜론을 이용하여 문장을 구분한다.

- 문장의 끝을 의미하는 세미콜론(;)을 사용할 필요가 없다.
- 문자열을 포함할 때 작은따옴표(' '), 큰따옴표(" ") 모두를 사용할 수 있다.
- 문자열에 따옴표가 포함되는 경우 다른 따옴표를 이용하여 문자열을 묶어줘야 한다.

## ▶ Python 표준 입출력 명령어

| 입력 함수 | input( ) | 표준 입력 함수 |
|---|---|---|
| 출력 함수 | print( ) | 표준 출력 함수 |

### 개념 체크 ✓

**1** 파이썬에서 표준 출력을 위한 함수로 알맞은 것은?

① scanf      ② printf
③ input      ④ print

**2** 파이썬에서 키보드 입력을 받아 변수에 저장할 때 사용하는 함수는?

① print      ② input
③ scanf      ④ gets

**3** 파이썬 변수 선언에 대한 설명으로 옳은 것은?

① 변수의 데이터타입을 반드시 지정해야 한다.
② 변수 선언 시 타입을 명시할 필요가 없다.
③ 변수 선언 시 세미콜론(;)이 필수다.
④ 변수 이름에만 숫자를 사용할 수 있다.

**4** 파이썬에서 한 줄에 여러 문장을 작성할 때 사용하는 기호는 무엇인가?

① 콜론(:)      ② 구분자(,)
③ 세미콜론(;)      ④ 마침표(.)

**5** 파이썬에서 문자열을 표현할 때 사용할 수 <u>없는</u> 기호는 무엇인가?

① 작은따옴표(')
② 큰따옴표(")
③ 삼중따옴표(''' 또는 """)
④ 백틱(`)

**6** Python에서 문자열을 입력하는 방법으로 옳지 <u>않은</u> 것은?

① 'Hello Python'      ② "Hello Python"
③ "Hello' Python"      ④ 'Hello' Python'

③은 바깥을 " "로 감쌌기 때문에, 안에 있는 작은따옴표(') 한 개는 문자(기호) 하나로 취급된다.

---

**POINT 008** **연산자**

### ▶ 연산자(Operator)
- 프로그램 실행을 위해 연산을 표현하는 기호로, 프로그램 내에서는 +/−와 같은 연산자가 사용된다.
- 연산자에는 산술 연산자, 시프트 연산자, 관계 연산자, 논리 연산자 등이 있다.

### ▶ 산술 연산자

| + | • 양쪽의 값을 더한다.<br>• 예 $10 + 5$ // 15 |
|---|---|
| − | • 왼쪽 값에서 오른쪽 값을 뺀다.<br>• 예 $10 - 5$ // 5 |
| * | • 두 개의 값을 곱한다.<br>• 예 $10 * 2$ // 20 |
| / | • 왼쪽 값을 오른쪽 값으로 나눈다.<br>• 예 $10 / 2$ // 5 |
| % | • 왼쪽 값을 오른쪽 값으로 나눈 나머지를 계산한다.<br>• 예 $10 \% 3$ // 1 |

- 프로그래밍 언어에서도 일반적으로 우리가 알고 있는 수학과 동일한 연산자에 우선순위를 따른다. 같은 우선순위 안에서는 왼쪽부터 우선적으로 연산한다.

| 우선순위 | 1 | 2 | 3 |
|---|---|---|---|
| 연산자 | ( ) | * / % | + − |

### ▶ 시프트 연산자
- 정수 값을 비트(2진수) 단위로 왼쪽 또는 오른쪽으로 이동시키는 연산자이다.

| 《<br>(Left) | • 왼쪽 피연산자의 비트를 오른쪽 피연산자만큼 왼쪽으로 이동한다(보통 $2^n$배).<br>• 예 $10 \langle\langle 1 = 20$<br> − 10을 2진수로: 10(10진수) = 1010(2진수)<br> − 왼쪽으로 1칸 이동: 1010 → 10100(오른쪽에 0이 채워짐)<br> − 다시 10진수로: 10100(2진수) = 16 + 4 = 20 |
|---|---|
| 》<br>(Right) | • 왼쪽 피연산자의 비트를 오른쪽 피연산자만큼 오른쪽으로 이동한다(보통 $2^n$으로 나눈 몫).<br>• 예 $10 \rangle\rangle 1 = 5$<br> − 10을 2진수로: 10(10진수) = 1010(2진수)<br> − 오른쪽으로 1칸 이동: 1010 → 0101(오른쪽 끝 비트는 떨어져 나감)<br> − 다시 10진수로: 0101(2진수) = 4 + 1 = 5 |

## ▶ 관계 연산자

- 두 피연산자의 크기 또는 같음/다름을 비교하여 결과를 참(true) 또는 거짓(false)으로 판단하는 연산자이다.

| 〉 | 초과(왼쪽이 더 큼) | printf("%d", 10 〉 3); // 1(True) |
|---|---|---|
| 〈 | 미만(왼쪽이 더 작음) | printf("%d", 10 〈 3); // 0(False) |
| 〉= | 이상(크거나 같음) | printf("%d", 5 〉= 5); // 1(True) |
| 〈= | 이하(작거나 같음) | printf("%d", 5 〈= 5); // 1(True) |
| == | 같다 | printf("%d", 10 == 3); // 0(False) |
| != | 다르다 | printf("%d", 5 != 3); // 1(True) |

- 언어마다 참/거짓 결과를 표현하는 방식이 다를 수 있다.

| 언어 | 참 | 거짓 |
|---|---|---|
| C | 0이 아닌 값(보통 1) | 0 |
| Java | true | false |
| Python | True | False |

## ▶ 논리 연산자

- 두 피연산자 사이의 논리적인 관계를 정의하는 연산자이다.

| &&<br>(and) | • 두 가지의 논리값이 모두 참일 경우 참(True)을 반환하고, 그렇지 않으면 거짓(False)을 반환한다.<br>= 둘 다 참이면 참<br>• 예 10 〉 5 && 5 〉 10 // 0<br>　- 10 〉 5 → 참<br>　- 5 〉 10 → 거짓 |
|---|---|
| ‖<br>(or) | • 두 개의 논리값 중 하나가 참이면 참(True)을 반환하고, 그렇지 않으면 거짓(False)을 반환한다.<br>= 하나라도 참이면 참<br>• 예 10 〉 5 ‖ 5 〉 10 // 1<br>　- 10 〉 5 → 참<br>　- 5 〉 10 → 거짓 |

- Python에서는 논리 연산자 대신 and, or을 직접 작성한다.

| C | a 〉 10 && b 〈 10 |
|---|---|
| Python | a 〉 10 and b 〈 10 |

## ▶ 비트 연산자

- 정수 값을 2진수 비트(0과 1) 단위로 AND, OR, XOR, NOT 같은 연산을 수행하는 연산자이다.

| &<br>(AND) | • 같은 자리의 비트가 둘 다 1이면 1, 아니면 0을 반환한다.<br>• 예 5 & 10 → 00000101 & 00001010 // 00000000(=0) |
|---|---|
| ‖<br>(OR) | • 같은 자리의 비트 중 하나라도 1이면 1, 아니면 0을 반환한다.<br>• 예 5 ‖ 10 → 00000101 ‖ 00001010 // 00001111(=15) |
| ^<br>(XOR) | • 같은 자리의 비트가 서로 다르면 1, 같으면 0을 반환한다.<br>• 예 5 ^ 10 → 00000101 ^ 00001010 // 00001111(=15) |
| ~<br>(NOT) | • 비트를 1↔0으로 반전시켜 반환한다.<br>• 예 ~5 → ~00000101 // 11111010(8비트 기준) |

- 연산은 각 비트 자리별로 이루어지며, 그 결과 비트들이 모여 새로운 정수 값이 된다.
- 우리가 보통 숫자를 10진수로 쓰더라도, 컴퓨터는 아래와 같이 내부적으로 값을 2진수(비트)로 표현해 처리한다.

| 10진수 | 2진수 | 10진수 | 2진수 |
|---|---|---|---|
| $1_{(10)}$ | $00000001_{(2)}$ | $5_{(10)}$ | $00000101_{(2)}$ |
| $2_{(10)}$ | $00000010_{(2)}$ | $10_{(10)}$ | $00001010_{(2)}$ |

## ▶ 증감 연산자

- 피연산자의 값을 1 증가(++) 또는 1 감소(- -)시키는 연산자이다.
- 부호의 위치에 따라 전위 연산자와 후위 연산자로 구분한다.

| 전위 연산자<br>(++a /<br>- -a) | • 먼저 증감한 뒤, 값이 사용된다.<br>• 예<br>```<br>int a = 5, b = 5;<br>printf("%d %d\n", ++a, - -b); // 결과 : 6 4<br>printf("%d %d\n", a, b);     // 결과 : 6 4<br>``` |
|---|---|
| 후위 연산자<br>(a++ /<br>a- -) | • 값을 먼저 사용한 뒤, 나중에 증감된다.<br>• 예<br>```<br>int a = 5, b = 5;<br>printf("%d %d\n", a++, b- -); // 결과 : 5 5<br>printf("%d %d\n", a, b);     // 결과 : 6 4<br>``` |

## ▶ 복합 대입 연산자

- 산술 연산과 대입을 한 번에 수행하는 연산자이다.
- 기존 값에 연산한 결과를 다시 대입한다.

| += | a += 2<br>→ a = a + 2 | a에 2를 더한 값을 다시 a에 저장한다(a가 2만큼 증가). |
|---|---|---|
| -= | a -= 2<br>→ a = a - 2 | a에서 2를 뺀 값을 다시 a에 저장한다(a가 2만큼 감소). |
| *= | a *= 2<br>→ a = a * 2 | a에 2를 곱한 값을 다시 a에 저장한다(a가 2배). |
| /= | a /= 2<br>→ a = a / 2 | a를 2로 나눈 값을 다시 a에 저장한다(정수라면 몫만 저장). |
| %= | a %= 2<br>→ a = a % 2 | a를 2로 나눈 나머지를 다시 a에 저장한다(짝/홀수 판별에 자주 사용). |

## ▶ 삼항 연산자

- 조건식의 결과에 따라 두 값 중 하나를 선택하는 연산자이다.

| C/Java | 조건 ? 값1 : 값2 | 조건이 참이면 값1, 거짓이면 값2를 출력한다. |
|---|---|---|
| Python | x if 조건 else y | 조건이 참이면 x, 거짓이면 y를 출력한다. |

- 예

```
a = 10
b = 20
max_value = a if a > b else b
print(max_value)   # 20
```

## ▶ 진법 입력 및 출력 표기/변환 방법

프로그래밍에서는 숫자를 보통 10진수로 작성하지만, 필요에 따라 2/8/16진수로 표기하거나 변환하여 입력 및 출력할 수 있다.

| 구분 | 입력 | 출력 |
|---|---|---|
| C | • 2진수 : 0b<br>• 8진수 : 0<br>• 16진수 : 0x | • 10진수 : %d<br>• 8진수 : %o<br>• 16진수 : %x |
| Python | • 2진수 : 0b<br>• 8진수 : 0o<br>• 16진수 : 0x | • 2진수 : bin( )<br>• 8진수 : oct( )<br>• 16진수 : hex( ) |
| Java | • 2진수 : Integer.value-Of(String, 2)<br>• 8진수 : Integer.value-Of(String, 8)<br>• 16진수 : Integer.value-Of(String, 16) | • 2진수 : Integer.toBina-ryString(int)<br>• 8진수 : Integer.toOc-talString(int)<br>• 16진수 : Integer.toHex-String(int) |

## ▶ 연산자 우선순위(C언어 기준)

| 구분 | 연산자 | 결합 방향 | 우선순위 |
|---|---|---|---|
| 단항 연산자 | ! ~ ++ -- sizeof | ← | 1 |
| 산술 연산자 | * / % | | 2 |
| | + - | | 3 |
| 시프트 연산자 | << >> | | 4 |
| 관계 연산자 | < <= > >= | → | 5 |
| | == != | | 6 |
| 비트 연산자 | & ^ | | | 7 |
| 논리 연산자 | && || | | 8 |
| 삼항 연산자 | ? : | | 9 |

| 대입 연산자 | = += -= *= /= %= 등 | ← | 10 |
|---|---|---|---|
| 쉼표 연산자 | , | → | 11 |

## ▶ 언어별 연산자 우선순위 특이사항

| C | • ++, --는 전위/후위가 있고, 후위가 전위보다 우선한다.<br>• ->는 포인터 구조체 멤버 접근이고 우선순위가 높은 편이다.<br>• 쉼표 연산자 ,는 우선순위가 매우 낮다(거의 최하위). |
|---|---|
| Java | • C와 비슷한 우선순위 체계지만 포인터 관련 연산자(->) 등)와 콤마 연산자(쉼표 연산자)가 없다.<br>• new, instanceof 같은 객체 지향 연산자가 있다. |
| Python | • ** 거듭제곱은 우선순위가 높고(오른쪽 결합). 단항 -보다 **가 먼저 계산될 수 있다.<br>• 논리 연산은 기호가 아니라 키워드(not > and > or)이다.<br>• ++, --가 없다. |

**개념 체크 ✔**

**1** 같은 자리의 비트 중 하나라도 1이면 1, 아니면 0을 반환하는 OR 연산을 하는 연산자는?

① &　　　　　　　　② |
③ ^　　　　　　　　④ ~

**2** 다음 Python의 코드 출력 결과가 True일 때 괄호 안에 들어갈 명령어로 올바른 것은?

```
a = 10
b = 1
print( a > 5 ( 괄호 ) b < 5)
```

① &&　　　　　　　② &
③ ||　　　　　　　④ and

**3** 다음 C언어 프로그램의 출력 결과로 올바른 것은?

```
#include<stdio.h>
main(){
  int a = 4;
  int b = 7;
  int c = a | b;
  printf("%d", c);
}
```

① 0　　　　　　　　② 1
③ 4　　　　　　　　④ 7

- a=4(0100), b=7(0111)
- a | b = 0111 → 7

**4 다음 연산자들 중 우선순위가 가장 빠른 것은?**

① &&

② ||

③ >>

④ <

**5 다음 Python 프로그램의 출력 결과로 올바른 것은?**

```
a = 100
b = 200
print(a < b)
```

① 1

② 참

③ True

④ true

**6 다음 C언어 프로그램의 출력 결과로 올바른 것은?**

```
#include <stdio.h>

int main( ) {
    int su1 = 7;
    int su2 = 5;
    int result;

    result = su1-- + ++su2;

    printf("su1 = %d, su2 = %d, result = %d", su1, su2, result);

    return 0;
}
```

① su1 = 6, su2 = 6, result = 12

② su1 = 6, su2 = 6, result = 13

③ su1 = 7, su2 = 5, result = 13

④ su1 = 7, su2 = 6, result = 13

• su1--는 7을 사용한 뒤, su1이 6이 됨
• ++su2는 먼저 6으로 증가 후, 6이 사용됨
• result = 7 + 6 = 13

**7 다음 C언어 프로그램의 출력 결과로 올바른 것은?**

```
#include <stdio.h>

int main( ) {
    int result = 20 << 2;
    printf("20 << 2 = %d\n", result);
    return 0;
}
```

① 20

② 22

③ 64

④ 80

• $20_{(10)} = 00010100_{(2)}$
• 00010100 << 2 → 01010000
• 01010000을 10진수로 바꾸면 64 + 16 = 80

**8 다음 C언어로 구현된 프로그램의 출력 결과로 올바른 것은?**

```
#include<stdio.h>
void main( ){
    int x=5, y=5, a;
    a = --x + y++;
    printf("%d %d %d", a, x, y);
}
```

① 10 5 5

② 10 4 5

③ 9 5 5

④ 9 4 6

• --x → x=4, 값 4
• y++ → 값 5 사용 후 y=6
• a = 4 + 5 = 9
• 출력 a x y = 9 4 6

**9** 다음 C언어로 구현된 프로그램의 출력 결과로 올바른 것은?

```c
#include <stdio.h>

int main(void)
{
    int a, b, result1;
    a = 12;
    b = 4;

    result1 = a & b;
    printf("%d", result1);

    return 0;
}
```

① 4  ② 8
③ 12  ④ 16

- a = 12 → 00001100, b = 4 → 00000100
- 00001100 & 00000100 = 00000100
- 00000100(2진수) = 4

---

**POINT 009** **조건문**

### 조건문(Conditional)

조건문은 조건의 참/거짓에 따라 실행 경로를 바꾸는 if 문, if~else 문(또는 else if)과, 여러 경우 중 하나를 선택하는 switch~case 문으로 구분된다.

| if 계열 | 조건식이 참이면 실행, 아니면 다른 분기 실행 |
|---|---|
| switch~case | 값(표현식)에 따라 해당 case 실행 |

### if, if~else 문

- 조건식의 참/거짓에 따라 실행 흐름을 제어하는 조건문이며, 초기 고급 언어인 FORTRAN에서 IF 형태의 조건문이 사용된 이후 대부분의 프로그래밍 언어에서 기본 제어문으로 활용되고 있다.
- 보통 단순 if 문, if~else 문, else~if 문(다중 분기), 중첩 if 문으로 구분되며, 언어마다 문법 형태는 조금씩 다르다.

| C/Java | if (조건) {  // 중괄호는 여러 문장을 묶을 때 사용<br>　　　　　　(문장이 1개면 생략 가능하지만<br>　　　　　　　보통은 작성 권장)<br>　　실행문;<br>} else if (조건) {  // else if는 필요할 때 여러 번 사용 가능<br>　　실행문;<br>} else {<br>　　실행문;<br>} |
|---|---|
| Python | if 조건:<br>　　명령<br>elif 조건:<br>　　명령<br>else:<br>　　명령 |

### switch~case 문

- 산술/논리 비교가 가능한 if 문과는 다르게, switch~case 문은 switch(식)의 값이 각 case의 값과 같은지(= =)를 기준으로 분기한다.
- break를 만나면 해당 case 처리를 끝내고 switch문을 종료한다. 만약 break가 없으면, 일치한 case부터 아래 case들까지 계속 실행되며(fall-through), break나 switch 끝을 만날 때까지 실행된다.

| C/Java | switch (변수) {<br>　case 값1:　// case 값은 콜론(:)으로 구분<br>　　실행문;<br>　　break;<br>　case 값2:<br>　　실행문;<br>　　break;<br>　default:　// default는 if문의 else와 유사한 역할<br>　　실행문;<br>} |
|---|---|
| Python | switch 키워드 기반의 switch~case 문법 없음 |

**1** 다음 C언어 코드의 출력 결과로 올바른 것은?

```
#include <stdio.h>

int main() {
    int a = 5;
    int b = 10;
    int result;

    if (b > 5) {
        result = b - a;
    } else {
        result = a - b;
    }

    printf("result = %d\n", result);

    return 0;
}
```

① result = 0          ② result = 5
③ result = 10         ④ result = 15

b = 10이므로 b > 5는 참 → result = b - a = 10 - 5 = 5

**2** 다음 Python의 코드에서 출력 결과가 아래와 같을 때 괄호 안에 들어갈 명령어로 올바른 것은?

```
kuk = 60
eng = 70
mat = 65

avg = (kuk + eng + mat) / 3

if avg >= 80:
    result = "합격"
( 괄호 ) avg >= 60:
    result = "보류"
else:
    result = "불합격"

print(f"평균: {avg:.2f}, 결과: {result}")
```

평균: 65.00, 결과: 보류

① else               ② else if
③ elif               ④ if

평균 65는 80 미만 60 이상이므로, "보류"가 출력된다.

**3** 다음 C언어의 일부분인 조건문 부분을 삼항 연산자로 올바르게 나타낸 것은?

```
if (su1 > su2)
    max = su1
else
    max = su2
```

① max = su1 > su2 ? su1 : su2;
② su1 > su2 ? max = su1 : max = su2;
③ su1 < su2 ? max = su1 : max = su2;
④ max = su1 < su2 ? su1 : su2;

올바른 삼항 연산자의 형태는 max = (조건) ? 값1 : 값2;

**4** 다음 C언어 프로그램의 출력 결과로 올바른 것은?

```
#include <stdio.h>
int main() {
    int a = 4;

    switch (a) {
        case 5:
            printf("A");
        case 3:
            printf("B");
        case 1:
            printf("C");
        default:
            printf("D");
    }

    return 0;
}
```

① A                  ② B
③ ABCD              ④ D

a=4는 case 5/3/1에 해당 없음 → default만 실행 → D 출력

---

**POINT 010**  **반복문**

---

▶ **반복문(Loop)**

• 조건을 만족하는 동안(또는 정해진 횟수만큼) 같은 명령을 여러 번 실행하도록 하는 제어문이다.

• 프로그램에서 같은 일을 계속 처리해야 할 때, 코드를 짧고 효율적으로 만들기 위해 사용한다.

## ▶ for 문

정해진 반복가능객체의 원소(또는 range 값)를 순서대로 꺼내며 반복 실행한다.

| C/Java | for(초기값; 조건문; 증감문) {<br>    실행문;<br>} |
|---|---|
| Python | for 변수 in 반복가능객체(iterable):<br>    실행문 |

## ▶ while 문

조건이 참인 동안 문장을 반복해서 실행한다(조건이 거짓이 되면 종료).

| C/Java | while(조건문) {<br>    실행문;<br>} |
|---|---|
| Python | while 조건:<br>    실행문 |

## ▶ do~while 문

while과 비슷하지만 조건이 거짓이어도 최소 1번은 실행된다.

| C/Java | do {<br>    실행문;<br>} while(조건문); |
|---|---|
| Python | (문법 없음) |

---

**개념 체크 ✓**

**1** 다음 JAVA로 작성된 프로그램의 출력 결과로 올바른 것은?

```java
public class Main {
    public static void main(String[ ] args) {
        int sum = 0;

        for (int i = 1; i < 10; i++) {
            sum += i;
        }

        System.out.println("sum = " + sum);
    }
}
```

① sum = 45       ② sum = 55
③ sum = 44       ④ sum = 56

i는 1부터 9까지(10 미만) 더함(1+2+…+9 = 45)

**2** 다음 Python으로 작성된 프로그램의 출력 결과로 올바른 것은?

```python
sum = 0

for i in range(1, 11):
    if i % 2 == 1:
        sum += i

print("sum =", sum)
```

① sum = 25
② sum = 30
③ sum = 45
④ sum = 55

range(1, 11)은 1부터 10까지 중 홀수만 더함(1+3+5+7+9 = 25)

**3** 다음 C언어로 작성된 프로그램의 출력 결과로 올바른 것은?

```c
#include <stdio.h>

int main( ) {
    int i = 10;
    int sum = 0;

    do {
        i--;
        sum += i;

    } while (i > 0);

    printf("sum = %d\n", sum);

    return 0;
}
```

① sum = 25
② sum = 30
③ sum = 45
④ sum = 55

i는 10에서 시작하지만, 루프 진입 즉시 감소하여 9부터 0까지 더한다. 이때 do~while 특성상 0도 포함된다.

**제어문**

## 제어문(Control Statement)

• 프로그램의 실행 흐름을 원래 순서대로만 진행하지 않고, 상황(조건)에 따라 건너뛰거나, 반복을 멈추거나, 다시 반복을 시작하게 만드는 문장이다.
• 특히 반복문 안에서는 반복 흐름을 바꾸는 역할을 많이 수행한다.

## 제어문의 종류

| break | 현재 실행 중인 반복문을 즉시 종료하고 반복문 밖으로 나갈 때 사용한다(탈출/중단). |
|---|---|
| continue | 반복문을 끝내지는 않고, 현재 반복에서 아래 코드를 건너뛰고 바로 다음 반복으로 이동한다(건너뛰기/다음 반복). |

**개념 체크** ✔

**1** 다음 C언어로 작성된 프로그램의 출력 결과로 올바른 것은?

```
#include <stdio.h>

int main() {
    int sum = 0;

    for (int i = 1; i <= 10; i++) {
        if (i % 2 != 0) {
            continue;
        }
        sum += i;
    }

    printf("sum = %d\n", sum);

    return 0;
}
```

① sum = 25
② sum = 30
③ sum = 45
④ sum = 55

1~10 중 짝수만 합 : 2+4+6+8+10 = 30

**2** 다음 C언어로 작성된 프로그램의 출력 결과로 올바른 것은?

```
#include <stdio.h>

int main() {
    int cnt = 0;

    for (int i = 1;; i++) {
        if (i > 10) {
            break;
        }

        if (i % 3 == 0) {
            cnt++;
        }
    }

    printf("3의 배수 개수: %d\n", cnt);
    return 0;
}
```

① 1
② 2
③ 3
④ 4

i는 1부터 시작해서 10까지만 검사함 → 1~10의 3의 배수 : 3, 6, 9 → 3개

**배열 및 문자열**

## 배열(Array)

• 같은 자료형의 여러 데이터를 하나로 묶어 저장하는 자료구조이다.
• **예** 시험 점수 5개를 변수 5개로 만들면 번거롭지만, 배열을 쓰면 한 번에 관리할 수 있다.

```
int scores[5];
```

– scores[0] ~ scores[4]까지 총 5칸 생성
– 인덱스(index)는 0부터 시작
• Python과 배열(비교)

| C 배열 | 같은 자료형, 고정 크기, 연속된 메모리 공간 |
|---|---|
| Python | 보통 리스트(list)로 사용하며 서로 다른 자료형도 가능(C 배열처럼 고정/연속일 필요 없음) |

## ▶ C 언어 배열 선언 방법

```
int arr[10];        // 크기 10인 int 배열
char name[20]; // char 배열(문자열 저장 가능)
float grades[3]; // 실수 배열
```

## ▶ 배열 초기화

| C | int num[3] = {10, 20, 30};<br>int num[ ] = {10, 20, 30}; // 크기 자동(3) |
|---|---|
| Java | int num[ ] = {1, 2, 3};<br>int[ ] num = {1, 2, 3};<br>int[ ] nu = new int[3]; // 크기만 먼저 만들고<br>값은 기본값(0)으로 초기화 |

## ▶ 배열 요소 접근/변경

배열이름[인덱스]로 접근한다. 이때 인덱스는 0부터 시작한다.

```
int a[3] = {1, 2, 3};
printf("%d", a[0]);  // 1 출력
a[1] = 10;         // 두 번째 값을 10으로 변경
```

## ▶ 배열과 반복문

배열을 다룰 때 반복문이 가장 많이 쓰인다.

```
int score[5] = {85, 90, 78, 92, 88};
for (int i = 0; i < 5; i++) {
    printf("score[%d] = %d\n", i, score[i]);
}
```

## ▶ 반복문 + 사용자 입력으로 배열 채우기

사용자에게 값을 입력받아 배열에 저장할 수도 있다.

```
int nums[5];
printf("정수 5개를 입력하세요:\n");
for (int i = 0; i < 5; i++) {
    scanf("%d", &nums[i]);
}
```

## ▶ 2차원 배열

- 행(row)과 열(column) 형태로 값을 저장하는 배열이다.
- 변수명[행][열]의 형태로 구성된다.

```
int su[3][3];
```

- 2차원 배열에 값 넣기(중첩 반복문)

```
int su[3][4];
int i, j;
int k = 0;

for (i = 0; i < 3; i++) {
  for (j = 0; j < 4; j++) {
    k++;
    su[i][j] = k;
  }
}
//
```

| 1 | 2 | 3 | 4 |
|---|---|---|---|
| 5 | 6 | 7 | 8 |
| 9 | 10 | 11 | 12 |

## ▶ 문자열(String)

- 문자(character)가 여러 개 모인 데이터이다.
- 예 "Hello", "홍길동", "ABC123"

| C | char | • C에는 독립된 String 타입이 없고, 문자열은 보통 char 배열로 저장한다.<br>• 문자열의 끝에는 항상 널 문자 '\0'가 들어가야 한다. |
|---|---|---|
| Java | String | • 배열이 아니라 객체(String 클래스)이다.<br>• 한 번 만든 문자열은 직접 수정 불가(불변(immutable))하다. |
| Python | str | 불변(immutable) 타입이다. |

**개념 체크 ✔**

**1** C언어에서 int su[2][3]={1,2,3,4,5,6}로 선언하였을 때 su[1][1]의 값은?

① 2      ② 3

③ 5      ④ 6

- su[0] = {1, 2, 3}
- su[1] = {4, 5, 6}

**2** 다음 C언어로 작성된 프로그램의 출력 결과로 올바른 것은?

```c
#include <stdio.h>

int main( ) {
    int su[3][2] = {33, 22, 44, 66, 77, 100};
    int sum = 0;
    for (int i = 0; i < 3; i++) {
        for (int j = 0; j < 2; j++) {
            sum += su[i][j];
        }
    }
    printf("총합 : %d", sum);
    return 0;
}
```

① 총합 : 342          ② 총합 : 242

③ 총합 : 300          ④ 총합 : 309

• su[0] = {33, 22}
• su[1] = {44, 66}
• su[2] = {77, 100}

---

**POINT 013   사용자 정의 함수**

▶ **함수(Function)**

• 반복해서 쓰는 코드를 하나의 묶음(단위)으로 만들어 두고, 필요할 때마다 호출(call)해서 실행하고 값을 반환(return)하는 기능이다.

• 코드 중복을 줄이고, 프로그램을 더 읽기 쉽고 관리하기 쉽게 만든다.

• Java에서는 클래스 안에 정의된 함수를 '메서드(method)'라고 한다.

▶ **기본 구조**

```
반환형 함수이름(매개변수) {
    // 실행 코드(본문)
    return 값;
}
```

• 함수 이름(Name) : 호출할 때 사용하는 식별자

• 매개변수(Parameter) : 함수 호출 시 전달받는 입력값(0개 이상 가능)

---

• 반환형(Return Type) : 함수가 돌려주는 값의 자료형(void이면 반환값 없음)

• 본문(Body) : 실제 실행되는 코드 블록 { ... }

• return : 함수 실행 결과를 호출한 곳으로 돌려줌(반환형이 있을 때)

**개념 체크 ✓**

**1** 함수가 값을 반환하지 않을 경우 사용하는 키워드는 무엇인가?

① int                    ② float

③ return                 ④ void

**2** Java에서 함수(메서드)는 어디에서만 정의할 수 있는가?

① main 함수 바깥

② 클래스 외부

③ 클래스 내부

④ 패키지 내부

**3** Python에서 함수를 정의할 때 사용하는 키워드는?

① func                   ② def

③ function               ④ define

**4** C언어에서 함수 호출 시, 전달되는 값을 받을 변수는 무엇이라고 부르는가?

① 지역변수               ② 상수

③ 반환값                 ④ 매개변수

**5** 다음 JAVA로 작성된 프로그램의 출력 결과로 옳은 것은?

```java
public class Exam {
    public static int square(int x) {
        return x * x;
    }

    public static void main(String[ ] args) {
        int result = square(4);
        System.out.println(result);
    }
}
```

① 8                      ② 16

③ 4                      ④ 실행 오류

square 메서드가 입력값 x를 제곱해서 반환하도록 정의되어 있으므로 4 * 4 = 16이다.

## POINT 014　C언어 포인터

### ▶ 포인터(pointer)

- 메모리 주소(address)를 저장하는 변수이다.
- 일반 변수는 '값'을 저장하지만, 포인터 변수는 '값이 저장된 위치(주소)'를 저장한다.
- 메모리 직접 접근, 배열 처리, 함수 인수 전달(참조 효과) 등에 활용할 수 있다.
- 초기화하지 않은 포인터는 쓰레기 값을 가질 수 있어 위험하므로, 반드시 초기화(또는 NULL)해야 한다.

### ▶ 포인터 선언

```
int *p;
```

- *는 포인터 선언에서 포인터임을 나타내고, 포인터 사용 시에는 역참조 연산자로서 포인터가 가리키는 값에 접근한다.
- p는 int형 변수의 주소를 저장하는 포인터 변수이다 (int* p;와 int *p; 둘 다 가능).
- 핵심 연산자

| & | 주소 연산자(변수의 주소를 구함)이다. |
|---|---|
| * | 선언에서는 포인터 선언 기호, 사용에서는 역참조 연산자(가리키는 값 접근/변경)이다. |

### ▶ 포인터 구조 예시

```
int a = 10;
int *p = &a;
```

- 메모리 구조

| 변수 이름 | 메모리 주소 | 저장된 값 |
|---|---|---|
| a | 0×100 | 10 |
| p | 0×200 | 0×100 |

- 해석
  - a는 10이라는 값을 가지고 있고, 메모리 주소가 0×100이라고 가정한다.
  - p는 변수 a의 주소를 저장하는 포인터이다. → p = &a = 0×100
  - *p는 p가 가리키는 주소(0×100)에 저장된 값을 의미한다. → *p = a = 10
  - 즉 *p는 간접 참조(역참조, dereference)로, 포인터가 가리키는 위치에 있는 값을 뜻한다.

### ▶ 포인터와 배열

- 배열 이름은 첫 번째 요소의 주소처럼 동작한다.

```
int arr[3] = {1, 2, 3};
int *p = arr;


printf("%d\n", *(p + 1));  // 2
```

- p + 1 : 다음 칸 주소로 이동(자료형 크기만큼 이동)
- *(p + 1) : 그 위치의 값(= arr[1])

### ▶ 일반적인 함수 호출(Call by Value)

```
void swap(int a, int b) {
    int temp = a;
    a = b;
    b = temp;
}

int main() {
    int x = 5, y = 10;
    swap(x, y);
    printf("x = %d, y = %d\n", x, y);  // 출력 : x = 5, y = 10
                                              (값 변경 안 됨)
    return 0;
}
```

### ▶ 포인터를 이용한 함수 호출(Call by Reference 효과)

```
void swap(int *a, int *b) {
    int temp = *a;  // 포인터가 가리키는 값 저장
    *a = *b;        // a가 가리키는 위치에 b의 값 저장
    *b = temp;      // b가 가리키는 위치에 temp 저장
}

int main() {
    int x = 5, y = 10;
    swap(&x, &y);
    printf("x = %d, y = %d\n", x, y);  // 출력 : x = 10, y = 5
                                              (값 변경됨)
    return 0;
}
```

## 이중 포인터(**)

- 포인터를 가리키는 포인터로, 포인터 변수의 주소를 저장한다.

```
int a = 5;
int *p = &a;          // p는 a의 주소를 가짐
int **pp = &p;        // pp는 p의 주소를 가짐(즉, 이중 포인터)

printf("%d\n", **pp); // 출력 : 5
```

## Java/Python에서 포인터가 없는 이유

- Java : JVM이 메모리 관리를 자동으로 하고, 안전/보안을 위해 주소 직접 접근을 숨김
- Python : 모든 것이 객체이고 참조로 다루지만, 사용자가 메모리 주소를 직접 조작할 필요가 없도록 설계됨

### 개념 체크 ✔

**1 다음 중 포인터 변수 선언으로 올바른 것은?**

① int p;                    ② int &p;
③ int *p;                   ④ pointer p;

**2 다음 중 포인터 연산자 &와 *의 역할이 올바른 것은?**

① &는 변수 값, *는 변수 주소를 반환한다.
② &는 변수 주소, *는 포인터가 가리키는 값을 반환한다.
③ &는 변수 값을 변경, *는 변수 주소를 변경한다.
④ &와 * 모두 변수 값을 반환한다.

**3 다음 중 swap 함수 호출 후 출력 결과로 알맞은 것은?**

```
void swap(int *x, int *y) {
    int temp = *x;
    *x = *y;
    *y = temp;
}

int main( ) {
    int a = 1, b = 2;
    swap(&a, &b);
    printf("%d %d", a, b);
    return 0;
}
```

① 1 2                       ② 2 1
③ 0 0                       ④ 실행 오류

swap(&a, &b)는 a와 b 값을 서로 바꿈 → a = 2, b = 1

**4 다음 코드의 출력 결과는?**

```
int arr[3] = {10, 20, 30};
int *p = arr;
printf("%d", *(p + 2));
```

① 10                        ② 20
③ 30                        ④ 실행 오류

p는 arr[0]을 가리키고, (p + 2)는 arr[2] → 값 30

**5 다음 코드 실행 결과로 옳은 것은?**

```
int a = 5;
int *p = &a;
int **pp = &p;
**pp = 10;
printf("%d", a);
```

① 5                         ② 10
③ 15                        ④ 실행 오류

pp가 p를 가리키고, p가 a를 가리키므로 **pp는 a 자체라서 **pp = 10을 하면 a가 10으로 바뀐다.

---

**POINT 015  C언어 사용자 정의 자료형**

## 사용자 정의 자료형(User-Defined Types)

- 사용자가 직접 새로운 형태의 자료형을 만들어 값을 더 의미 있게 관리하도록 하는 자료형이다.
- C/C++에서는 대표적으로 열거체(enum), 구조체(struct), 공용체(union)를 사용한다.

## 열거체

- 이름 있는 정수 상수들의 집합이다.
- 값을 지정하지 않으면 0부터 시작해 1씩 증가하고, 중간에 값을 지정하면 그 값부터 다시 1씩 증가한다.
- 구문

```
enum 열거체명 {
    상수1,
    상수2,
    ...
};
```

• 예시

```
enum color {
    black,
    red,
    yellow = 10,
    green
};
```

- black = 0
- red = 1
- yellow = 10
- green = 11

## 구조체

• 서로 다른 자료형들을 하나의 묶음(레코드)으로 관리하는 자료형이다.
• 멤버 변수들은 각자 독립된 메모리 공간을 가진다.
• 구조체 변수는 하나의 단위(객체처럼)로 다룰 수 있다.
• 구문

```
struct 구조체명 {
    자료형 멤버1;
    자료형 멤버2;
    ...
};
```

• 예시

```
struct Test {
    int kor;
    int eng;
    int mat;
};

int main( ) {
    struct Test t1;
    t1.kor = 90;
    t1.eng = 80;
    t1.mat = 100;
}
```

- struct Test : 점수 3개를 담는 새 자료형
- t1 : 그 자료형으로 만든 구조체 변수
- t1.kor처럼 .으로 멤버에 접근해서 값을 저장/사용

## 공용체

• 구조체와 문법은 비슷하지만, 모든 멤버가 같은 메모리 공간을 공유한다.
• 전체 크기는 가장 큰 멤버의 크기로 결정된다.
• 같은 메모리를 여러 타입으로 해석해야 할 때(임베디드/통신/메모리 절약) 사용한다.
• 구문

```
union 공용체명 {
    자료형 멤버1;
    자료형 멤버2;
    ...
};
```

• 예시

```
union Test {
    int kor;
    int eng;
    int mat;
};

int main( ) {
    union Test t1;
    t1.kor = 90;
    t1.eng = 80;   // 같은 메모리 공간을 덮어씀
    t1.mat = 100;  // 최종적으로 mat에 넣은 값만 의미 있게 남음
}
```

- t1.kor = 90; → 그 공유 공간에 90을 저장
- t1.eng = 80; → 같은 공간에 다시 80을 저장(90이 사라짐/덮임)
- t1.mat = 100; → 같은 공간에 다시 100 저장(80도 덮임)

**개념 체크** ✔

**1 다음 중 열거형(enum)의 설명으로 옳은 것은?**

① 서로 다른 자료형을 하나로 묶는 자료형이다.
② 같은 메모리 공간을 공유하는 자료형이다.
③ 상수에 의미 있는 이름을 부여하여 사용하기 위한 자료형이다.
④ 객체지향 언어에서만 사용할 수 있는 자료형이다.

**2 구조체(struct)에 대한 설명으로 옳지 않은 것은?**

① 서로 다른 자료형을 하나의 이름으로 묶을 수 있다.
② 구조체의 각 멤버는 독립된 메모리 공간을 가진다.
③ 구조체 내에 또 다른 구조체를 포함할 수 없다.
④ 구조체는 사용자 정의 자료형이다.

**3 공용체(union)와 구조체(struct)의 가장 큰 차이는 무엇인가?**

① 공용체는 멤버를 정의할 수 없다.
② 구조체는 변수명을 사용할 수 없다.
③ 구조체는 멤버 각각의 메모리 공간을 가지지만, 공용체는 하나의 메모리 공간을 공유한다.
④ 공용체는 열거형의 일종이다.

**4 다음 프로그램의 출력 결과는?**

```
#include <stdio.h>
enum Color { RED = 1, GREEN, BLUE };
int main() {
    enum Color c = GREEN;
    printf("%d\n", c);
    return 0;
}
```

① 0                    ② 1
③ 2                    ④ 3

• RED=1, GREEN은 자동으로 2, BLUE는 3
• c = GREEN이므로 2 출력

**5 다음 코드 실행 결과로 옳은 것은?**

```
#include <stdio.h>
struct Test {
    int a;
    float b;
};
int main() {
    struct Test t = {5};
    printf("%d %.1f\n", t.a, t.b);
    return 0;
}
```

① 5 0.0                ② 5 5.0
③ 0 5.0                ④ 0 0.0

• struct Test t = {5};
• t.a = 5
• 나머지 멤버 t.b는 0으로 초기화(0.0) → 5 0.0 출력

---

POINT 016    **라이브러리**

**▶ 라이브러리(Library)**

• 효율적인 프로그램 개발을 위해 자주 쓰는 기능(코드)을 미리 만들어 모아둔 집합이다.
• 필요할 때 가져다 쓰도록 모듈화되어 제공된다(언어/배포 방식에 따라 문서, 예제 코드, 설치 파일 등이 함께 제공되기도 함).

**▶ 라이브러리의 종류**

| | |
|---|---|
| 표준 라이브러리<br>(Standard Library) | • 프로그래밍 언어에 기본으로 포함된 라이브러리이다.<br>• 보통 추가 설치 없이 바로 사용할 수 있다.<br>• 📵 날짜/시간 처리, 수학 함수, 파일 입출력 등 |
| 외부 라이브러리<br>(External /<br>Third-party Library) | • 별도 설치가 필요한 라이브러리이다.<br>• 누구나 만들고 배포할 수 있으며 인터넷으로 공유되기도 한다.<br>• 📵 웹 개발, 데이터 분석, 그래픽 처리 등 확장 기능 제공 |

**▶ 모듈과 패키지**

• 라이브러리는 보통 모듈과 패키지의 묶음으로 볼 수 있다.

| | |
|---|---|
| 모듈(Module) | • 하나의 파일에 변수/함수/클래스 등 기능이 들어있는 단위이다.<br>• 구문<br>import 모듈명 |
| 패키지(Package) | • 여러 모듈을 폴더(디렉터리)로 묶어 기능을 제공하는 단위이다.<br>• 구문<br>import 패키지명<br>import 패키지명.모듈명<br>from 패키지명 import 모듈명 |

**▶ 표준 C 라이브러리**

| 함수 | 헤더파일 | 사용 예시 및 설명 |
|---|---|---|
| log | math.h | double log(double a);<br>// 자연로그(ln) 계산 |
| log10 | math.h | double log10(double a);<br>// 밑이 10인 로그 계산 |
| pow | math.h | double pow(double a, double b);<br>// 값 a의 b 제곱 계산 |

| 함수 | | 사용 예시 및 설명 |
|---|---|---|
| sqrt | math.h | double sqrt(double a);<br>// a의 제곱근 계산(루트) |
| tan | math.h | double tan(double a);<br>// a의 탄젠트 계산 |
| abs | stdlib.h | int abs(int n);<br>// 정수 인수 n의 절댓값 계산 |
| atoi | stdlib.h | int atoi(char str);<br>// 문자열을 정수로 변환 |
| malloc | stdlib.h | void *malloc(size_t size);<br>// 동적 메모리 할당 |
| rand | stdlib.h | int rand(void);<br>// 임의의 난수를 생성 |
| strcat | string.h | char *strcat(char *string1, const char *string2);<br>// string2를 string1에 연결 |
| strcpy | string.h | char *strcpy(char *string1, const char *string2);<br>// string2를 string1에 복사 |
| strlen | string.h | size_t strlen(const char *string);<br>// string 문자열 길이 계산 |

## ▶ JAVA 라이브러리

| 함수 | 클래스 | 사용 예시 및 설명 |
|---|---|---|
| random( ) | Math | Math.random( )<br>// 0.0 이상 1.0 미만 난수(double) |
| abs | Math | Math.abs(−10)<br>// 절댓값 반환 → 10 |
| ceil | Math | Math.ceil(10.1)<br>// 소수 부분 무조건 올림 → 11 |
| floor | Math | Math.floor(10.9)<br>// 소수 부분 무조건 버림 → 10 |
| round | Math | Math.round(10.4)<br>// 반올림(입력이 double이면 long 반환)<br>→ 10 |
| rint | Math | Math.rint(100.67)<br>// 가장 가까운 정수값을 double로 반환<br>(.5는 짝수 쪽) → 101 |
| max | Math | Math.max(14, 11)<br>// 큰 값 반환 → 14 |
| min | Math | Math.min(14, 11)<br>// 작은 값 반환 → 11 |
| pow | Math | Math.pow(5, 2)<br>// 거듭제곱(결과 double) → 25 |
| sqrt | Math | Math.sqrt(25)<br>// 제곱근(결과 double) → 5 |

## ▶ Python 라이브러리

| 함수 | 모듈/내장 | 사용 예시 및 설명 |
|---|---|---|
| sqrt | math | math.sqrt(9)<br>// 제곱근 계산(결과 float) → 3.0 |
| log | math | math.log(x)<br>// 자연로그(ln) 계산 |
| log10 | math | math.log10(100)<br>// 밑 10 로그 계산 |
| pow | math | math.pow(2, 3)<br>// 거듭제곱(결과 float) → $2^3$ → 8.0 |
| tan | math | math.tan(math.pi/4)<br>// 탄젠트 계산 |
| fabs | math | math.fabs(−5)<br>// 절댓값(float 반환) → 5.0 |
| floor | math | math.floor(3.7)<br>// 내림(정수 반환) → 3 |
| ceil | math | math.ceil(3.2)<br>// 올림(정수 반환) → 4 |
| random | random | random.random( )<br>// 0~1 사이 난수(float) |
| randint | random | random.randint(1, 6)<br>// 지정 범위 정수 난수(양 끝 포함) |
| choice | random | random.choice([1,2,3])<br>// 시퀀스에서 무작위 1개 선택 |
| time | time | time.time( )<br>// 현재 시각(에폭 기준 초, float) |
| sleep | time | time.sleep(2)<br>// 지정 시간 대기(반환값 없음) |
| getcwd | os | os.getcwd( )<br>// 현재 작업 디렉터리 반환 |
| mkdir | os | os.mkdir('folder')<br>// 폴더 생성(반환값 없음) |
| listdir | os | os.listdir( )<br>// 디렉터리 목록 반환 |
| argv | sys | sys.argv[0]<br>// 실행 시 전달된 인자 리스트 |
| exit | sys | sys.exit( )<br>// 프로그램 종료 |
| len | 내장함수 | len("hello")<br>// 길이 반환 |
| abs | 내장함수 | abs(−10)<br>// 절댓값 반환 → 10 |
| str | 내장함수 | str(123)<br>// 문자열로 변환 → "123" |

## ▶ 시험에 자주 나오는 라이브러리

| C | strlen, atoi, abs, rand |
|---|---|
| Java | Math.random, Math.abs, Math.sqrt |
| Python | math.sqrt, random.randint, len |

---

**개념 체크 ✔**

**1** 다음 코드의 실행 결과로 옳은 것은?

```
import random
print(random.randint(1, 3))
```

① 0에서 3까지 중 무작위 정수 출력
② 1에서 3까지 중 무작위 정수 출력
③ 1에서 2까지 중 무작위 정수 출력
④ 1과 3만 출력됨

**2** 현재 작업 중인 디렉토리 경로를 문자열로 반환하는 함수는?

① os.list()
② os.dir()
③ os.getcwd()
④ os.pathdir()

**3** 다음 코드의 출력 결과는?

```
import math
x = math.sqrt(16)
print(int(x))
```

① 2
② 4
③ 8
④ 16

**4** 아래 코드의 출력 결과로 가능한 값은?

```
import random
nums = [10, 20, 30]
print(random.choice(nums))
```

① 5
② 10
③ 40
④ 60

**5** 다음 중 코드 실행 시 외부에서 전달된 인자값을 처리할 때 사용하는 속성으로 빈칸에 들어갈 알맞은 것은?

```
import sys
print(_____)
```

① sys.info
② sys.argv
③ sys.run
④ sys.list

---

**POINT 017  Python 자료구조**

### ▶ 리스트(List)

- 여러 데이터를 순서대로 저장하는 가장 기본 자료구조이다.
- 인덱스를 이용하여 접근할 수 있다(인덱스는 0부터 시작).
- 가변형(Mutable)이다(추가/삭제/수정 가능).
- 서로 다른 자료형도 혼합 저장이 가능하다.

```
fruits = ['apple', 'banana', 'cherry']
```

- 주요 메서드

```
fruits = ['apple', 'banana', 'cherry']
fruits.append('orange')   # 추가
fruits.remove('banana')   # 삭제
fruits[1] = 'grape'       # 수정
```

- 예

```
a = [1, 2, 3]
a.append(4)  # [1, 2, 3, 4]
print(a[2])    # 3
```

### ▶ 튜플(Tuple)

- 리스트와 비슷하지만 불변형(Immutable) 자료구조이다.
- 생성 후 수정/추가/삭제가 불가능하다.
- 보통 소괄호 ( )로 표현한다.
- 데이터 보호가 필요하거나, 변경되면 안 되는 경우에 사용한다.
- 예

```
person = ('Kim', 25, 'Seoul')
# person[1] = 30   # 오류(튜플의 내용은 변경할 수 없음)
```

## 딕셔너리(Dictionary)

- 키(key)와 값(value)의 쌍으로 구성된 자료구조이다.
- 순서 없이 저장되며, 키로 값에 접근할 수 있다.
- 키는 고유(중복 불가)해야 하며, 값은 중복 가능하다.
- { }로 생성한다.
- **예**

```
student = {'name': 'Lee', 'age': 20, 'grade': 'A'}
student['age'] = 21          # 값 수정
student['major'] = 'CS'      # 키-값 추가
print(student.get('name'))   # 키로 값 얻기
```

## 집합(Set)

- 중복을 허용하지 않으며, 순서가 없는 자료구조이다.
- { } 또는 set( )을 사용한다.
- 자동으로 중복을 제거한다.

```
s = {1, 2, 3, 3, 4}
print(s)  # {1, 2, 3, 4}
```

- 합집합이나 교집합 등의 집합 연산이 가능하다.

```
a = {1, 2, 3}
b = {3, 4, 5}
print(a | b)  # 합집합 → {1, 2, 3, 4, 5}
print(a & b)  # 교집합 → {3}
```

## 리스트/딕셔너리 내포(Comprehension)

- 반복문을 줄여 간결하게 자료구조를 생성하는 문법이다.
- 조건을 포함시켜 작성할 수 있다.
- **예** 리스트 내포

```
squares = [x**2 for x in range(1, 6)]
# 각 x에 대해 x**2(제곱)을 계산 → [1, 4, 9, 16, 25]
```

### 개념 체크 ✔

**1** 다음 코드의 출력 결과는?

```
nums = [10, 20, 30]
nums.append(40)
nums[1] = 25
print(nums)
```

① [10, 25, 30, 40]　　② [10, 20, 30, 40]
③ [25, 20, 30, 40]　　④ [10, 20, 30]

**2** 다음 코드의 실행 결과로 옳은 것은?

```
student = {'name': 'Kim', 'age': 20}
student['age'] = 21
student['grade'] = 'A'
print(student)
```

① {'name': 'Kim', 'grade': 'A'}
② {'name': 'Kim', 'age': 21, 'grade': 'A'}
③ {'age': 21, 'grade': 'A'}
④ {'grade': 'A'}

**3** 다음 코드의 실행 결과는?

```
a = {1, 2, 3}
b = {2, 3, 4}
print(a & b)
```

① {1, 2, 3, 2, 3, 4}
② {1, 2, 3, 4}
③ {2, 3}
④ {1, 4}

**4** 다음 코드의 결과로 옳은 것은?

```
result = [x for x in range(6) if x % 2 == 0]
print(result)
```

① [1, 3, 5]
② [0, 2, 4]
③ [2, 4, 6]
④ [0, 1, 2, 3, 4, 5]

0~5 중 짝수만 뽑음 → [0, 2, 4]

# 객체지향 프로그래밍

POINT 018 **객체지향 프로그래밍**

▶ **객체지향 프로그래밍(Object-Oriented Programming)**
- 객체지향 프로그래밍(OOP)은 현실 세계의 사물을 객체 (Object)로 모델링하여 프로그램을 구성하는 방식이다.
- 객체 단위로 설계 및 구현하여 재사용성과 유지보수성을 높일 수 있다.

▶ **핵심 개념**

| | |
|---|---|
| 객체(Object) | 속성(데이터)과 동작(기능)을 가진 대상<br>⑩ 학생(이름, 나이 / 공부하기) |
| 클래스(Class) | 객체를 만들기 위한 설계도<br>⑩ 학생 클래스 → 필드(이름, 나이), 메서드(공부) |
| 인스턴스(Instance) | 클래스로부터 생성된 실제 객체 |
| 메시지(Message) | 객체에게 동작을 요청하거나 정보를 전달하는 방식(보통 메서드 호출로 표현됨) |

▶ **OOP의 4대 특징**

| | |
|---|---|
| 추상화(Abstraction) | 공통된 핵심 속성/동작만 뽑아 모델링<br>⑩ 동물 → 울다( ) |
| 캡슐화(Encapsulation) | 데이터와 기능을 묶고, 외부 접근을 제한<br>⑩ private + getter/setter |
| 상속(Inheritance) | 기존 클래스의 특징을 물려받아 새 클래스를 생성<br>⑩ 사람 → 학생(사람을 상속) |
| 다형성(Polymorphism) | 같은 메시지(메서드 호출)라도 객체에 따라 동작이 다름<br>⑩ draw( ) → 원/사각형/삼각형에서 각각 다르게 실행 |

▶ **절차지향 vs 객체지향 비교**

| 구분 | 절차지향<br>(Procedure) | 객체지향<br>(Object-Oriented) |
|---|---|---|
| 중심 개념 | 함수, 순차적 처리 | 객체, 메시지 중심 |
| 유지보수 | 어려움 | 쉬움 |
| 재사용성 | 낮음 | 높음 |
| 확장성 | 구조 변경 필요 | 유연한 확장 가능 |

▶ **객체지향의 장점**
- 재사용성↑ : 상속/모듈화로 중복 감소
- 유지보수 용이 : 캡슐화, 인터페이스 분리로 변경 영향 최소화
- 현실 모델링 쉬움 : 개념이 현실과 유사
- 대규모 시스템에 적합 : 모듈 간 독립성이 높아 관리가 쉬움

**개념 체크 ✔**

**1 객체지향 프로그래밍의 특징으로 옳지 않은 것은?**
① 캡슐화
② 추상화
③ 절차화
④ 다형성

**2 다음 중 상속(Inheritance)에 대한 설명으로 옳은 것은?**
① 서로 다른 클래스가 같은 이름의 메서드를 가지는 것
② 하나의 클래스가 여러 개의 메서드를 포함하는 것
③ 기존 클래스를 확장하여 새로운 클래스를 만드는 것
④ 클래스 외부에서 필드에 직접 접근하는 것

**3 다음 상황에 해당하는 객체지향의 특징은 무엇인가?**

> 개발자는 Payment 인터페이스를 만들고 CardPay, CashPay 클래스가 이를 구현하도록 했다. 이후 pay( ) 메서드를 호출하자 결제 방식에 따라 카드 결제, 현금 결제로 서로 다르게 처리되었다.

① 캡슐화
② 추상화
③ 상속
④ 다형성

**JAVA 클래스와 메서드**

### 클래스(Class)

- 객체를 만들기 위한 설계도이다.
- 클래스 안에는 '필드(field)—속성(데이터)'과 '메서드 (method)—동작(기능)'이 정의된다.
- 예

```
public class Car {
    String color;   // 필드
    int speed;

    void drive( ) {  // 메서드
        System.out.println("달립니다!");
    }
}
```

### 객체(Object)

- 클래스로부터 만들어진 실제 실체를 객체(인스턴스)라고 한다.
- 예

```
Car myCar = new Car( );  // 객체 생성
myCar.color = "Red";     // 필드 값 설정
myCar.drive( );          // 메서드 호출
```

### 메서드(Method)

- 클래스 내부에 정의된 동작(기능)을 의미한다.
- Java에서는 함수처럼 보이지만, 반드시 클래스 안에 있어야 메서드가 된다.
- 기본 구조

```
[접근제한자] [반환형] 메서드이름(매개변수) {
    실행문;
    return 값;  // 반환형이 void가 아니면 필요
}
```

- 예

```
public int add(int a, int b) {
    return a + b;
}
```

### 생성자(Constructor)

- 객체가 생성될 때 자동 실행되는 특별한 메서드이다.
- 반환형 없음, 클래스 이름과 동일, 초기화 작업에 사용된다는 특징이 있다.
- 예

```
public class Car {
    Car( ) {
        System.out.println("자동차 객체가 생성됨!");
    }
}
```

### 메서드 오버로딩(Overloading)

- 이름은 같고, 매개변수의 개수/타입이 다른 메서드를 여러 개 정의하는 것이다.
- 예

```
void print( ) {
    System.out.println("출력");
}
void print(String msg) {
    System.out.println(msg);
}
```

### C, Java, Python 비교

| 구분 | C | Java | Python |
|------|------|------|--------|
| 클래스 지원 | 없음 | 클래스 기반 | 클래스 사용 가능 |
| 패러다임 | 절차지향 중심 | 객체지향 중심 | 다중 패러다임 (객체지향 중심) |
| 함수/메서드 위치 | 함수가 클래스 밖에 존재 | 메서드는 클래스 내부 | 클래스 내부 + 전역 함수도 가능 |
| 생성자 | 없음 | 클래스명 생성자 | __init__() |
| 오버로딩 | 함수 이름 중복 불가 | 오버로딩 가능 | 직접 오버로딩 불가(기본값/ 가변인자 등 활용) |
| 접근 제어 | 없음 | public/private/ protected | _ _ _로 관례적 제한 |

**1 클래스에 대한 설명으로 옳은 것은?**

① 클래스는 변수만 정의할 수 있고 메서드는 정의할 수 없다.

② 클래스는 객체를 만들기 위한 설계도이다.

③ 클래스는 실행할 수 있는 독립적인 단위이다.

④ 클래스는 하나의 프로그램에 하나만 사용할 수 있다.

**2 다음 중 메서드 정의로 올바른 것은?**

① int sum(a, b) { return a + b; }

② public sum(int a, int b) { return a + b; }

③ public int sum(int a, int b) { return a + b; }

④ function sum(int a, int b) -> int { return a + b; }

**3 다음 코드의 실행 결과는?**

```
public class Test {
    void show( ) {
        System.out.println("Hello Java");
    }
    public static void main(String[ ] args) {
        Test t = new Test();
        t.show( );
    }
}
```

① Java      ② Hello

③ Hello Java      ④ 실행 오류

**4 다음 중 생성자에 대한 설명으로 옳은 것은?**

① 생성자는 반드시 반환값이 있어야 한다.

② 생성자는 클래스 내부에서만 호출할 수 있다.

③ 생성자는 클래스 이름과 같고 반환형이 없다.

④ 생성자는 하나만 정의할 수 있다.

**5 메서드 오버로딩에 대한 설명으로 옳은 것은?**

① 메서드 이름이 같고 반환형만 다르면 오버로딩이 된다.

② 메서드 이름과 매개변수의 개수 또는 타입이 다르면 오버로딩이 된다.

③ Java는 메서드 오버로딩을 지원하지 않는다.

④ 오버로딩된 메서드는 반드시 모두 public이어야 한다.

---

**POINT 020 JAVA 상속**

### ▶ 상속(Inheritance)

- 기존 클래스(부모/상위 클래스)의 필드(속성)와 메서드(동작)를 새로운 클래스(자식/하위 클래스)가 물려받아 사용하는 기능이다.
- 코드 재사용성 향상, 유지보수 용이 등의 특징을 가지며, 객체지향 설계의 핵심 원리이다.
- 기본 문법

```
class 자식클래스 extends 부모클래스 {
    // 추가 기능 또는 재정의
}
```

- 예

```
class Parent {
    void greet( ) {
        System.out.println("Hello from Parent");
    }
}

class Child extends Parent {
    void sayHi( ) {
        System.out.println("Hi from Child");
    }
}
```

- Child는 Parent의 greet( )를 그대로 사용 가능
- Child는 sayHi( ) 같은 새 기능 추가 가능

### ▶ 상속의 특징

| | |
|---|---|
| 단일 상속 | Java에서 클래스는 extends로 한 개의 클래스만 상속 |
| 다형성과 연결 | 상속은 다형성(polymorphism) 구현의 기반 |
| 생성자 상속 여부 | 생성자는 상속되지 않지만, super( )로 부모 생성자 호출 가능 |
| 접근 제한 | 부모의 private 멤버는 상속되더라도 자식에서 직접 접근 불가 |

## 메서드 오버라이딩(Overriding)

- 부모 클래스의 메서드를 자식 클래스에서 같은 이름/매개변수로 다시 정의해 동작을 바꾸는 것이다.
- **예**

```
class Parent {
    void greet() {
        System.out.println("부모 인사");
    }
}

class Child extends Parent {
    @Override
    void greet() {
        System.out.println("자식 인사");
    }
}
```

- Child 객체에서 greet()를 호출하면 자식 버전이 실행됨

## super 키워드

- 부모 클래스의 멤버(필드/메서드/생성자)에 접근할 때 사용한다.
- **예**

```
class Parent {
    String name = "부모";
}

class Child extends Parent {
    void showName() {
        System.out.println(super.name);    // 부모의 name 사용
    }
}
```

- super.name : 부모의 필드 사용
- super.greet() : 부모 메서드 호출
- super() : 부모 생성자 호출

**1 Java에서 클래스 상속 시 사용하는 키워드는?**

① implements　　　② inherit
③ override　　　　④ extends

**2 다음 코드의 실행 결과로 올바른 것은?**

```
class Parent {
    void show() {
        System.out.println("부모");
    }
}class Child extends Parent {
    void display() {
        System.out.println("자식");
    }
}public class Main {
    public static void main(String[] args) {
        Child c = new Child();
        c.show();
    }
}
```

① 자식　　　　　　② 부모
③ 부모자식　　　　④ 자식부모

**3 다음 중 메서드 오버라이딩에 대한 설명으로 옳은 것은?**

① 메서드 이름과 매개변수는 같고, 반환형은 달라야 한다.
② 부모 클래스의 private 메서드도 오버라이딩할 수 있다.
③ 자식 클래스가 부모 클래스의 메서드를 재정의하는 것을 말한다.
④ 자식 클래스는 부모 클래스의 생성자를 오버라이딩할 수 있다.

**4 Java에서 다중 상속이 허용되지 <u>않는</u> 이유는?**

① 메서드명이 겹치는 경우 모호성이 발생하기 때문
② Java는 객체지향 언어가 아니기 때문
③ Java는 상속을 지원하지 않기 때문
④ 클래스 내 변수 사용 제한 때문

**5** 다음 중 자식 클래스에서 부모 클래스의 생성자를 호출하는 방법은?

① this();
② super();
③ parent();
④ extends();

**6** 다음 프로그램의 실행 결과는?

```
class Parent {
    void print() {
        System.out.print("Parent");
    }
}

class Child extends Parent {
    void print() {
        System.out.print("Child");
    }
}

public class Main {
    public static void main(String[] args) {
        Parent p = new Child();
        p.print();
    }
}
```

① Parent
② Child
③ ParentChild
④ ChildParent

Parent p = new Child();는 다형성. 실제 객체는 Child이므로 오버라이딩된 print() 실행 → "Child"

**7** 다음 코드의 출력 결과로 알맞은 것은?

```
class A {
    int x = 10;
}

class B extends A {
    int x = 20;

    void display() {
        System.out.println(super.x);
    }
}

public class Test {
    public static void main(String[] args) {
        B b = new B();
        b.display();
    }
}
```

① 10
② 20
③ 0
④ 실행 오류

super.x는 부모(A)의 x(10)을 의미 → 10 출력

**다형성**

### ▶ 다형성(Polymorphism)

- 같은 메시지(메서드 호출)를 보내도 객체의 실제 타입에 따라 다른 동작이 실행되는 성질이다.
- 하나의 타입(부모/인터페이스)으로 여러 구현을 다룰 수 있다.

### ▶ 다형성이 나타나는 대표 형태

다형성은 같은 메서드 호출이라도 실제 객체 타입에 따라 다르게 실행되는 성질이며, 보통 '오버라이딩 + 업캐스팅(또는 인터페이스 참조)'으로 구현된다.

| | |
|---|---|
| **오버라이딩(Overriding)** | - 부모 클래스의 메서드를 자식 클래스가 재정의하여, 같은 호출이라도 실제 객체에 따라 다른 동작이 실행됨(동적 다형성)<br>- 🕮 draw( )가 원과 사각형에서 다르게 실행 |
| **오버로딩(Overloading)** | - 같은 이름의 메서드를 매개변수(개수/타입)만 다르게 여러 개 정의하여 상황에 맞는 메서드가 선택됨(정적 다형성으로 분류하기도 함)<br>- 🕮 print(int), print(String) |
| **업캐스팅(Upcasting)** | - 자식 객체를 부모 타입으로 참조하는 것으로, 오버라이딩된 메서드 호출 시 다형성이 나타나게 하는 대표적인 사용 방식<br>- 🕮 Animal a = new Dog( ); |
| **인터페이스 구현** | - 동일한 인터페이스 타입으로 서로 다른 구현 객체를 참조하여, 같은 메서드 호출이 구현 클래스에 따라 다르게 동작<br>- 🕮 Runnable 구현 클래스들 |

### ▶ 다형성 코드 예시(오버라이딩 + 업캐스팅)

```
class Animal {
  void sound( ) {
    System.out.println("동물이 소리를 낸다");
  }
}

class Dog extends Animal {
  @Override
  void sound( ) {
    System.out.println("멍멍");
  }
}

class Cat extends Animal {
  @Override
  void sound( ) {
    System.out.println("야옹");
  }
}

public class Test {
  public static void main(String[ ] args) {
    Animal a1 = new Dog( );
    Animal a2 = new Cat( );
    a1.sound( );   // 멍멍
    a2.sound( );   // 야옹
  }
}
```

- 호출은 둘 다 sound( )로 같다.
- 하지만 실제 객체가 Dog, Cat이라 결과가 다르게 실행된다.

### ▶ 다형성의 장점

- 재사용성 증가 : 공통 타입(부모/인터페이스)으로 코드 작성 가능
- 유지보수 용이 : 구현이 바뀌어도 호출 코드는 그대로
- 확장 용이(OCP) : 새 클래스 추가해도 기존 코드 수정 최소화
- 유연한 구조 : 인터페이스 기반 설계 가능

**1 다형성(polymorphism)의 개념으로 가장 적절한 것은?**

① 여러 클래스가 동일한 이름의 메서드를 가지며 서로 다른 동작을 수행하는 것

② 하나의 클래스에서 여러 개의 객체를 생성하는 것

③ 하나의 메서드가 여러 클래스를 상속받는 것

④ 클래스 간 데이터를 공유하는 것

**2 다음 중 다형성(polymorphism)을 가장 잘 설명한 것은?**

① 하나의 클래스가 여러 개의 서브 클래스를 상속받는 것

② 동일한 메서드 이름이 다른 클래스에서 다르게 동작하는 것

③ 클래스 내 모든 멤버를 private으로 선언하는 것

④ 객체를 배열로 선언하는 것

---

## POINT 022  추상화

### ▶ 추상화(Abstraction)

- 추상화는 복잡한 대상에서 핵심적인 속성과 기능만 뽑아 단순하게 표현하는 것이다.
- 즉, 불필요한 세부 구현은 숨기고, 사용자가 필요한 인터페이스(사용 방법)만 제공하는 객체지향 핵심 개념이다.

### ▶ 목적(효과)

- 복잡한 시스템을 단순화
- 중요한 정보에만 집중 가능
- 확장성/유지보수성 향상
- 기능을 역할 단위로 나눠 모듈화에 도움

### ▶ 구현 방법

| 추상 클래스<br>(Abstract Class) | • 공통 속성/메서드 일부 구현 + 추상 메서드 포함 가능. 객체 생성 불가<br>• ⓔ abstract class Animal { abstract void sound( ); } |
|---|---|
| 인터페이스<br>(Interface) | • 메서드 선언(시그니처) 중심. 여러 인터페이스 다중 구현 가능<br>• ⓔ interface Drawable { void draw( ); } |
| 구현 은닉<br>(메서드/내부 로직 숨김) | • 내부 동작은 감추고 사용 방법만 제공<br>• ⓔ sort( ), connect( )처럼 호출만 하게 함 |

### ▶ 코드 예(추상 클래스)

```
abstract class Animal {
    abstract void sound( );  // 추상 메서드(틀만 제공)
    void eat( ) {            // 일반 메서드(공통 기능 제공)
        System.out.println("먹는다");
    }
}

class Dog extends Animal {
    void sound( ) {
        System.out.println("멍멍");
    }
}

class Cat extends Animal {
    void sound( ) {
        System.out.println("야옹");
    }
}
```

- Animal은 구체적인 sound 구현 없이 '해야 할 동작의 틀'만 제공한다.
- Dog, Cat이 이를 구체적으로 구현(추상 → 구체화)한다.

**1 다형성과 추상화를 모두 만족하는 객체지향 요소는?**

① 상속

② 오버로딩

③ 캡슐화

④ 인터페이스

**2 다음 중 추상화의 개념으로 가장 적절한 것은?**

① 데이터를 외부에 노출하지 않는 것

② 동일한 메시지에 대해 다른 동작을 하는 것

③ 객체의 공통된 특성만 표현하여 단순화하는 것

④ 하나의 클래스가 여러 클래스를 상속받는 것

## POINT 023 네트워크

### 네트워크(Network)
- 두 대 이상의 컴퓨터(또는 장치)가 서로 연결되어 데이터를 주고받고, 자원(파일/프린터/인터넷 등)을 공유할 수 있게 만든 연결 구조이다.
- 📖 인터넷, 회사/학교 LAN, Wi-Fi, 블루투스 연결 등

### 기본 구성요소

| | |
|---|---|
| 호스트(Host) | 네트워크에 연결되어 데이터를 송수신하는 장치(PC, 스마트폰 등) |
| 서버(Server) | 클라이언트에게 서비스/자원 제공(웹 서버, 파일 서버 등) |
| 클라이언트(Client) | 서버에 서비스를 요청하는 컴퓨터/프로그램 |
| 라우터(Router) | 서로 다른 네트워크를 연결하고 경로 설정 |
| 스위치(Switch) | 같은 네트워크(LAN) 내부에서 목적지 MAC 주소 기반으로 필요한 장치로만 전달 |
| 허브(Hub) | 같은 네트워크에서 받은 데이터를 모든 포트로 그대로 전송(브로드캐스트) |

### 기본 구성요소

| | |
|---|---|
| LAN | • Local Area Network(근거리 영역 네트워크)<br>• 좁은 지역(가정, 사무실, 학교 등) 네트워크<br>• 📖 회사/학교 내부망 |
| MAN | • Metropolitan Area Network(대도시 영역 네트워크)<br>• 도시/캠퍼스 규모 네트워크<br>• 📖 시내 통합망, 대학 캠퍼스망 |
| WAN | • Wide Area Network(광대역 네트워크)<br>• 국가/대륙 등 광범위 지역 연결<br>• 📖 인터넷, 전국망(은행/통신) |
| PAN | • Personal Area Network(개인 영역 네트워크)<br>• 개인 주변의 매우 가까운 범위<br>• 📖 블루투스 이어폰, 스마트워치 |

### 개념 체크 ✔

**1** 다음 중 네트워크의 주된 목적이 <u>아닌</u> 것은 무엇인가?

① 정보 공유　　　　② 자원 공유
③ 데이터 통신　　　④ 데이터 백업

**2** 아래 중 네트워크의 기본 구성요소에 속하지 <u>않는</u> 것은?

① 프로토콜　　　　② 통신 매체
③ 컴퓨터　　　　　④ 마우스

**3** 회사 내 모든 컴퓨터가 한 대의 프린터를 공유하는 네트워크의 유형은?

① LAN　　　　　　② WAN
③ MAN　　　　　　④ PAN

**4** 네트워크가 제공하는 주요 이점으로 옳지 <u>않은</u> 것은?

① 파일의 신속한 공유
② 하드웨어 장치의 공동 사용
③ 시스템 성능의 자동 향상
④ 인터넷 접속 지원

## POINT 024 네트워크 계층 구조

### 네트워크 계층 구조
- 네트워크에서 데이터를 효율적이고 표준화된 방식으로 송수신하기 위해 통신 기능을 계층(레이어)으로 나누어 설계한 구조이다.
- 계층 구조의 목적

| 기능 분리 | 설계/구현/수정이 쉬워짐 |
|---|---|
| 호환성 확보 | 서로 다른 장비 · 운영체제 간 통신 가능 |
| 표준화/상호 운용성 | 국제 표준 기반으로 연결성 보장 |

## ▶ 대표 계층 모델(상위 → 하위)

| | |
|---|---|
| OSI 7계층 | 1. 응용(Application)<br>2. 표현(Presentation)<br>3. 세션(Session)<br>4. 전송(Transport)<br>5. 네트워크(Network)<br>6. 데이터링크(Data Link)<br>7. 물리(Physical) |
| TCP/IP 4계층 | 1. 응용(Application)<br>2. 전송(Transport)<br>3. 인터넷(Internet)<br>4. 네트워크 액세스/링크(Network Access/Link) |

- OSI 7계층은 개념적 표준 모델로, 각 계층의 역할을 명확히 나눠 이해 · 설계 · 표준화에 유리하다.
- TCP/IP 4계층은 실제 인터넷에서 사용되는 현실적인 프로토콜 구조로, 구현과 운용이 효율적이다.

## ▶ 캡슐화와 역캡슐화

| | |
|---|---|
| 캡슐화(Encapsulation) | 송신 측에서 상위 → 하위로 내려가며 헤더(Header)를 붙여 포장 |
| 역캡슐화(Decapsulation) | 수신 측에서 하위 → 상위로 올라가며 헤더(Header)를 제거하고 원래 데이터 복원 |

## ▶ 계층 구조의 장점

| | |
|---|---|
| 모듈화 | 계층별로 독립 설계/관리 가능 |
| 호환성 | 서로 다른 시스템 간 통신 가능 |
| 표준화 | 국제 표준 기반 설계 가능 |
| 유연성 | 특정 계층만 교체/수정 가능(예 전송 계층 변경) |

### 개념 체크 ✔

**1 네트워크 계층 구조를 계층별로 나눈 목적은?**

① 데이터 전송 속도 향상을 위해
② 기능별로 독립적 설계를 가능하게 하기 위해
③ 라우터 설정을 단순화하기 위해
④ 서버와 클라이언트를 구분하기 위해

**2 다음 중 계층 구조에서 '기능의 분리와 표준화'로 인해 얻는 주요 이점이 아닌 것은?**

① 각 계층별 독립 개발 가능
② 통신 규격의 상호호환성 확보
③ 하드웨어 발전에 무관하게 내용 변경 불가
④ 네트워크 관리의 효율성 증가

---

## POINT 025 | OSI 7계층

### ▶ OSI 7계층의 정의

- OSI 7계층(Open Systems Interconnection)은 서로 다른 컴퓨터 시스템 간 통신이 원활하게 이루어지도록, 네트워크 통신 기능을 7개의 계층으로 나누어 표준화한 참조 모델이다.
- 계층별로 기능을 분리함으로써 설계 · 구현 · 장애 분석 · 확장이 쉬워지고, 장비/운영체제가 달라도 표준에 따라 상호 호환성과 상호 운용성을 확보할 수 있다.

### ▶ OSI 7계층 구조

| | | |
|---|---|---|
| 7계층 | 응용(Application) | 사용자/프로그램에 네트워크 서비스 제공 |
| 6계층 | 표현(Presentation) | 데이터 형식 변환, 압축, 암호화 |
| 5계층 | 세션(Session) | 연결 설정/유지/종료, 동기화 |
| 4계층 | 전송(Transport) | 신뢰성, 흐름/오류 제어, 분할/재조립 |
| 3계층 | 네트워크(Network) | 경로 선택(라우팅), 논리 주소(IP) |
| 2계층 | 데이터링크(Data Link) | MAC 주소, 프레이밍, 오류 검출 |
| 1계층 | 물리(Physical) | 전기/광/무선 신호, 매체 전송 |

- 1~3계층(하위) : 네트워크 기반 전송
- 4계층(하위) : 송신자 ~ 수신자 종단 간 전송(신뢰성/흐름/오류 제어)
- 5~7계층(상위) : 사용자 서비스와 데이터 처리

### ▶ OSI 계층별 PDU · 프로토콜 · 장비

| 계층 | 단위(PDU) | 대표 프로토콜 | 대표 장비 |
|---|---|---|---|
| 응용 | 메시지<br>(message) | HTTP, FTP, SMTP | (응용) 게이트웨이, 프록시 |
| 표현 | | JPEG, MPEG | – |
| 세션 | | NetBIOS | – |
| 전송 | 세그먼트<br>(Segment) | TCP, UDP | – |
| 네트워크 | 패킷(Packet) | IP, ICMP | 라우터 |
| 데이터링크 | 프레임(Frame) | Ethernet, Wi-Fi | 스위치, 브리지 |
| 물리 | 비트(Bit) | 케이블/전송 규격 | 리피터, 허브 |

**1** OSI 7계층 중에서 데이터의 암호화, 압축, 형식 변환 기능을 하는 계층은?

① 전송 계층　　　　② 표현 계층
③ 세션 계층　　　　④ 응용 계층

**2** OSI 7계층 중 라우팅과 논리적 주소(IP) 할당을 담당하는 계층은?

① 데이터링크 계층　② 네트워크 계층
③ 전송 계층　　　　④ 세션 계층

**3** 데이터를 전기적 신호로 변환하여 전송하는 하드웨어적 기능을 담당하는 계층은?

① 데이터링크 계층　② 물리 계층
③ 전송 계층　　　　④ 세션 계층

**4** 데이터 압축 · 암호화 같은 변환 작업이 이뤄지는 계층은?

① 표현 계층　　　　② 전송 계층
③ 물리 계층　　　　④ 데이터링크 계층

**5** 각 계층별 기능을 표준화하는 주 목적은?

① 장치별 맞춤형 통신구현
② 계층별 독립 개발 · 호환성 보장
③ 하드웨어 제조 원가절감
④ 프로토콜 동시 개발 제한

**6** 사용자가 웹 브라우저를 통해 웹 페이지에 접속하였다. 이때 사용된 프로토콜인 HTTP는 OSI 7계층 중 어디에 해당하는가?

① 응용 계층　　　　② 표현 계층
③ 전송 계층　　　　④ 세션 계층

---

## POINT 026　TCP/IP 프로토콜

### ▶ TCP/IP 프로토콜

- 인터넷에서 서로 다른 장치들이 데이터를 주고받기 위해 사용하는 통신 규약(프로토콜)들의 집합이다.
- OSI 7계층 모델을 참고하되 실제 구현에 맞게 4계층 구조로 단순화되어 있으며, 현실의 인터넷 통신에서 가장 널리 사용되는 표준이다.
- 각 계층은 담당 기능이 구분되어 있어 데이터 전송 과정의 역할 분담과 구조를 이해하는 데 도움이 된다.

### ▶ TCP/IP 4계층 구조

| | |
|---|---|
| 응용(Application) | 사용자 서비스 |
| 전송(Transport) | 종단 간 전송, 포트, 신뢰성/흐름 제어 |
| 인터넷(Internet) | IP 주소, 라우팅, 패킷 전달 |
| 네트워크 액세스(Link/Network Access) | 프레임/MAC + 물리 전송 |

### ▶ TCP/IP 계층별 프로토콜

| 계층 | 대표 프로토콜 | 예시 서비스 | 대응 OSI 계층 |
|---|---|---|---|
| 응용 | HTTP, FTP, SMTP, DNS | 웹, 이메일, 파일 전송 | 7~5계층 |
| 전송 | TCP, UDP | 전송/스트리밍 등 | 4계층 |
| 인터넷 | IP, ICMP | 패킷 전달, 핑(Ping) | 3계층 |
| 네트워크 액세스 | Ethernet, Wi-Fi, ARP | LAN, 와이파이 연결 | 2~1계층 |

### ▶ 계층별 주요 개념

| | |
|---|---|
| TCP | • 연결 지향(연결 설정 후 통신) 프로토콜로, 데이터 신뢰성을 보장한다.<br>• 순서 보장, 재전송, 오류 검출과 함께 흐름 제어/혼잡 제어 기능을 제공한다. |
| UDP | • 비연결형 프로토콜로, 전송 과정에서 순서 보장 · 재전송 등 신뢰성 기능이 없다(최소한만 제공).<br>• 헤더가 단순해 오버헤드가 작고 지연이 적어 실시간 통신에 적합하다. |
| IP | • 인터넷 계층의 핵심 프로토콜이다.<br>• 인터넷상 장치에 논리 주소(IP)를 부여하고, 라우팅을 통해 패킷을 목적지까지 전달한다(최선형(Best Effort) 전달, 신뢰성 보장은 하지 않음). |

### ▶ TCP vs UDP 비교

| 구분 | TCP | UDP |
|---|---|---|
| 연결 방식 | 연결형 (3-way handshake) | 비연결형 |
| 신뢰성 | 높음(순서/재전송 등) | 낮음(보장 ×) |
| 지연/오버헤드 | 비교적 큼 | 작음 |
| 오류/흐름 제어 | 있음 (혼잡/흐름 제어 포함) | 없음 (필요시 앱이 구현) |
| 사용 예시 | 웹(HTTP/HTTPS), 이메일, 파일전송 | 실시간 음성/영상, 게임, DNS 등 |

**1** TCP/IP에서 데이터의 신뢰성 있는 전송을 담당하는 전송 계층 프로토콜은?

① HTTP       ② UDP
③ TCP       ④ ICMP

**2** 다음 중 TCP/IP 4계층 구조에서 실제 데이터의 전기적 전송을 담당하는 계층은?

① 응용 계층
② 전송 계층
③ 인터넷 계층
④ 네트워크 액세스 계층

**3** UDP 프로토콜의 특징으로 옳은 것은?

① 신뢰성 보장, 연결 지향적
② 빠르고 단순, 신뢰성 낮음
③ 데이터 압축 제공
④ 포트 번호 사용 불가

**4** 다음 중 TCP/IP 프로토콜군에 포함되지 <u>않는</u> 것은?

① ICMP       ② FTP
③ ARP       ④ HDMI

**5** 웹 브라우저의 데이터 통신에 주로 사용되는 TCP/IP 상의 응용 계층 프로토콜은?

① HTTP       ② FTP
③ SMTP       ④ DNS

**6** TCP/IP에서 DNS의 역할로 가장 적절한 것은?

① 파일을 암호화하여 전송한다.
② MAC 주소를 IP로 변환한다.
③ 도메인 이름을 IP 주소로 변환한다.
④ 네트워크 경로를 최적화한다.

**7** 다음 중 TCP/IP 4계층 모델에 대한 설명으로 옳은 것은?

① 전송 계층은 실제 데이터를 전기 신호로 전송한다.
② 응용 계층은 IP 주소를 관리한다.
③ 인터넷 계층은 경로 설정과 라우팅을 수행한다.
④ 네트워크 인터페이스 계층은 이메일을 송수신한다.

---

**POINT 027**    **라우팅**

### ▶ 라우팅(Routing)

- 네트워크 상에서 데이터 패킷이 발신지에서 수신지까지 전달될 때, 가장 효율적인 경로를 선택하는 과정을 의미한다.
- 라우터가 보유한 라우팅 테이블을 기반으로 수행된다.

### ▶ 주요 용어 및 특징

| | |
|---|---|
| 라우터(Router) | • 서로 다른 네트워크 간의 경로를 비교 · 선택하여 패킷을 전달하는 네트워크 장비<br>• 예 가정용 인터넷 공유기, 기업용 백본 라우터 |
| 라우팅 테이블 | • 목적지 주소별로 패킷을 전달할 다음 경로 정보를 저장한 표<br>• 예 목적지 IP, 다음 홉, 인터페이스, 경로 우선순위 |

### ▶ 라우팅 방식

| | |
|---|---|
| 정적 라우팅<br>(Static Routing) | • 관리자가 수동으로 경로를 설정하는 방식<br>• 예 소규모 네트워크 |
| 동적 라우팅<br>(Dynamic Routing) | • 라우터가 라우팅 프로토콜을 이용해 자동으로 경로를 탐색 · 갱신<br>• 예 대규모 네트워크, 인터넷 |

### ▶ 주요 라우팅 프로토콜

| | |
|---|---|
| RIP | • 홉 수(Hop Count) 기반의 거리 벡터 방식, 소규모 네트워크에 적합<br>• 유형 : 내부 라우팅, 거리 벡터 |
| OSPF | • 링크 상태 기반 방식, 대규모 네트워크에 적합<br>• 유형 : 내부 라우팅, 링크 상태 |
| BGP | • 서로 다른 자율 시스템(AS) 간의 라우팅을 담당<br>• 유형 : 외부 라우팅 |
| EIGRP | • Cisco에서 개발한 고급 라우팅 프로토콜(하이브리드 방식)<br>• 유형 : 내부 라우팅 |

### ▶ 내부 라우팅 vs 외부 라우팅

| | |
|---|---|
| IGP<br>(Interior Gateway Protocol) | • 하나의 자율 시스템(AS) 내부에서 사용하는 라우팅 프로토콜<br>• 예 RIP, OSPF, EIGRP |
| EGP<br>(Exterior Gateway Protocol) | • 자율 시스템 간 라우팅을 위한 프로토콜 계열<br>• 예 BGP |

**1 다음 중 라우팅 프로토콜에 해당하지 <u>않는</u> 것은?**

① RIP
② FTP
③ OSPF
④ BGP

FTP는 파일 전송 프로토콜이다.

**2 라우터가 네트워크 정보를 이용하여 최적 경로를 자동으로 선택하는 방식을 무엇이라 하는가?**

① 정적 라우팅
② 거리 라우팅
③ 동적 라우팅
④ 직접 연결

**3 소규모 네트워크 환경에서 관리자가 직접 경로를 설정해 운영하는 방식은?**

① RIP
② OSPF
③ 정적 라우팅
④ 동적 라우팅

**4 정적 라우팅과 동적 라우팅을 비교할 때 옳은 것은?**

① 정적 라우팅은 경로 변경이 자동으로 이뤄진다.
② 동적 라우팅은 라우터끼리 경로 정보를 자동으로 교환한다.
③ 정적 라우팅이 대규모 망에서 더 효율적이다.
④ 동적 라우팅은 사람이 매번 경로를 입력해야 한다.

**5 라우팅 테이블이란 무엇인가?**

① 네트워크 장비의 MAC 주소 목록
② 데이터 전송 속도 측정표
③ 목적지별 전송 경로 정보 표
④ 사용자의 로그인 기록

**6 다음 중 대표적인 동적 라우팅 프로토콜로 올바른 것은?**

① HTTP
② RIP
③ SMTP
④ FTP

**7 라우팅의 가장 큰 목적은?**

① 데이터 저장 공간 확보
② 최적의 경로를 통한 효율적 패킷 전달
③ 사용자 인터페이스 개선
④ 데이터 암호화

## POINT 028 인터넷과 IP 주소

### 인터넷(Internet)

- 전 세계의 컴퓨터들이 TCP/IP 프로토콜을 이용하여 서로 연결된 네트워크들의 집합을 의미한다.
- 인터넷의 특징
  - 공개된 네트워크로 누구나 접근 가능
  - 분산 구조로 특정 주체가 전체를 통제하지 않음
  - TCP/IP 프로토콜을 사용하여 다양한 시스템 간 통신 가능

### IP 주소(IP Address)

- IP(Internet Protocol) 주소란 인터넷 상에서 각 장치를 구분하기 위한 고유한 논리적 주소이다.
- 데이터 전송 시 송·수신 대상 식별에 사용된다.

### IPv4와 IPv6의 특징

| 구분 | IPv4 | IPv6 |
|---|---|---|
| 주소 길이 | 32bit | 128bit |
| 표현 방식 | 8비트씩 4 부분(10진수) | 16비트씩 8 부분(16진수) |
| 표기 예시 | 000.000.000.000 | 0000:0000:0000:0000:0000:0000:0000:0000 |
| 주소 개수 | 약 43억 개 | 약 43억×43억×43억×43억 개(거의 무한대) |
| 보안 기능 | IPsec 별도 설치 필요 | IPsec 기능 기본 제공 |
| 헤더 크기 | 가변 | 고정 |
| 전송 방식 | 유니캐스트, 멀티캐스트, 브로드캐스트 | 유니캐스트, 멀티캐스트, 애니캐스트 |

### IPv4 주소 클래스(Class)

| 클래스 | 시작 비트 | 범위 (첫 옥텟 기준) | 용도 | 기본 서브넷 마스크 |
|---|---|---|---|---|
| A | 0xxx | 0 ~ 127 | 대형 네트워크 | 255.0.0.0 |
| B | 10xx | 128 ~ 191 | 중형 네트워크 | 255.255.0.0 |
| C | 110x | 192 ~ 223 | 소형 네트워크 | 255.255.255.0 |
| D | 1110 | 224 ~ 239 | 멀티캐스트 | 없음 |
| E | 1111 | 240 ~ 255 | 실험적 용도 | 없음 |

127.0.0.1은 루프백(Loopback) 주소로, 자기 자신을 의미하며 네트워크 테스트 및 진단에 사용된다.

**1 IPv4 주소의 표기 형식으로 옳은 것은?**

① 192.168.1.1
② 2001:0db8:0000:0000:0000:8a2e:0370:7334
③ www.youngjin.com
④ 8A-D5-02-9B-3C-1F

**2 128비트로 구성되어 주소 공간이 넓은 IP 주소 체계는?**

① IPv4      ② IPv6
③ 도메인명      ④ MAC 주소

**3 DNS(도메인 네임 시스템)의 주요 역할은?**

① 도메인 이름과 IP 주소를 상호 변환
② 네트워크 속도 측정
③ 데이터 압축
④ 하드웨어 주소 변경

DNS는 사람이 이해하기 쉬운 도메인 이름을 IP 주소로 변환해 주는 시스템이다.

**4 IP 주소 192.168.10.5의 클래스는?**

① A 클래스
② B 클래스
③ C 클래스
④ D 클래스

첫 옥텟이 192~223 범위에 해당하므로 C 클래스이다.

**5 IPv4 주소는 몇 비트로 구성되어 있는가?**

① 32비트
② 64비트
③ 128비트
④ 16비트

**6 다음 중 서브넷 마스크의 역할은?**

① 포트를 식별한다.
② IP 주소를 압축한다.
③ IP 주소에서 네트워크와 호스트를 구분한다.
④ DNS 서버를 설정한다.

**7 IPv6 주소에 대한 설명으로 틀린 것은?**

① 주소는 128비트로 구성되어 있다.
② 16진수로 표현된다.
③ 주소 부족 문제를 해결했다.
④ IPv4보다 보안성이 떨어진다.

---

**POINT 029 네트워크 토폴로지**

**▶ 네트워크 토폴로지(Network Topology)**

컴퓨터 네트워크의 구성요소(노드, 링크 등)를 물리적으로 연결하는 방식 또는 네트워크에 연결된 장비와 케이블의 배치 구조를 의미한다.

**▶ 버스형(Bus Topology)**

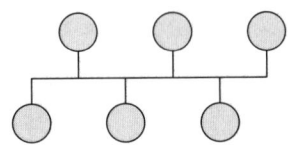

• 모든 노드가 하나의 공통 선로(백본 케이블)에 직렬로 연결된 구조이다.
• 구성이 단순하여 설치가 쉽고 비용이 저렴하다는 장점이 있다.
• 백본 케이블에 장애가 발생하면 전체 네트워크 통신이 불가능해지는 단점이 있다.

**▶ 스타형(Star Topology)**

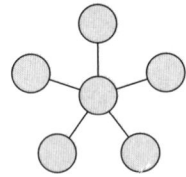

• 중앙 장치(허브 또는 스위치)를 중심으로 각 노드가 개별적으로 연결된 구조이다.
• 특정 노드에 장애가 발생하더라도 다른 노드에는 영향이 적고, 관리와 확장이 용이하다.
• 중앙 장치에 장애가 발생하면 전체 네트워크 통신이 중단되는 단점이 있다.

**▶ 링형(Ring Topology)**

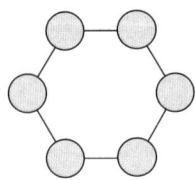

• 노드들이 원형 구조로 연결되어 데이터가 한 방향 또는 양방향으로 순환하는 방식이다.
• 데이터 충돌이 적다는 장점이 있다.
• 하나의 노드나 링크에 장애가 발생하면 전체 네트워크에 영향을 주는 단일 장애점(SPOF)에 취약하다.

## 트리형(Tree Topology)

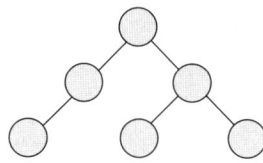

- 여러 개의 스타형 네트워크가 계층적으로 연결된 구조이다.
- 대규모 네트워크에 적합하며 관리와 확장이 용이하다는 장점이 있다.
- 상위 노드나 상위 연결 구간에 장애가 발생하면 하위 전체 네트워크에 영향을 미친다.

## 메시형(Mesh Topology, 망형)

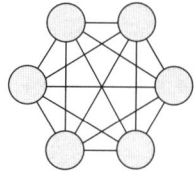

- 모든 노드가 서로 직접 연결된 구조이다.
- 장애 발생 시에도 대체 경로를 통해 통신이 가능하여 신뢰성과 안정성이 매우 높고 최단 경로 선택이 가능하다.
- 다만, 구축 비용이 높고 설치 및 관리가 복잡하다는 단점이 있다.

**개념 체크 ✔**

**1** 중앙 장비를 중심으로 여러 장치가 개별적으로 연결되는 토폴로지는?

① 버스형
② 스타형
③ 링형
④ 트리형

**2** 토폴로지의 유형 중 모든 장치가 직렬로 연결되어 백본선에 장애가 발생하면 전체 통신에 문제가 생기는 것은?

① 트리형
② 버스형
③ 메시형
④ 스타형

**3** 다음 설명에 해당하는 토폴로지는 무엇인가?

> 노드 간 직접 연결 구조로, 장애에 매우 강하고 설치 비용이 높다.

① 버스형
② 메시형
③ 링형
④ 트리형

**4** 사무실처럼 확장과 장치 추가, 장애 관리가 쉬운 토폴로지는?

① 버스형
② 트리형
③ 스타형
④ 링형

**5** 다음 중 네트워크 토폴로지에 해당하지 <u>않는</u> 것은?

① 트리형
② 버스형
③ 스타형
④ 클러스터형

클러스터는 서버 구성 방식이다.

**6** 다음 중 버스형 토폴로지의 특징으로 옳지 <u>않은</u> 것은?

① 하나의 통신선에 모든 장치가 연결된다.
② 설치 비용이 저렴하다.
③ 중앙 장치가 필요하다.
④ 통신선 끝에 종단 장치가 필요하다.

## POINT 030 데이터베이스

### 데이터베이스(Database)
- 여러 사용자가 공유하여 사용할 수 있도록 데이터를 중복을 최소화하여 구조적으로 저장한 데이터의 집합이다.
- 데이터를 효율적으로 저장·관리·검색하기 위해 사용된다.

### 데이터베이스의 주요 목적

| | |
|---|---|
| 데이터 중복 최소화 | • 동일한 데이터가 여러 곳에 저장되는 것을 방지<br>• 저장 공간 절약 및 데이터 관리 효율 향상 |
| 데이터 무결성(Integrity) 확보 | • 데이터가 정확하고 일관성 있게 유지되도록 보장<br>• 잘못된 입력이나 오류 발생 방지 |
| 데이터 보안(Security) | • 사용자별 접근 권한 제어<br>• 데이터의 불법 접근 및 훼손 방지 |
| 데이터의 효율적 접근 및 공유 | • 여러 사용자가 동시에 데이터에 접근 가능<br>• 빠른 검색과 안정적인 공유 지원 |

### 데이터베이스의 특징

| | |
|---|---|
| 실시간 접근성<br>(Real-time Accessibility) | • 사용자의 요청에 대해 즉시 처리 및 응답 가능<br>• 질의(Query)에 빠르게 반응 |
| 계속적인 변화<br>(Continuous Evolution) | • 데이터의 삽입·삭제·갱신이 수시로 발생<br>• 항상 최신 상태 유지 |
| 동시 공유<br>(Concurrency) | • 여러 사용자가 동시에 데이터 접근·처리 가능<br>• 다중 사용자 환경 지원 |
| 내용 참조<br>(Content Reference) | • 데이터의 저장 위치나 주소가 아닌, 값(내용)을 기준으로 접근<br>• 물리적 위치와 무관 + 내용 기반 접근 |
| 데이터 독립성<br>(Data Independence) | • 데이터 구조 변경이 응용 프로그램에 영향을 주지 않음<br>• 논리적 독립성과 물리적 독립성이 있음 |

### 주요 개념 및 용어

| | |
|---|---|
| 데이터베이스<br>(Database) | • 조직 내에서 사용되는 데이터를 통합적·조직적으로 관리하는 데이터의 모임이다.<br>• 예 회사 인사정보시스템, 도서관 관리 시스템 |
| DBMS<br>(Database Management System) | • 데이터베이스를 생성·저장·검색·수정·삭제하기 위한 관리 시스템이다.<br>• 예 Oracle, MySQL, SQL Server, Access |
| 테이블(Table) | • 관련된 데이터를 행(Row)과 열(Column) 형태로 저장한 구조이다.<br>• 예 회원 목록 테이블, 도서 정보 테이블 |
| 레코드(Record) | • 테이블에서 하나의 행(Row)으로, 하나의 데이터 집합을 의미한다.<br>• 예 한 명의 회원 정보(이름, 주소, 전화번호) |
| 필드(Field) /<br>속성(Attribute) | • 테이블의 열(Column)로, 하나의 데이터 항목을 의미한다.<br>• 예 이름, 주소, 전화번호 |
| 키(Key) | • 데이터를 식별하거나 테이블 간 관계를 연결하기 위해 사용하는 속성이다.<br>• 예 학번, 사번, 주민등록번호 |
| 무결성(Integrity) | • 데이터의 정확성·일관성·신뢰성을 유지하기 위한 제약 조건이다.<br>• 예 학번 중복 불가, 점수는 0~100 범위만 허용 |
| 스키마(Schema) | • 데이터베이스의 전체 구조와 제약 조건을 정의한 논리적 설계이다.<br>• 예 테이블 구성, 속성 정의, 테이블 간 관계 |

### 개념 체크 ✔

**1 다음 중 데이터베이스의 가장 올바른 정의는?**
① 하드디스크에 자료를 저장하는 모든 방법
② 조직적으로 통합·관리되는 데이터의 집합
③ 메모리에 임시로 저장되는 데이터
④ 통신망을 통해 송수신되는 모든 정보

**2 데이터베이스와 관련된 개념 설명으로 옳지 <u>않은</u> 것은?**

① DBMS는 데이터베이스 관리용 소프트웨어이다.

② 테이블은 데이터를 행과 열 형태로 저장한다.

③ 레코드는 테이블의 한 열을 의미한다.

④ 스키마는 데이터베이스 전체 구조를 설계한 것이다.

레코드(Record)는 테이블의 한 행(Row)을 의미하며, 열(Column)은 필드(Field)이다.

**3 여러 사용자가 동일 데이터를 효과적으로 공유하고 처리하기 위한 주된 해결책은?**

① 데이터베이스 시스템 사용

② 파일별 개별 저장

③ 메모리만 활용

④ 데이터 암호화

데이터베이스 시스템은 다중 사용자 환경에서 데이터 공유와 동시 처리를 지원한다.

**4 데이터베이스에서 '무결성(Integrity)'이란 어떤 개념인가?**

① 데이터 중복 허용

② 데이터의 정확성, 일관성, 신뢰성 보장

③ 테이블 간 관계 무시

④ 데이터 오류를 자동 복구하지 않음

**5 데이터베이스의 특징 중, 데이터를 물리적 저장 위치와 관계없이 내용 기반으로 접근할 수 있도록 하는 특성은?**

① 실시간 접근성　　　② 공유성

③ 내용 참조　　　　　④ 독립성

**6 데이터베이스를 관리하는 시스템 소프트웨어는?**

① 운영체제　　　　　② 유틸리티

③ DBMS　　　　　　④ 모니터링 시스템

---

**POINT 031　데이터 모델링**

### 데이터 모델링(Data Modeling)

• 현실 세계의 데이터를 컴퓨터 시스템에서 효율적으로 관리할 수 있도록 논리적 구조로 표현하는 작업이다.

• 데이터의 중복을 최소화하고, 일관성과 무결성을 유지할 수 있는 데이터베이스를 설계하기 위한 사전 설계 과정이다.

• 데이터 모델링의 3단계 : 개념적 모델 → 논리적 모델 → 물리적 모델

| 개념적 모델 | 업무 중심. 추상적 표현 |
| --- | --- |
| 논리적 모델 | 구조 중심. DBMS 독립 |
| 물리적 모델 | 구현 중심. DBMS 종속 |

### 데이터 모델링의 목적

• 현실 세계의 복잡한 데이터를 체계적으로 표현한다.

• 데이터 중복을 제거하고 일관성을 유지한다.

• 효율적인 데이터베이스 설계를 위한 기준을 제공한다.

• 시스템 구축 및 유지보수의 용이성을 확보한다.

### 주요 개념 및 용어

| | |
| --- | --- |
| 개념적 모델<br>(Conceptual Model) | • 현실 세계의 업무를 추상적이고 포괄적인 개념으로 구조화한 모델이다.<br>• 시스템 구현보다는 업무 이해와 요구사항 분석에 중점을 둔다.<br>• 예 E-R 다이어그램(ERD) |
| 논리적 모델<br>(Logical Model) | • DBMS의 종류와는 무관하게 데이터의 논리적 구조를 설계한 모델이다.<br>• 엔터티, 속성, 관계, 제약 조건 등을 명확히 정의한다.<br>• 예 엔터티, 속성, 관계 명시 |
| 물리적 모델<br>(Physical Model) | • 선택한 DBMS의 물리적 환경에 맞게 실제 구현 구조를 설계한 모델이다.<br>• 저장 방식, 인덱스, 접근 경로 등 성능 요소를 고려한다.<br>• 예 테이블, 인덱스, 제약조건 |
| 엔터티(Entity) | • 현실 세계에서 독립적으로 존재하며 관리가 필요한 객체 또는 정보 단위이다.<br>• 예 학생, 강의, 도서, 도서관, 사서 |
| 속성(Attribute) | • 엔터티가 가지는 성질이나 특성을 나타내는 데이터 항목이다.<br>• 예 이름, 학번, 생년월일 |
| 관계(Relationship) | • 엔터티와 엔터티 사이의 논리적 연결 또는 의미적 연관성을 의미한다.<br>• 예 학생-수강-강의(수강 관계) |
| ER 다이어그램(ERD) | • Entity-Relationship Diagram<br>• 엔터티(Entity), 속성(Attribute), 관계(Relationship)를 도형을 사용해 시각적으로 표현한 모델링 도구이다. |

**1 데이터 모델링의 주된 목적은 무엇인가?**

① 파일의 저장 공간 확보
② 현실 세계의 정보를 데이터베이스 구조로 설계
③ 네트워크 전송 속도 향상
④ 소프트웨어 라이선스 관리

**2 다음 중 엔터티(Entity)에 해당하는 정보로 가장 적합한 것은?**

① 주문일자　　　　② 주문
③ 주문금액　　　　④ 배송주소

주문은 업무 처리 과정에서 하나의 관리 단위로 식별·관리되는 대상이므로 엔터티(Entity)에 해당하고, 주문일자, 주문금액, 배송주소는 주문 엔터티가 가지는 속성(Attribute)에 해당한다.

**3 개념적 데이터 모델에 대한 설명으로 옳은 것은?**

① 실제 DBMS의 테이블 형태로 구현된 구조
② 사용자·업무 중심의 전체 구조와 관계 표현
③ 인덱스나 저장 경로 중심의 상세 설계
④ 데이터 처리 속도 향상용 기법

개념적 모델은 업무 이해와 요구사항 분석 중심으로, 엔터티와 관계를 추상적으로 표현한다.

**4 논리적 데이터 모델링의 주요 단계로 옳은 것은?**

① 테이블 구조 정의, 엔터티 간 관계, 속성 정의
② 데이터 압축, 백업 수행
③ 사용자 암호화 설계
④ 하드웨어 용량 평가

**5 데이터베이스 설계에서 현실 세계의 데이터를 추상화하여 개념적으로 표현하는 과정은?**

① 정규화
② 모델링
③ 인덱스
④ 조인

**6 데이터 모델링의 3단계 중, 실제 DBMS에 저장되는 구조를 설계하는 단계는?**

① 개념적 모델링
② 논리적 모델링
③ 물리적 모델링
④ 관계적 모델링

---

**POINT 032　E-R 모델링**

### ▶ E-R 모델링(Entity-Relationship Modeling)

- 현실 세계의 데이터를 '엔터티(Entity), 속성(Attribute), 관계(Relationship)'로 표현하는 개념적 데이터 모델링 방법이다.
- 데이터베이스 설계 단계 중 초기 설계 단계(개념적 모델링)에서 가장 널리 사용되며, 시각적인 표현(ER 다이어그램)을 통해 데이터 구조를 쉽게 이해하고 설계할 수 있도록 한다.
- 데이터 간 관계 구조를 명확히 파악할 수 있으므로, 사용자·업무 중심의 설계에 적합하다.

### ▶ E-R 모델의 구성요소

| | |
|---|---|
| 개체(Entity) | • 현실 세계에서 독립적으로 존재하며 관리할 필요가 있는 객체 또는 정보 단위를 의미한다.<br>• 예 학생, 사원, 주문, 부서, 상품 등 |
| 속성(Attribute) | • 개체가 가지는 성질, 특성, 상태를 나타내는 데이터 항목이다.<br>• 예 학생 → 학번, 이름, 생년월일<br>　주문 → 주문번호, 주문일자, 금액 |
| 관계(Relationship) | • 개체와 개체 사이의 논리적·의미적 연결을 의미한다.<br>• 관계에는 카디널리티(Cardinality)가 존재한다.<br>• 예 학생-수강-과목<br>　부서-소속-사원 |

### ▶ ERD 기호

| 구성요소 | 의미 | 기호 |
|---|---|---|
| 개체(Entity) | 관리 대상 객체 | 사각형(ㅁ) |
| 속성(Attribute) | 개체의 특성 | 타원(ㅇ) |
| 관계(Relationship) | 개체 간 연결 | 마름모(◇) |
| 기본키(Primary Key) | 개체 식별 속성 | 속성명에 밑줄 |
| 카디널리티(Cardinality) | 관계의 수 | 1:1, 1:N, N:M<br>(관계선 위 표시) |

## 카디널리티(Cardinality) 예시

| 1:1 | • 하나의 엔터티가 다른 하나의 엔터티와만 관계를 가지는 형태이다.<br>• 예 주민-주민번호 |
|---|---|
| 1:N | • 하나의 엔터티가 여러 개의 엔터티와 관계를 가지는 형태이다.<br>• 예 부서-사원 |
| N:M | • 여러 엔터티가 서로 다대다 관계를 가지는 형태이다.<br>• 예 학생-수강 과목 |

### 개념 체크 ✔

**1** E-R 모델링에서 엔터티를 나타내는 도형은?

① 타원형      ② 사각형
③ 마름모형     ④ 삼각형

**2** 사원과 부서가 한 부서에 여러 사원이 소속되고, 한 사원은 한 부서에만 속하는 관계는?

① 1:1       ② 1:N
③ N:M     ④ 포함

**3** E-R 다이어그램에서 기본키는 어떻게 표시하는가?

① 밑줄 긋기     ② 대문자 표시
③ 점선 테두리     ④ 색깔 구분

**4** 학번(학생)과 주문번호(주문)와 같이 데이터를 고유하게 구분하는 E-R 구성요소는?

① 식별자(Primary Key)
② 속성(Attribute)
③ 관계(Relationship)
④ 카디널리티(Cardinality)

---

## POINT 033   데이터베이스 유형 및 특징

### 관계형 데이터베이스(RDB, Relational Database)

• 데이터를 행(Row)과 열(Column)로 구성된 테이블(Relation) 형태로 저장한다.
• 각 테이블은 기본키와 외래키(Key)를 통해 서로 관계를 맺는다.
• 데이터 구조가 명확하고 일관성 및 무결성 유지에 강해 트랜잭션 처리에 적합하다.
• 테이블 간 관계가 복잡해질수록 설계가 어려워지고 대규모 분산 환경에서는 확장성에 제약이 있다.
• 대표적으로 Oracle, MySQL, SQL Server 등이 있다.

### 계층형 데이터베이스(Hierarchical Database)

• 데이터를 트리(Tree) 구조로 구성하여 부모-자식 관계(1:N) 형태로 저장한다.
• 상위 레코드와 하위 레코드 간의 관계가 명확하여 데이터 검색 속도가 빠르고 구조가 단순하다.
• 하나의 데이터가 여러 부모를 가질 수 없어 관계 표현의 유연성이 낮고 구조 변경이 어렵다.
• 초기 데이터베이스 시스템에서 주로 사용되었으며, 대표적으로 IMS가 있다.

### 네트워크형 데이터베이스(Network Database)

• 데이터를 그래프(Graph) 구조로 표현하여 소유자-멤버 관계(N:M)를 지원한다.
• 하나의 데이터가 여러 부모와 연결될 수 있어 복잡한 데이터 관계를 효과적으로 표현할 수 있다.
• 구조가 복잡하여 설계와 관리가 어렵고 접근 방식이 까다롭다.
• CODASYL 모델을 기반으로 하며 IDMS, CODASYL DB 등이 대표적이다.

### 객체지향 데이터베이스(OODB, Object-Oriented Database)

• 데이터를 객체(Object) 단위로 저장하며, 클래스, 상속, 캡슐화 등 객체지향 개념을 데이터베이스에 그대로 적용한 형태이다.
• 객체 간 참조를 통해 복잡한 구조를 자연스럽게 표현할 수 있고 재사용성이 높다.
• 표준화가 미흡하고 관계형 데이터베이스에 비해 성능 및 호환성 문제가 발생할 수 있다.
• 대표적으로 O2, ObjectStore 등이 있다.

### NoSQL 데이터베이스

• 비정형 또는 반정형 데이터를 처리하기 위해 설계된 데이터베이스이다.
• 관계형 모델을 사용하지 않고 키-값, 문서, 컬럼, 그래프 구조 등 다양한 방식으로 데이터를 저장한다.
• 대용량 데이터 처리와 수평적 확장(Scale-out)에 강하며 높은 성능과 유연성을 제공한다.
• 표준화가 부족하고 데이터 일관성 보장이 제한적일 수 있다.
• 대표적으로 MongoDB, Redis, Cassandra 등이 있다.

## 데이터베이스 선택 시 고려사항

- 데이터 구조의 복잡성
- 트랜잭션 처리 요구사항
- 확장성 및 성능 요구
- 관리 및 유지보수의 용이성

**개념 체크 ✔**

**1 데이터를 테이블 형식으로 저장하며 SQL을 사용하는 데이터베이스는?**

① 계층형 DB
② 관계형 DB
③ 네트워크형 DB
④ 객체지향 DB

**2 부모-자식 관계로 트리 구조를 이루는 데이터베이스 유형은?**

① 관계형 DB
② 네트워크형 DB
③ 계층형 DB
④ NoSQL DB

**3 다음 중 데이터베이스의 유형과 설명이 잘못 연결된 것은?**

① 관계형 DB – 테이블(릴레이션) 구조
② 계층형 DB – 트리형 구조
③ 네트워크형 DB – 1:1 관계만 가능
④ 객체지향형 DB – 객체(클래스) 단위 저장

**4 대량의 비정형 데이터를 신속하게 처리하고, 유연한 확장이 가능한 데이터베이스 유형은?**

① 관계형 DB
② 계층형 DB
③ NoSQL DB
④ 카드 파일 시스템

**5 테이블을 기반으로 데이터를 행과 열로 관리하고, SQL을 사용하는 DB 유형은?**

① 관계형 DB
② 계층형 DB
③ 네트워크형 DB
④ 객체지향형 DB

**6 관계형 데이터베이스의 대표적인 특징은?**

① 트리 구조 데이터 저장
② 객체의 메서드·속성 저장
③ 표준 SQL 사용 가능
④ 네트워크식 복합 연결

**7 NoSQL 데이터베이스의 대표 장점으로 알맞은 것은?**

① 관계형 데이터간 복합 조인
② 대용량 분산 저장과 빠른 처리
③ 트리 구조 데이터 직관화
④ 모든 응용에서만 사용 가능

**8 대용량 빅데이터 처리를 위해 유연한 스키마를 지원하는 데이터베이스는?**

① 관계형 DB
② 객체지향 DB
③ NoSQL DB
④ 계층형 DB

---

**POINT 034 데이터 무결성**

## 데이터 무결성(Data Integrity)

- 데이터베이스에 저장된 데이터가 항상 정확하고 일관성 있게 유지되는 상태를 의미한다.
- 데이터의 신뢰성과 정확성을 보장하기 위해 설정되는 제약조건과 규칙을 통해 유지된다.
- 데이터 무결성이 보장되지 않으면 데이터의 오류, 중복, 불일치가 발생하여 시스템 전반의 신뢰성이 저하될 수 있다.

## 데이터 무결성의 필요성

- 잘못된 데이터 입력 방지
- 데이터 간 불일치 제거
- 데이터의 신뢰성, 정확성 유지
- 안정적인 데이터베이스 운영 보장

## 데이터 무결성의 종류

| | |
|---|---|
| 개체 무결성<br>(Entity Integrity) | • 기본키(Primary Key)에 대한 제약 조건으로, 기본키는 NULL 값을 가질 수 없으며 중복될 수 없다.<br>• 각 레코드를 유일하게 식별하기 위한 필수 조건이다.<br>• ⑩ 학생 테이블에서 학번은 반드시 존재해야 하며 중복될 수 없음 |
| 참조 무결성<br>(Referential Integrity) | • 외래키(Foreign Key)에 대한 제약 조건으로, 외래키 값은 참조하는 기본키 값과 일치하거나 NULL이어야 한다.<br>• 테이블 간 연결 관계의 일관성을 유지한다.<br>• ⑩ 주문 테이블의 고객ID는 반드시 고객 테이블의 고객ID와 일치해야 함 |
| 도메인 무결성<br>(Domain Integrity) | • 특정 컬럼에 입력 가능한 값의 범위, 형식, 타입을 제한하는 규칙이다.<br>• ⑩ 나이 컬럼은 0~150 사이의 정수만 허용 |
| 사용자 정의 무결성<br>(User-defined Integrity) | • 업무 특성에 따라 사용자가 직접 정의한 비즈니스 규칙을 의미한다.<br>• ⑩ 상품 재고 수량은 음수가 될 수 없음 |

## ▶ 무결성 제약조건 구현 방법

• 데이터 무결성은 DBMS에서 제공하는 제약조건(Constraint)을 통해 구현된다.

| PRIMARY KEY | 개체 무결성 보장 |
|---|---|
| FOREIGN KEY | 참조 무결성 보장 |
| CHECK | 도메인 무결성 보장 |
| NOT NULL | NULL 값 입력 방지 |

### 개념 체크 ✔

**1 기본키(Primary Key)에 해당하지 <u>않는</u> 조건은?**

① 유일성
③ 중복 불가
② NULL 값 허용
④ 개체 무결성 보장

**2 외래키(Foreign Key)와 관련된 무결성은?**

① 개체 무결성
② 참조 무결성
③ 도메인 무결성
④ 사용자 정의 무결성

**3 컬럼에 저장될 수 있는 값의 범위나 형식을 제한하는 무결성은?**

① 도메인 무결성
② 개체 무결성
③ 참조 무결성
④ 사용자 정의 무결성

**4 데이터 무결성(Integrity)에 관한 설명으로 옳은 것은?**

① 데이터의 중복 저장을 허용한다.
② 모든 데이터가 항상 일관되고 정확하게 유지되는 상태를 말한다.
③ 입력된 데이터는 어떤 값이든 허용한다.
④ 데이터 조회 속도 향상을 의미한다.

**5 학생 테이블의 학번 필드를 기본키로 지정한 경우, 데이터 무결성의 종류는?**

① 엔터티 무결성
③ 도메인 무결성
② 참조 무결성
④ 사용자 정의 무결성

**6 참조 무결성 위반 사례로 알맞은 것은?**

① 점수 필드에 문자를 입력
② 예약 테이블에 없는 회원ID 입력
③ 한 사람의 주소가 두 번 저장
④ 생년월일을 공백으로 남김

**7 '가격' 필드는 0원 이상만 허용하는 제약조건을 준 경우 무결성의 종류는?**

① 도메인 무결성
③ 엔터티 무결성
② 참조 무결성
④ 스키마 무결성

**8 데이터 무결성 확보를 위해 데이터베이스에서 반드시 해야 하는 것은?**

① 데이터 백업 실행
② 제약조건(Constraint) 설정
③ 인쇄물로 기록 남기기
④ 응용 프로그램 설치

---

**POINT 035** **자료구조**

### ▶ 자료구조(Data Structure)

• 데이터를 효율적으로 저장하고 조직하여 접근·처리를 쉽게 하기 위한 방법이나 구조를 의미한다.
• 적절한 자료구조를 사용하면 처리 속도 향상, 메모리 효율성 개선, 알고리즘 성능 최적화가 가능하다.
• 데이터가 저장 및 연결되는 형태에 따라 선형구조와 비선형구조로 구분된다.

### ▶ 선형구조(Linear Structure)

| 배열(Array) | • 같은 타입의 데이터를 연속적인 메모리 공간에 저장하는 자료구조이다.<br>• 인덱스를 통해 데이터에 빠르게 접근할 수 있지만, 크기가 고정되어 있어 데이터의 삽입이나 삭제에는 제약이 있다. |
|---|---|
| 연결 리스트<br>(Linked List) | • 각 노드가 데이터와 다음 노드의 주소를 함께 저장하는 구조이다.<br>• 메모리가 연속될 필요가 없어 동적 크기 조절이 가능하고 삽입·삭제가 용이하지만, 특정 위치의 데이터 접근 속도는 배열보다 느리다. |
| 스택(Stack) | • 후입선출(LIFO, Last In First Out) 방식의 자료구조로, 데이터의 삽입과 삭제가 한쪽 끝에서만 이루어진다.<br>• 주로 함수 호출 관리, 되돌리기(Undo) 기능, 수식 계산 등에 사용된다. |
| 큐(Queue) | • 선입선출(FIFO, First In First Out) 방식의 자료구조로, 한쪽에서는 삽입, 반대쪽에서는 삭제가 이루어진다.<br>• 작업 대기열, 프린터 출력 처리, 프로세스 스케줄링 등에 활용된다. |

## ▶ 비선형구조(Non-linear Structure)

| | |
|---|---|
| 트리(Tree) | • 계층적인 구조를 가지는 자료구조로, 루트 노드와 자식 노드로 구성된다.<br>• 데이터의 탐색과 정렬에 효율적이며, 디렉터리 구조나 이진 탐색 트리 등에 사용된다. |
| 그래프(Graph) | • 노드(Node)와 간선(Edge)으로 구성된 자료구조로, 데이터 간의 복잡한 관계를 표현하는 데 적합하다.<br>• 네트워크 경로 탐색, 최단 경로 문제, 소셜 네트워크 분석 등에 활용된다. |

## ▶ 자료구조의 주요 용어

| | |
|---|---|
| 노드(Node) | 데이터를 저장하며, 필요에 따라 다른 노드와의 연결 정보를 포함하는 기본 단위 |
| 포인터(Pointer) | 다른 노드나 메모리 위치를 가리키는 변수 |
| 루트 노드(Root Node) | 트리 구조에서 가장 상위에 위치한 노드 |
| 리프 노드(Leaf Node) | 자식 노드가 없는 트리의 말단 노드 |
| 간선(Edge) | 그래프에서 노드 간의 연결 관계 |

## ▶ 해시(Hash)

• 키(Key)를 해시 함수(Hash Function)를 통해 변환하여 저장 위치를 결정하는 자료구조이다.
• 키와 값(Value)을 쌍(pair)으로 관리하며, 해시 함수를 이용해 데이터의 저장 위치를 즉시 계산하므로 검색, 삽입, 삭제 연산의 평균 수행 시간이 매우 빠르다.
• 일반적으로 배열 기반으로 구현되며, 인덱스 접근 없이도 빠른 탐색이 가능하다.
• 서로 다른 키가 동일한 해시 값을 갖는 충돌(Collision)이 발생할 수 있다.
• 데이터의 순서를 보장하지 않으며, 범위 검색이나 정렬에는 적합하지 않지만, 빠른 검색이 필요한 경우에 매우 효과적인 자료구조이다.

**1** 아래 자료구조 중 후입선출(LIFO) 방식으로 동작하는 것은?

① 큐(Queue)
② 배열(Array)
③ 스택(Stack)
④ 트리(Tree)

**2** 계층적(부모-자식) 구조를 가진 자료구조는?

① 리스트(List)
② 배열(Array)
③ 트리(Tree)
④ 해시(Hash)

**3** 다음 중 선입선출(First-In First-Out, FIFO)의 특성을 가지는 자료구조는?

① 스택(Stack)
② 큐(Queue)
③ 그래프(Graph)
④ 해시(Hash)

**4** 검색이 매우 빠르며, 키-값 쌍으로 데이터를 관리하는 자료구조는?

① 트리(Tree)
② 리스트(List)
③ 그래프(Graph)
④ 해시(Hash)

**5** 그래프(Graph) 자료구조의 대표적 활용 예시로 옳은 것은?

① 대기 순번 관리
② 조직도
③ 파일 색인
④ 소셜 네트워크

**6** 연결 리스트의 특징으로 옳은 것은?

① 고정 크기
② 인덱스 접근 가능
③ 동적 크기, 삽입과 삭제가 용이
④ 후입선출 방식

**3과목** SQL 작성 및 활용
# 데이터 조회

POINT 036 **시스템 카탈로그**

### 시스템 카탈로그(System Catalog)

• 데이터베이스 자체의 구조, 객체, 권한 등과 관련된 메타데이터(metadata)를 저장하는 DBMS 내부의 특별한 테이블 집합을 의미한다.
• 시스템 카탈로그에는 데이터베이스의 실제 데이터가 아니라, 데이터에 대한 데이터, 즉 구조 정보를 담고 있으며 DBMS가 데이터베이스를 설계·관리·운영하는 데 필수적으로 사용된다.

### 시스템 카탈로그에 저장되는 정보

• 시스템 카탈로그에는 다음과 같은 데이터베이스 구조 정보가 저장된다.
  - 사용자(User) 정보
  - 테이블(Table), 컬럼(Column) 정보
  - 데이터 타입 및 제약조건
  - 인덱스(Index), 뷰(View) 정보
  - 접근 권한 및 역할(Role)
• 이러한 정보는 DBMS가 내부적으로 자동 관리하며, 일반 사용자가 직접 수정하지 않는다.

### 시스템 카탈로그의 주요 역할

| 메타데이터 저장 | 테이블명, 컬럼명, 데이터 타입, 제약조건 등 데이터 구조 정보 관리 |
|---|---|
| 접근 제어 지원 | 사용자 권한과 역할 정보를 관리하여 보안 유지 |
| 쿼리 최적화 지원 | 인덱스 및 통계 정보를 제공하여 DBMS가 효율적인 실행 계획을 수립하도록 도움 |

### 시스템 카탈로그 관련 주요 용어

| 시스템 카탈로그 (System Catalog) | DBMS가 스스로 관리하는 메타데이터 테이블 집합 |
|---|---|
| 데이터 딕셔너리 (Data Dictionary) | 시스템 카탈로그에 저장된 구조 정보 전체를 의미하는 논리적 개념 |
| 오브젝트(Object) | 테이블, 뷰, 인덱스 등 데이터베이스를 구성하는 객체 |
| 메타데이터(Metadata) | 데이터에 대한 데이터로, 테이블 이름, 생성일, 제약조건 등의 구조 정보 |

### DBMS별 시스템 카탈로그 예

DBMS마다 시스템 카탈로그를 제공하는 방식과 이름은 다르지만, 기본적인 역할은 동일하다.

| Oracle | USER_TABLES, ALL_USERS 등 |
|---|---|
| SQL Server | sys.tables |
| MySQL | INFORMATION_SCHEMA |

### 시스템 카탈로그 조회 예(MySQL)

• MySQL에서는 INFORMATION_SCHEMA를 이용해 시스템 카탈로그 정보를 조회한다.
• 아래의 SQL문은 특정 데이터베이스에 존재하는 테이블 목록을 조회한다.

```
SELECT TABLE_NAME
FROM INFORMATION_SCHEMA.TABLES
WHERE TABLE_SCHEMA = '데이터베이스명';
```

개념 체크 ✔

**1** 데이터베이스의 테이블, 칼럼 등 구조 정보가 저장되는 내부 메타데이터 집합을 의미하는 것은?

① 데이터 파일
② 시스템 카탈로그
③ 사용자 테이블
④ 트랜잭션 로그

**2** 시스템 카탈로그에 포함된 정보로 옳지 않은 것은?

① 테이블 이름과 칼럼 목록
② 실제 데이터 내용
③ 인덱스 구조
④ 사용자와 권한 정보

**3** SQL에서 시스템 카탈로그(데이터 딕셔너리)에 접근 가능한 주체는?

① 오직 DBMS 시스템 프로그램
② DBA 및 허가된 사용자
③ 오직 테이블 생성자만
④ 일반 OS 사용자

**4 시스템 카탈로그의 주요 역할에 해당하지 <u>않는</u> 것은?**

① 데이터베이스 객체의 구조 정보 관리
② 쿼리의 최적 실행 경로 지원
③ 실제 데이터 저장 공간 관리
④ 보안 · 감사 목적의 이력 제공

**5 Oracle에서 테이블 컬럼 정보를 확인할 때 주로 사용하는 시스템 카탈로그는?**

① USER_TABLES
② USER_TAB_COLUMNS
③ INFORMATION_SCHEMA
④ SYSOBJECTS

• USER_TABLES : 테이블 목록
• USER_TAB_COLUMNS : 컬럼 정보
• INFORMATION_SCHEMA : MySQL
• SYSOBJECTS : SQL Server

---

## POINT 037  SELECT 문

### ▶ SELECT 문

• 데이터베이스에 저장된 데이터를 검색(조회)하기 위한 기본 SQL 명령어이다.
• 특정 테이블이나 뷰(View)에서 원하는 컬럼과 조건에 맞는 데이터를 추출하며, 조회 결과는 행(Row)과 열(Column)로 구성된 테이블 형태로 반환된다.
• SELECT 문은 SQL의 핵심으로, 조건 검색 · 정렬 · 그룹화 · 집계 등 다양한 데이터 조회 작업의 기반이 된다.

### ▶ 기본 구조

• SELECT 구문은 다음과 같은 절(Clause)들로 구성되며, 작성 순서는 고정되어 있다.

```
SELECT 컬럼 목록
FROM 테이블명
WHERE 조건식
GROUP BY 그룹 기준 컬럼
HAVING 그룹 조건
ORDER BY 정렬 기준 [ASC | DESC];
```

• 모든 절을 반드시 사용하는 것은 아니며, 필요한 절만 선택적으로 사용한다.

---

• SELECT 구문 사용 시 주의사항
  – WHERE는 행(Row) 조건, HAVING은 그룹(Group) 조건
  – GROUP BY 사용 시, SELECT 절에는 그룹 기준 컬럼이나 집계 함수만 사용 가능
  – ORDER BY는 항상 마지막에 위치
  – DISTINCT는 SELECT 바로 뒤에 위치

### ▶ SELECT 구문의 주요 절과 역할

| SELECT | 조회할 컬럼을 지정한다. |
|---|---|
| FROM | 데이터를 조회할 테이블이나 뷰를 지정한다. |
| WHERE | 조건에 맞는 행만 선택하여 조회한다. |
| GROUP BY | 지정한 컬럼을 기준으로 데이터를 그룹화한다. |
| HAVING | GROUP BY로 생성된 그룹에 조건을 적용한다. |
| ORDER BY | 조회 결과를 지정한 컬럼 기준으로 정렬한다(오름차순/기본값은 ASC, 내림차순은 DESC). |
| DISTINCT | 중복된 행을 제거하여 조회한다. |
| AS | 컬럼, 테이블, 집계 결과에 별칭(Alias)을 부여한다. |

### ▶ SELECT 구문 사용 예시

• 기본 조회

```
SELECT 이름, 점수 FROM 학생;
```

  – 학생 테이블에서 이름과 점수 컬럼만 선택하여 조회한다.
  – 조건 없이 전체 데이터를 조회한다.

• 조건부 조회(WHERE)

```
SELECT * FROM 학생 WHERE 점수 >= 90;
```

  – WHERE 절을 사용하여 점수가 90점 이상인 학생만 조회한다.
  – *는 테이블의 모든 컬럼을 조회함을 의미한다.

• 결과 정렬(ORDER BY)

```
SELECT 이름, 점수 FROM 학생 ORDER BY 점수 DESC;
```

  – 조회 결과를 점수 기준으로 내림차순(DESC) 정렬한다.
  – ORDER BY 절은 조회 결과의 출력 순서만 변경한다.

• 그룹 집계(GROUP BY)

```
SELECT 학과명, COUNT(*) AS 인원수
FROM 학생
GROUP BY 학과명;
```

- 학과명을 기준으로 데이터를 그룹화하고, 각 학과별 학생 수를 COUNT 함수로 집계한다.
- AS를 사용하여 집계 결과에 별칭(인원수)을 부여하였다.

• 중복 제거(DISTINCT)

```
SELECT DISTINCT 학과명 FROM 학생;
```

- 학과명 컬럼에서 중복된 값을 제거하고, 서로 다른 학과명만 조회한다.

**개념 체크 ✔**

**1 SQL의 SELECT 문의 주된 목적은?**

① 데이터 추가
② 데이터 삭제
③ 데이터 조회
④ 데이터 수정

**2 다음 중 점수(score)가 80 이상인 학생의 이름만 조회하는 SQL로 올바른 것은?**

① SELECT * FROM 학생 WHERE score <= 80;
② SELECT 이름 FROM 학생 WHERE score >= 80;
③ SELECT 이름 FROM 학생 ORDER BY 80;
④ SELECT 이름, score FROM 학생;

**3 SELECT 구문에서 결과를 내림차순으로 정렬하기 위해 사용하는 절(키워드)은?**

① ORDER BY … ASC
② ORDER BY … DESC
③ GROUP BY
④ DISTINCT

**4 학과명별로 학생 수를 집계하기 위한 올바른 SQL은?**

① SELECT 학과명 FROM 학생 ORDER BY COUNT();
② SELECT 학과명, COUNT() FROM 학생 GROUP BY 학과명;
③ SELECT 학과명, SUM(*) FROM 학생;
④ SELECT * FROM 학생 GROUP 학과명;

**5 중복을 제거해서 조회하고자 할 때 사용되는 키워드는?**

① GROUP BY
② UNIQUE
③ DISTINCT
④ SORT

---

**POINT 038** **집합 연산자**

▶ **집합 연산자(Set Operator)**
• 두 개 이상의 SELECT 문의 결과 집합을 결합하거나 비교하여 새로운 결과 집합을 생성하는 SQL 연산자이다.
• 여러 테이블이나 조건이 다른 조회 결과를 합치거나, 공통 부분을 찾거나, 차이를 비교할 때 사용된다.

▶ **집합 연산자 사용 시 기본 규칙**
• 각 SELECT 문의 컬럼 개수는 동일해야 한다.
• 각 컬럼의 데이터 타입은 호환되어야 한다.
• 결과 컬럼의 이름은 첫 번째 SELECT 기준으로 결정된다.

▶ **주요 집합 연산자 종류**

| 연산자 | 의미 | 중복 처리 | 설명/용도 |
|---|---|---|---|
| UNION | 합집합 | 중복 제거 | 두 쿼리 결과를 합쳐 중복된 행 제외 |
| UNION ALL | 합집합 | 중복 포함 | 단순히 두 쿼리 모두 이어 붙임 |
| INTERSECT | 교집합 | 중복 제거 | 두 쿼리에 모두 포함된 행만 반환 |
| EXCEPT | 차집합 | 중복 제거 | 첫 쿼리 결과에서 둘째 쿼리 결과를 뺌 |
| MINUS | 차집합 | 중복 제거 | Oracle에서 EXCEPT 대신 사용 |

▶ **집합 연산자 기본 구조 예시**
• 합집합(중복 제거)

```
SELECT 이름 FROM 학생 WHERE 학과 = '컴퓨터'
UNION
SELECT 이름 FROM 학생 WHERE 학년 = 4;
```

- 두 SELECT 결과를 합집합으로 결합하여 '컴퓨터 학과 학생'이거나 '4학년 학생'인 모든 학생의 이름을 조회한다.
- UNION은 중복된 행을 자동으로 제거한다.

- 합집합(중복 포함)

```
SELECT 이름 FROM 학생 WHERE 학과 = '컴퓨터'
UNION ALL
SELECT 이름 FROM 학생 WHERE 학년 = 4;
```

- UNION ALL은 두 SELECT 결과를 중복 제거 없
  이 그대로 결합한다.
- 동일한 학생이 두 조건을 모두 만족하면 중복되어
  출력된다.
- 중복 검사를 하지 않기 때문에 처리 속도가 빠르다.

- 교집합

```
SELECT 이름 FROM 학생 WHERE 학과 = '컴퓨터'
INTERSECT
SELECT 이름 FROM 학생 WHERE 학년 = 4;
```

- 두 SELECT 결과에 모두 포함된 행만 반환한다.
- 즉, 컴퓨터학과이면서 동시에 4학년인 학생의 이름
  만 조회한다.

- 차집합

```
SELECT 이름 FROM 학생 WHERE 학과 = '컴퓨터'
MINUS || EXCEPT
SELECT 이름 FROM 학생 WHERE 학년 = 4;
```

- 첫 번째 SELECT 결과에서 두 번째 SELECT 결
  과에 포함된 행을 제외한 결과를 반환한다(Oracle
  DBMS에서는 EXCEPT 대신 MINUS를 사용).
- 즉, 컴퓨터학과 학생 중 4학년이 아닌 학생을 조회
  한다.

**1** 집합 연산자 중 두 SELECT 문의 결과를 합치되, 중복
된 값은 하나만 남기는 연산자는?

① UNION ALL      ② UNION
③ INTERSECT      ④ MINUS

**2** 집합 연산자 사용 시 반드시 지켜야 할 조건으로 옳지
**않은** 것은?

① 컬럼 개수가 동일해야 한다.
② 컬럼의 데이터 타입이 호환되어야 한다.
③ 아무 쿼리나 모두 결합할 수 있다.
④ 컬럼 순서가 일치해야 한다.

**3** 아래 코드의 실행 결과로 올바른 것은?

```
SELECT 이름 FROM 학생 WHERE 동아리 = '축구'
INTERSECT
SELECT 이름 FROM 학생 WHERE 봉사시간 >= 30;
```

① 축구 동아리에 속한 학생
② 봉사시간이 30시간 이상인 학생
③ 축구 동아리에 속하면서 봉사시간이 30시간 이상인
  학생
④ 축구 동아리 학생과 봉사시간 30시간 이상 학생의
  전체 목록

**4** Oracle에서 EXCEPT 대신 사용하는 집합 연산자는?

① UNION      ② INTERSECT
③ MINUS      ④ AND

**5** 아래 쿼리와 관련된 설명으로 옳은 것은?

```
SELECT 도시 FROM 지역 WHERE 구분='특별시'
UNION ALL
SELECT 도시 FROM 지역 WHERE 구분='광역시'
```

① 결과에서 중복된 도시는 1회만 조회된다.
② 중복된 도시가 여러 번 나타날 수 있다.
③ 모든 행이 자동으로 오름차순 정렬된다.
④ 컬럼명은 두 번째 SELECT 문을 따른다.

# 3과목 SQL 작성 및 활용
# 데이터 수정

**POINT 039 DDL**

## DDL(Data Definition Language)

• 데이터베이스 내의 데이터 구조(스키마)를 정의하고 변경하기 위한 SQL 명령어 집합이다.
• 테이블, 인덱스, 뷰와 같은 데이터베이스 객체를 생성 · 수정 · 삭제할 때 사용되며, 데이터의 논리적 구조와 물리적 구조를 설계하는 데 필수적인 언어이다.

## DDL 명령어

| | |
|---|---|
| CREATE | • 데이터베이스 객체를 새로 생성할 때 사용하는 명령어이다.<br>• 테이블, 뷰, 인덱스 등을 생성할 수 있으며, 컬럼명과 데이터 타입, 제약조건을 함께 정의한다. |
| ALTER | • 이미 생성된 객체의 구조를 변경할 때 사용한다.<br>• 컬럼을 추가하거나 삭제하는 등 테이블 구조를 수정할 수 있다. |
| DROP | • 데이터베이스 객체를 완전히 삭제하는 명령어이다.<br>• 객체의 구조와 데이터가 모두 제거되며, 복구가 어렵다. |
| TRUNCATE | • 테이블의 모든 데이터를 삭제하되, 구조는 유지하는 명령어이다.<br>• DELETE와 달리 조건 지정이 불가능하며, 롤백이 불가능하고 처리 속도가 빠르다. |

## DDL 주요 예시(기본 문법 코드)

• 테이블 생성

```
CREATE TABLE 학생 (
  학번 CHAR(10) PRIMARY KEY,
  이름 VARCHAR(30),
  점수 NUMBER(3)
);
```

– 학생 정보를 저장하기 위한 학생 테이블을 생성하는 SQL문이다.
– 학번은 기본키(Primary Key)로 지정되어 각 학생을 유일하게 식별하며, 이름과 점수 컬럼을 함께 정의한다.

• 테이블 구조 변경(열 추가 · 삭제)

```
ALTER TABLE 학생 ADD (전화번호 VARCHAR(20));
ALTER TABLE 학생 DROP COLUMN 점수;
```

– 기존 학생 테이블의 구조를 변경하는 예이다.
– 첫 번째 SQL문은 전화번호 컬럼을 추가하고, 두 번째 SQL문은 점수 컬럼을 삭제한다.

• 테이블(객체) 삭제

```
DROP TABLE 학생;
```

– 학생 테이블을 완전히 삭제하는 SQL문이다.
– 테이블의 구조와 저장된 데이터가 모두 제거된다.

• 테이블 이름 변경

```
RENAME 학생 TO 신학생;
```

– 기존 학생 테이블의 이름을 신학생으로 변경하는 SQL문이다.
– 테이블의 구조나 데이터는 변경되지 않는다.

• 전체 데이터 삭제(구조 유지)

```
TRUNCATE TABLE 학생;
```

– 학생 테이블의 모든 데이터를 삭제하되, 테이블의 구조는 그대로 유지한다.
– 처리 속도가 빠르며 ROLLBACK이 불가능하다.

**개념 체크 ✔**

**1** 테이블, 뷰 등 데이터베이스 객체의 생성 · 변경 · 삭제에 사용하는 SQL 언어는?

① DML          ② DCL
③ DDL          ④ TCL

**2** 테이블의 구조를 수정하는 데 사용하는 명령어는?

① CREATE       ② ALTER
③ DROP         ④ COMMIT

**3** 테이블에 저장된 모든 데이터를 빠르게 삭제하지만, 테이블 구조는 남겨두는 명령어는?

① DROP         ② ALTER
③ TRUNCATE     ④ SELECT

**4** 다음 중 DDL 명령어가 <u>아닌</u> 것은?

① ALTER      ② DROP
③ UPDATE      ④ TRUNCATE

UPDATE는 데이터를 수정하는 DML 명령어이다.

**5** CREATE TABLE문에서 정의할 수 <u>없는</u> 것은?

① 테이블 이름
② 열(컬럼)의 데이터 타입
③ 기본키나 제약조건
④ 테이블의 실제 데이터

CREATE TABLE은 테이블 구조를 정의하는 명령어이며, 실제 데이터 입력은 INSERT(DML)를 사용한다.

---

**POINT 040**    **DML**

### ▶ DML(Data Manipulation Language)

• 데이터베이스에 저장된 데이터를 조회, 삽입, 수정, 삭제하기 위한 SQL 명령어 집합이다.
• DDL이 데이터의 구조를 정의하는 언어라면, DML은 정의된 구조 안에서 실제 데이터를 조작하는 언어이다.
• 테이블 구조를 변경하지 않고 이미 생성된 테이블에 대해 데이터 자체만 조작한다.
• 일반적으로 트랜잭션 제어(TCL)의 영향을 받으며, COMMIT이나 ROLLBACK을 통해 작업 결과를 확정하거나 취소할 수 있다.

### ▶ DML 명령어

| | |
|---|---|
| INSERT | • 테이블에 새로운 데이터를 삽입하는 명령어이다.<br>• 삽입할 컬럼과 값을 지정하여 새로운 행(Row)을 추가한다. |
| UPDATE | • 기존에 저장된 데이터의 값을 수정하는 명령어이다.<br>• WHERE 절을 사용하지 않으면 테이블 전체 데이터가 수정될 수 있으므로 주의해야 한다. |
| DELETE | • 테이블에 저장된 데이터를 삭제하는 명령어이다.<br>• 조건을 지정하지 않으면 모든 행이 삭제되지만, 테이블 구조는 유지된다. |
| SELECT | • 테이블에 저장된 데이터를 조회(검색)하는 명령어이다.<br>• DML 중에서도 가장 많이 사용되며, 조건 검색, 정렬, 그룹화 등 다양한 형태로 활용된다. |

### ▶ DML 주요 예시(기본 문법 코드)

• 데이터 삽입(INSERT)

```
INSERT INTO 학생 (학번, 이름, 점수)
VALUES ('201', '이수민', 85);
```

– 학생 테이블에 새로운 행(Row)을 추가하는 SQL문이다.
– 학번이 201이고 이름이 이수민, 점수가 85인 학생 데이터를 테이블에 삽입한다.

• 데이터 수정(UPDATE)

```
UPDATE 학생
SET 점수 = 90
WHERE 학번 = '201';
```

– 학번이 201인 학생의 점수 값을 90으로 수정하는 SQL문이다.
– WHERE 절을 사용하여 특정 행만 수정하도록 제한한다.

• 데이터 삭제(DELETE)

```
DELETE FROM 학생
WHERE 학번 = '201';
```

– 학번이 201인 학생의 데이터를 테이블에서 삭제하는 SQL문이다.
– DELETE는 데이터만 제거하며, 테이블 구조는 유지된다.

• 데이터 조회(SELECT)

```
SELECT *
FROM 학생
WHERE 점수 >= 80;
```

– 학생 테이블에서 점수가 80점 이상인 학생의 모든 컬럼을 조회하는 SQL문이다.
– 조건 검색은 WHERE 절을 사용한다.

---

**개념 체크 ✓**

**1** DML(Data Manipulation Language)의 주된 목적은?

① 데이터베이스 구조 정의
② 데이터 권한 관리
③ 데이터 값의 입력/수정/삭제/조회
④ 트랜잭션 처리

**2** 테이블 학생에서 이름이 '홍길동'인 사람의 점수를 100점으로 바꾸는 SQL은?

① INSERT INTO 학생 VALUES('홍길동', 100);
② DELETE FROM 학생 WHERE 이름='홍길동';
③ UPDATE 학생 SET 점수=100 WHERE 이름='홍길동';
④ SELECT * FROM 학생 WHERE 이름='홍길동';

**3** DELETE 문의 WHERE 절을 생략하면 어떻게 되는가?

① 오류가 발생한다.
② 조건에 맞지 않는 행만 삭제된다.
③ 테이블의 모든 행이 삭제된다.
④ 컬럼 일부만 삭제된다.

**4** 회원 테이블에서 학번이 200인 레코드를 추가하는 SQL로 옳은 것은?

① INSERT INTO 회원 VALUES(200);
② INSERT INTO 회원(학번) VALUES(200);
③ INSERT 회원(200);
④ UPDATE 회원 SET 학번=200;

---

**POINT 041** **DCL**

### DCL(Data Control Language)

- 데이터베이스 내 사용자 권한과 보안을 관리하기 위한 SQL 명령어 집합이다.
- 데이터에 대한 접근 권한을 부여하거나 회수하여 보안과 접근 제어를 유지하는 데 사용된다.
- 데이터 구조나 데이터 값 자체를 변경하지 않으며, 누가 어떤 작업을 수행할 수 있는지를 제어하는 역할을 한다.

### DCL 명령어

| GRANT | 특정 사용자에게 데이터베이스 객체에 대한 접근 권한을 부여하는 명령어이다. |
|---|---|
| REVOKE | 사용자에게 부여된 접근 권한을 회수(박탈)하는 명령어이다. |

### DCL 주요 예시(기본 문법 코드)

- 권한 부여(GRANT)

```
GRANT SELECT, INSERT ON 학생 TO user01;
```

- 학생 테이블에 대해 user01 사용자에게 조회(SELECT)와 삽입(INSERT) 권한을 부여하는 SQL문이다.
- 이 명령을 통해 user01은 학생 테이블의 데이터를 조회하고 새로운 데이터를 추가할 수 있다.

- 권한 회수(REVOKE)

```
REVOKE INSERT ON 학생 FROM user01;
```

- user01 사용자에게 부여되어 있던 삽입(INSERT) 권한을 회수하는 SQL문이다.
- 권한이 회수되면 user01은 더 이상 학생 테이블에 데이터를 삽입할 수 없게 된다.

**개념 체크 ✔**

**1** DCL 명령어 중 특정 사용자에게 SELECT, INSERT 권한을 부여하는 데 사용하는 것은?

① GRANT
② REVOKE
③ COMMIT
④ ROLLBACK

**2** 부여된 권한을 취소(회수)할 때 사용하는 SQL 명령어는?

① GIVE
② RECALL
③ REVOKE
④ REMOVE

**3** 아래 중 DCL의 주요 특징으로 올바른 것은?

① 데이터 구조 생성/삭제에 사용된다.
② 데이터 값을 삽입/수정/삭제한다.
③ 사용자 권한 관리가 목적이다.
④ 데이터의 논리적 집계/분석을 담당한다.

DCL의 핵심은 권한·보안 관리이다.

## 트랜잭션과 TCL

### ▶ 트랜잭션(Transaction)

• 데이터베이스에서 하나의 논리적인 작업 단위로 처리되는 일련의 작업 묶음을 의미한다.
• 트랜잭션 도중 오류가 발생할 경우 모든 작업은 취소되고, 문제가 없이 완료되면 모든 작업이 한 번에 반영된다.
• 데이터 처리 과정에서 데이터의 일관성과 무결성을 유지하기 위한 핵심 개념이다.

### ▶ 트랜잭션의 특징(ACID)

| | |
|---|---|
| 원자성(Atomicity) | • 트랜잭션에 포함된 모든 작업이 전부 수행되거나, 전혀 수행되지 않아야 한다.<br>• 트랜잭션 도중 하나라도 실패하면, 이미 수행된 작업도 모두 취소되어 트랜잭션 이전 상태로 복구된다. |
| 일관성(Consistency) | • 트랜잭션이 수행되기 전과 후에 데이터베이스가 항상 정의된 규칙과 제약조건을 만족하는 상태를 유지해야 한다.<br>• 트랜잭션 수행 결과로 데이터의 무결성이 깨져서는 안 된다. |
| 독립성(Isolation) | • 여러 트랜잭션이 동시에 실행되더라도 각 트랜잭션이 서로 간섭하지 않고 독립적으로 수행되는 것처럼 처리되어야 한다.<br>• 즉, 하나의 트랜잭션이 수행 중인 중간 결과는 다른 트랜잭션에서 볼 수 없어야 한다. |
| 지속성(Durability) | • 트랜잭션이 성공적으로 COMMIT되면, 그 결과가 데이터베이스에 영구적으로 저장되어야 한다.<br>• 시스템 장애나 전원 오류가 발생하더라도 커밋된 결과는 반드시 보존되어야 한다. |

### ▶ TCL(Transaction Control Language)

• DML 작업의 수행 결과를 확정하거나 취소하기 위한 SQL 명령어 집합이다.
• 트랜잭션의 일관성과 무결성을 유지하는 데 사용된다.
• TCL 명령어

| | |
|---|---|
| COMMIT | 트랜잭션의 수행 결과를 데이터베이스에 영구적으로 반영하는 명령어이다. |
| ROLLBACK | 트랜잭션 수행 중 변경된 내용을 마지막 COMMIT 이전 상태로 되돌리는 명령어이다. |

---

**개념 체크 ✔**

**1 트랜잭션(Transaction)의 핵심 특징으로 옳은 것은?**

① 데이터 구조를 정의할 수 있다.
② 부분적으로 작업을 반영해도 된다.
③ 오류 발생 시 모든 변경을 취소할 수 있다.
④ DCL 명령으로만 실행할 수 있다.

**2 트랜잭션의 ACID 특성에 포함되지 않는 것은?**

① 원자성(Atomicity)　② 지속성(Durability)
③ 일관성(Consistency)　④ 중복성(Duplicacy)

**3 트랜잭션 처리 중 오류가 발생했을 때 모든 변경사항을 이전 상태로 돌리는 연산은?**

① Commit　　② Rollback
③ Grant　　④ Truncate

**4 트랜잭션이 '모두 성공했을 때에만' 최종적으로 데이터베이스에 반영하는 연산은?**

① Commit　　② Delete
③ Rollback　　④ Savepoint

**5 여러 트랜잭션이 동시에 실행될 때, 서로 간섭 없이 독립적으로 동작하도록 보장하는 성질은?**

① 원자성　　② 지속성
③ 독립성　　④ 일관성

**6 DML로 이루어진 데이터 변경 내용을 영구적으로 확정하는 명령어는?**

① ROLLBACK　　② SAVEPOINT
③ COMMIT　　④ DELETE

**7 트랜잭션에서 SAVEPOINT가 설정된 이후, 해당 저장점까지 복구하려면 어떤 명령어를 사용하는가?**

① COMMIT　　② ROLLBACK
③ GRANT　　④ UPDATE

ROLLBACK은 SAVEPOINT까지 지정하여 부분 복구가 가능하다.

**8 UPDATE 문의 적용을 취소하고자 할 때 사용하는 명령은?**

① COMMIT　　② ROLLBACK
③ GRANT　　④ SELECT

UPDATE로 변경된 내용은 COMMIT 전이라면 ROLLBACK으로 취소할 수 있다.

# 화면 구현

POINT 043 **HTML**

## HTML(HyperText Markup Language)

웹 페이지를 만들기 위한 표준 마크업 언어로, 웹 문서의 구조를 정의하고 텍스트, 이미지, 링크, 폼 등의 다양한 콘텐츠 요소를 표현하는 데 사용된다.

## 기본 구조

```
<!DOCTYPE html>
<html>
<head>
  <meta charset="UTF-8">
  <title>문서 제목</title>
</head>
<body>
  <h1>제목</h1>
  <p>본문 내용</p>
</body>
</html>
```

- <!DOCTYPE html> : HTML5 문서임을 선언
- <html> : HTML 문서의 최상위 요소
- <head> : 문서 정보(메타데이터) 영역
- <body> : 브라우저에 실제 표시되는 내용 영역

## 기본 구조 요소

| | |
|---|---|
| <html> | HTML 문서 전체를 감싸는 루트 요소 |
| <head> | 문서 정보(메타데이터) 정의 |
| <meta> | 문자셋, 문서 정보 설정 |
| <title> | 문서 제목(브라우저 탭 표시) |
| <body> | 실제 화면에 출력되는 내용 |

## 주요 콘텐츠 태그 정리

- 제목 · 문단 태그

| | |
|---|---|
| <h1> ~ <h6> | 제목 태그(숫자가 작을수록 중요도 ↑) |
| <p> | 문단(단락) |

- 링크 · 이미지 태그

| | |
|---|---|
| <a> | 하이퍼링크 생성 |
| <img> | 이미지 표시(닫는 태그 없음) |

- 목록 태그

| | |
|---|---|
| <ul> | 순서 없는 목록 |
| <ol> | 순서 있는 목록 |
| <li> | 목록 항목 |

- 표 태그

| | |
|---|---|
| <table> | 표 전체 |
| <tr> | 행(Row) |
| <th> | 제목 셀 |
| <td> | 데이터 셀 |

**개념 체크 ✔**

**1** HTML(HyperText Markup Language)의 가장 중요한 역할은?

① 데이터베이스 관리
② 웹페이지의 구조와 의미 표현
③ 동적인 UI 애니메이션 구현
④ 서버와 데이터 송수신

**2** HTML 문서에서 반드시 첫 줄에 위치해야 하는 선언은?

① <html lang="ko">
② <!DOCTYPE html>
③ <head>
④ <body>

**3** 웹 브라우저에 실제로 표시되는 본문 내용이 들어가는 부분은?

① 〈head〉
② 〈title〉
③ 〈body〉
④ 〈meta〉

**4** 아래 HTML 코드 중 링크(하이퍼링크)를 만드는 태그는?

① 〈h1〉
② 〈p〉
③ 〈a〉
④ 〈img〉

**5** HTML 코드 작성 시, 문서의 제목을 정의하는 태그는?

① 〈head〉
② 〈meta〉
③ 〈title〉
④ 〈body〉

**6** HTML 태그 중 문서의 메타데이터(문자 인코딩, 문서 정보 등)를 정의하는 영역은?

① 〈body〉
② 〈title〉
③ 〈meta〉
④ 〈head〉

**7** 웹 페이지에 이미지를 삽입할 때 사용하는 태그는?

① 〈img〉
② 〈image〉
③ 〈src〉
④ 〈picture〉

---

**POINT 044** **CSS**

### CSS(Cascading Style Sheets)

• HTML 요소의 스타일(색상, 글꼴, 레이아웃 등)을 지정하기 위한 스타일 시트 언어이다.
• HTML이 웹 문서의 구조와 의미를 담당한다면, CSS는 웹 페이지의 외관(디자인)을 표현하는 역할을 한다.
• HTML과 분리하여 작성함으로써 유지보수와 재사용성을 높일 수 있다.

### CSS 적용 방법

• 인라인 스타일(Inline Style)

```
〈p style="color: red;"〉안녕하세요〈/p〉
```

- HTML 태그 내부의 style 속성을 이용해 스타일을 직접 지정하는 방식
- 특정 요소에만 적용, 유지보수가 어려움

• 내부 스타일 시트(Internal Style Sheet)

```
〈head〉
  〈style〉
    p { color: blue; }
  〈/style〉
〈/head〉
```

- HTML 문서의 〈head〉 영역 안에 〈style〉 태그를 사용해 스타일을 정의하는 방식
- 한 문서 내 여러 요소에 적용 가능, 페이지 단위 스타일 지정에 적합

• 외부 스타일 시트(External Style Sheet)

```
〈head〉
  〈link rel="stylesheet" href="style.css"〉
〈/head〉
```

- CSS를 별도의 .css 파일로 작성하고 〈link〉 태그로 연결하는 방식
- 여러 HTML 문서에 공통 스타일 적용, 유지보수 및 재사용성 우수(가장 권장되는 방식)

### CSS 기본 선택자

| 태그 선택자 | • 특정 HTML 태그 선택<br>• 예 p { color: red; } |
|---|---|
| 클래스 선택자 | • class 속성 값 기준 선택<br>• 예 .menu { font-weight: bold; } |
| 아이디 선택자 | • id 속성 값 기준 선택<br>• 예 #header { background: gray; } |
| 자손 선택자 | • 특정 요소 내부의 자식 · 자손 선택<br>• 예 div p { margin: 10px; } |

**1** CSS(Cascading Style Sheets)의 주된 역할은?

① 웹페이지의 링크 연결  ② 시각적 스타일 지정
③ 서버와 데이터 교환  ④ 데이터베이스 연결

**2** HTML 문서에 직접 〈style〉...〈/style〉로 CSS를 입력하는 방법은?

① 인라인 스타일  ② 외부 스타일
③ 내부 스타일  ④ 내장 컴포넌트

**3** CSS에서 특정 클래스에 스타일을 적용할 때 사용하는 선택자는?

① #  ② .
③ *  ④ @

**4** 아래 코드가 적용된 결과로 올바른 것은?

```
p { color: green; }
```

① p 태그에 파란색 글씨 적용
② 모든 문단이 초록색 글씨
③ 모든 태그 배경을 연두색 지정
④ p 태그 글씨가 굵게 표시됨

p 태그 선택자는 모든 〈p〉 요소에 적용되며, color 속성은 글자 색상을 지정한다.

**5** 여러 HTML 요소에 같은 스타일을 쉽게 적용하고 싶을 때 사용하는 선택자는?

① 태그 직접 적용  ② 아이디 선택자
③ 클래스 선택자  ④ 주석

**6** CSS에서 배경색을 초록색으로 지정하는 올바른 문장은?

① background: green;
② bg: green;
③ color: green;
④ background-color: green;

**7** CSS에서 글자 색을 빨간색으로 지정하는 속성은?

① background-color
② color
③ font-color
④ text-align

color 속성은 텍스트(글자) 색상을 지정한다.

---

**POINT 045**  **JavaScript**

### ▶ JavaScript

- 웹 페이지에 동적인 기능을 추가하기 위한 프로그래밍 언어로, 사용자와의 상호작용을 처리하며 웹 브라우저 내에서 실행된다.
- HTML이 구조를, CSS가 디자인을 담당한다면, JavaScript는 동작(Behavior)을 담당한다.

### ▶ 주요 특징

- JavaScript는 별도의 컴파일 과정 없이 브라우저에서 즉시 실행되는 스크립트 언어이다.
- 객체 기반 언어로서 데이터를 객체 형태로 처리하며, 이벤트 기반 프로그래밍을 지원하여 사용자의 클릭, 입력 등의 이벤트에 반응할 수 있다.
- DOM(Document Object Model)을 조작하여 HTML 요소의 내용이나 스타일을 동적으로 변경할 수 있다.

### ▶ 자주 사용하는 주요 용어 및 문법

| | |
|---|---|
| 변수 | • 데이터 저장 공간(var, let, const)<br>• 예 let name = "철수"; |
| 데이터 타입 | • 문자열, 숫자, 불리언, 배열, 객체 등<br>• 예 let age = 20; |
| 배열 | • 여러 값을 순서대로 저장<br>• 예 let arr = [1, 2, 3]; |
| 연산자 | • 산술, 비교, 논리 연산<br>• 예 x > 10, a && b |
| 조건문 | • 조건에 따라 실행 분기<br>• 예 if (age > 18) {} |
| 반복문 | • 반복 실행<br>• 예 for (let i=0; i<3; i++) {} |
| 함수 | • 코드의 재사용 단위<br>• 예 function hi( ){ } |
| 객체 | • 속성과 동작의 묶음<br>• 예 { name:"kim", age:25 } |
| 주석 | • 코드 설명<br>• 예 // 한 줄, /* 여러 줄 */ |

## 기본 코드 구조 예시

```javascript
// 변수 선언과 출력
let name = "이기적";
console.log(name); // 콘솔 출력

// 조건문
if (name === "이기적") {
  alert("환영합니다!");
}

// 함수 선언 및 호출
function add(a, b) {
  return a + b;
}
let sum = add(3, 7); // 10

// 배열과 객체
let colors = ["red", "blue"];
let person = { name: "Kim", age: 30 };

// 반복문
for (let i = 0; i < colors.length; i++) {
  console.log(colors[i]);
}
```

### 개념 체크 ✔

**1** JavaScript로 변수 선언에 사용하는 방법이 <u>아닌</u> 것은?

① let                    ② const
③ var                    ④ int

JavaScript에는 자료형 기반 변수 선언이 없다.

**2** 아래 코드의 실행 결과로 옳은 것은?

```javascript
let a = 5;
let b = 2;
alert(a * b);
```

① 3                      ② 7
③ 10                     ④ 52

**3** JavaScript에서 '배열(Array)'의 정의로 알맞은 것은?

① 여러 값을 하나의 변수에 순서대로 저장하는 구조
② 동작(기능)을 묶어서 만드는 코드
③ 조건에 따라 실행되는 코드 블록
④ 서버와 데이터 송수신용 프로토콜

**4** 다음 중 JavaScript의 if 문을 올바르게 사용한 예는?

① if score >= 60 { pass = true; }
② if (score >= 60) { pass = true; }
③ if score >= 60 then pass = true;
④ pass = score ? true : false

• 조건식은 반드시 괄호 ( )
• 실행 블록은 중괄호 { }

**5** JavaScript의 함수를 올바르게 선언하는 방법은?

① func add(a, b) { return a+b; }
② function add(a, b) { return a+b; }
③ declare add(a, b) { return a+b; }
④ add(a, b): { return a+b; }

**6** JavaScript에서 사용자가 버튼을 클릭했을 때 실행되는 코드를 작성하려면 어떤 개념을 사용해야 하는가?

① 변수                    ② 함수
③ 이벤트                  ④ 반복문

클릭(click), 키 입력(keydown) 등 → 이벤트(Event)

**4과목** 화면 구현 및 UI 테스트
# UI 테스트

POINT 046 **UI와 UX**

## UI(User Interface)

• 사용자가 시스템이나 제품과 직접 상호작용하는 시각적 요소를 의미한다(사용자가 보는 것).
• 화면, 버튼, 메뉴, 아이콘 등 사용자와 시스템을 연결하는 접점 역할을 하며, 주요 관심사는 디자인, 배치, 가독성, 사용 편의성이다.

## UX(User Experience)

• 사용자가 제품이나 서비스를 이용하면서 느끼는 전체적인 경험을 의미한다(사용자가 느끼는 것).
• 단순한 화면의 예쁨을 넘어 사용성, 성능, 신뢰성, 만족도까지 포함하며, 사용자의 요구와 기대를 얼마나 충족시키는지가 핵심이다.

## UI와 UX의 차이

| 구분 | UI | UX |
|------|-----|-----|
| 의미 | 사용자 인터페이스 | 사용자 경험 |
| 초점 | 디자인, 화면 구성 | 전체 사용 경험 |
| 대상 | 버튼, 메뉴, 화면 요소 | 사용 과정 전체 |
| 관점 | 시각적 · 물리적 | 심리적 · 총체적 |
| 핵심 질문 | 보기 쉬운가? | 쓰기 만족스러운가? |

## UI/UX 설계 시 고려 요소

| 접근성(Accessibility) | 연령, 장애, 사용 환경과 관계없이 누구나 이용 가능하도록 설계(웹 접근성(WCAG) 개념의 핵심) |
|------|------|
| 사용성(Usability) | 사용자가 쉽고 빠르게 기능을 사용할 수 있는 정도(학습 부담 ↓, 오류 ↓) |
| 가독성(Readability) | 정보와 텍스트가 쉽게 읽히고 이해되는 정도 |
| 일관성(Consistency) | 화면 구성 · 버튼 위치 · 동작 방식이 전체 화면에서 동일(사용자의 혼란 방지) |
| 직관성(Intuitiveness) | 설명 없이도 사용 방법을 유추할 수 있는 정도 |

| 반응성(Responsiveness) | 사용자의 입력에 대해 즉각적인 피드백 제공 |
|------|------|
| 신뢰성(Reliability) | 시스템이 예상대로 안정적으로 동작하는 정도 |
| 만족도(Satisfaction) | 사용 후 느끼는 전반적인 긍정적 경험(UX의 최종 목표) |

개념 체크 ✔

**1** UI(User Interface)의 정의로 가장 적절한 것은?

① 사용자가 시스템을 직접적으로 다루는 각종 요소와 표현
② 소프트웨어의 내부 처리 방식
③ 데이터의 저장 방식
④ 하드웨어 성능 향상 기법

**2** 다음 중 UX(User Experience)에 대한 설명으로 옳지 않은 것은?

① 사용 과정의 전반적인 만족도와 감정까지 포함한다.
② UI가 불편해도, UX가 좋을 수 있다.
③ 서비스 · 제품 사용 전반의 경험을 의미한다.
④ 접근성, 사용성, 감정적 만족도 등이 포함된다.

**3** UI와 UX의 관계를 나타내는 설명으로 옳은 것은?

① UI는 UX의 일부로, 좋은 UI가 좋은 UX로 이어진다.
② UI는 시스템의 내부 코드 작성 방식이다.
③ UX는 UI에 전혀 의존하지 않는다.
④ UI만 잘 만들면 UX는 자동으로 좋아진다.

**4** 웹사이트 설계에서 버튼이나 메뉴 글씨를 크게 하거나, 음성 안내를 넣는 것은 어떤 측면을 고려한 것인가?

① 접근성
② 운용성
③ 보안성
④ 가용성

**UI 테스트**

## ▶ UI 테스트(User Interface Testing)

- 사용자 인터페이스(UI)가 요구사항과 설계 의도에 맞게 정확히 구현되었는지, 사용자가 실제로 사용하기에 문제가 없는지를 검증하는 테스트 과정이다.
- 단순히 화면이 '보이는지'를 확인하는 것이 아니라, 사용자 관점에서 종합적으로 점검하는 것이 목적이다.
- 사용자 관점에서 수행되는 테스트이며, 오류의 조기 발견과 사용자 만족도 향상이 목적이다.

## ▶ 주요 UI 테스트 기법

| 기능 테스트<br>(Functional Testing) | 버튼 클릭, 입력, 화면 전환 등 UI 기능이 요구사항대로 동작하는지 확인 |
|---|---|
| 사용성 테스트<br>(Usability Testing) | 실제 사용자가 사용하기 쉽고 편리한지 평가 |
| 접근성 테스트<br>(Accessibility Testing) | 장애인·고령자 등도 UI를 문제없이 사용할 수 있는지 검증 |
| 회귀 테스트<br>(Regression Testing) | UI 수정·개선 후 기존 기능이 정상 동작하는지 재확인 |
| 호환성 테스트<br>(Compatibility Testing) | 다양한 브라우저·해상도·디바이스에서 UI 정상 동작 여부 확인 |
| 자동화 테스트<br>(Automated Testing) | 스크립트를 이용해 UI 테스트를 반복·자동 수행 |

## ▶ UI 테스트 도구 예시

| Selenium | 웹 브라우저 UI 자동화 테스트 |
|---|---|
| Appium | 모바일 앱 UI 자동화 테스트 |
| TestComplete | GUI 기반 자동화 테스트 도구 |

---

**개념 체크 ✔**

**1** UI 테스트의 주요 목적 중 가장 거리가 먼 것은?

① 사용자 인터페이스 동작 오류 조기 발견
② 네트워크 대역폭 향상
③ 화면 디자인 일관성 점검
④ 사용성 개선 및 불편 요소 제거

**2** UI 테스트 중, 사용자가 제품을 쉽게 사용할 수 있는지를 평가하는 테스트는?

① 기능 테스트
② 사용성 테스트
③ 회귀 테스트
④ 호환성 테스트

**3** 웹 브라우저 자동화를 지원하는 대표적인 UI 테스트 도구는?

① Appium
② Selenium
③ JMeter
④ Postman

# 5과목 테스트 및 배포
# 애플리케이션 테스트 수행

## POINT 048  단위 테스트

### 단위 테스트(Unit Test)

- 소프트웨어 개발 과정에서 가장 작은 기능 단위(함수, 메서드, 클래스 등)를 독립적으로 검증하는 테스트이다.
- 각 기능이 설계된 대로 정확히 동작하는지 확인한다.
- 개발 초기 단계에서 수행되어 오류를 조기에 발견할 수 있다.
- 일반적으로 자동화 도구를 활용해 반복 실행한다.

### 단위 테스트의 주요 특징

| | |
|---|---|
| 독립성 | 다른 모듈이나 시스템과 분리된 상태에서 테스트 수행 |
| 자동화 | 테스트 코드 작성 후 반복 실행 가능 |
| 빠른 피드백 | 오류를 즉시 발견하고 빠르게 수정 가능 |
| 문서화 효과 | 테스트 케이스 자체가 기능 명세서 역할 수행 |

### 주요 용어 정리

| | |
|---|---|
| 단위(Unit) | 가장 작은 테스트 대상(함수, 메서드, 클래스 등) |
| 테스트 케이스(Test Case) | 특정 입력에 대한 기대 결과 정의 |
| 테스트 스위트(Suite) | 여러 테스트 케이스의 묶음 |
| 테스트 프레임워크 | 테스트 자동화 · 관리 도구 |
| 목(Mock) 객체 | 외부 시스템을 대신하는 가짜 객체 |

### 개념 체크 ✓

**1** 소프트웨어 개발에서 '단위(Unit)'란 무엇을 의미하는가?

① 전체 시스템
② 사용자의 요구사항
③ 가장 작은 기능 단위
④ 데이터베이스 전체

**2** 다음 중 단위 테스트의 주된 목적으로 옳지 <u>않은</u> 것은?

① 각 기능 오류 조기 발견 및 수정
② 전체 시스템의 성능 평가
③ 코드 품질 및 신뢰성 강화
④ 유지보수 용이성 향상

**3** 자동화된 단위 테스트 도구/프레임워크가 <u>아닌</u> 것은?

① JUnit
② unittest
③ Selenium
④ pytest

- JUnit / unittest / pytest : 단위 테스트 프레임워크
- Selenium : UI(웹 브라우저) 자동화 테스트 도구

**4** 단위 테스트에 대한 설명으로 가장 옳은 것은?

① 기능 전체를 한 번에 검증하는 테스트
② 프로그램의 개별 모듈/함수별로 동작을 검증
③ 사용자와 상호작용만을 테스트
④ 데이터베이스 백업/복구만 수행

**5** 아래 중 단위 테스트 수행 시 반드시 필요한 것은?

① 목(Mock) 객체
② 테스트 케이스(입력/기대값)
③ 완성된 전체 시스템
④ 실제 운영 환경

## POINT 049  통합 테스트

### 통합 테스트(Integration Test)

- 여러 개의 단위 모듈을 결합하여, 모듈 간 인터페이스와 데이터 흐름이 올바르게 동작하는지를 검증하는 테스트이다.
- 단위 테스트 이후에 수행한다.
- 개별 기능이 아닌 모듈 간 상호작용에 초점을 둔다.
- 시스템을 구성하는 요소들이 통합된 상태에서 정상 동작하는지 확인한다.

### 통합 테스트의 특징

- 단위 테스트보다 구조가 복잡하고 수행 시간이 길다.
- 모듈 간 데이터 전달 오류, 인터페이스 오류를 발견하는 데 효과적이다.
- 여러 모듈이 동시에 연관되므로 문제 발생 시 원인 파악이 상대적으로 어렵다.
- 이전의 단위 테스트가 충분히 완료되어야 효과적이다.

## 통합 테스트의 주요 기법

| 빅뱅(Big Bang) | • 모든 모듈을 한 번에 결합하여 테스트<br>• 구현은 간단하지만 오류 원인 추적이 어려움 |
|---|---|
| 점진적(Incremental) | 모듈을 하나씩(또는 일부씩) 단계적으로 결합하며 테스트 |
| 하향식(Top-Down) | • 상위 → 하위 모듈 순으로 통합<br>• 하위 모듈은 스텁(Stub) 사용 |
| 상향식(Bottom-Up) | • 하위 → 상위 모듈 순으로 통합<br>• 상위 모듈 호출을 위해 드라이버(Driver) 필요 |
| 혼합(Sandwich) | • 하향식과 상향식을 결합한 방식<br>• 중간 계층을 기준으로 양방향 통합 |

### 개념 체크 ✔

**1 단위 테스트가 끝난 후 모듈 간의 상호 작용을 검증하는 테스트는?**

① 단위 테스트      ② 통합 테스트
③ 시스템 테스트      ④ 인수 테스트

**2 모든 모듈을 한꺼번에 통합하여 테스트하는 방법은?**

① 빅뱅 통합 테스트
② 상향식 통합 테스트
③ 하향식 통합 테스트
④ 샌드위치 통합 테스트

**3 통합 테스트의 주된 목적은 무엇인가?**

① 단일 기능의 세부 동작만 확인
② 모듈 간 상호작용, 인터페이스 오류 검증
③ 실제 운영 환경의 성능 측정
④ 사용자 요구 수집

**4 상 · 하위 모듈이 모두 결합되기 전에 임시 모듈을 만들어 테스트하는 데 사용되는 것은?**

① 스텁(Stub), 드라이버(Driver)
② 프록시 서버
③ 브랜치 커버리지
④ 샌드박스

**5 다음 중 '빅뱅 통합 테스트'의 단점으로 옳은 것은?**

① 오류 원인 분석 쉬움
② 단계적 확인 가능
③ 문제 발생 시 정확한 위치 파악 어려움
④ 테스트가 너무 분할됨

**6 통합 테스트를 효과적으로 조직하기 위한 핵심 전략이 아닌 것은?**

① 시나리오 기반 테스트
② 점진적 통합
③ 명확한 테스트케이스 설계
④ 모든 모듈 동시 검증만 반복

---

**POINT 050 블랙박스 테스트**

### 블랙박스 테스트(Black-box Testing)

• 프로그램의 내부 구조나 구현 방식은 고려하지 않고, 입력(Input)과 출력(Output)만을 기준으로 기능이 요구사항에 맞게 동작하는지를 검증하는 테스트 기법이다.
• 내부 코드나 로직을 알 필요 없이 수행할 수 있다.
• 사용자 관점에서 기능 요구사항을 충족하는지 확인한다.
• 주로 기능 테스트, 시스템 테스트, 인수 테스트 단계에서 활용된다.

### 블랙박스 테스트의 특징

• 내부 구조(소스코드)를 보지 않고 테스트 수행
• 명세서(요구사항) 기반 테스트
• 입력값과 기대 출력값을 중심으로 테스트 케이스 설계
• 테스트 자동화 · 수동 테스트 모두 가능
• 모든 입력 조합 테스트는 어렵기 때문에 테스트 설계 기법이 중요

### 대표적인 블랙박스 테스트 기법

| 동등 분할<br>(Equivalence Partitioning) | 입력값의 범위를 의미 있는 동등 클래스(집합)로 나누어 대표값만 테스트 |
|---|---|
| 경계값 분석<br>(Boundary Value Analysis) | 오류가 자주 발생하는 경계값 근처를 집중 테스트 |
| 상태 기반 테스트<br>(State Transition Testing) | 시스템 상태 변화에 따른 입력 · 출력 검증 |
| 원인-결과 그래프 검사<br>(Cause-Effect Graphing) | 입력 조건(원인)과 출력 결과(결과)의 논리 관계를 그래프로 표현 후 테스트 |
| 결정 테이블 테스트<br>(Decision Table Testing) | 여러 조건 조합과 결과를 표 형태로 정리해 테스트 |
| 유스케이스 기반 테스트<br>(Use Case Testing) | 사용자 시나리오 · 업무 흐름 중심 테스트 |

**1 블랙박스 테스트의 특징으로 옳은 것은?**

① 소스코드 내부 동작을 분석한다.

② 외부 기능 및 요구사항을 기준으로 테스트한다.

③ 테스트 대상 프로그램의 내부 구조를 수정한다.

④ 테스트 케이스는 코드 라인 단위로 작성된다.

**2 블랙박스 테스트에서 주로 사용하는 기법이 아닌 것은?**

① 동등 분할

② 경계값 분석

③ 구조 기반 분석

④ 상태 기반 테스트

**3 블랙박스 테스트의 주된 목적은?**

① 내부 알고리즘 최적화

② 사용자 요구사항과 기능 충족 여부 확인

③ 코드 커버리지 측정

④ 시스템 메모리 사용량 분석

**4 블랙박스 테스트 시 고려하는 요소는?**

① 프로그램 내부 변수명

② 입력값과 기대 출력

③ 소스코드 라인 수

④ 컴파일러 옵션

**5 블랙박스 테스트의 예로 알맞은 것은?**

① 함수 내부 로직 검증

② 로그인 시도 후 성공 여부 확인

③ 런타임 오류 발생 위치 파악

④ 코드 중복 제거

---

**POINT 051  화이트박스 테스트**

▶ 화이트박스 테스트(White-box Testing)

- 프로그램의 내부 구조와 소스코드 로직을 직접 분석하여 수행하는 테스트 기법이다.
- 조건문, 반복문, 분기 구조 등 코드 실행 흐름과 경로를 기준으로 테스트 케이스를 설계한다.
- 내부 로직과 실행 경로를 기준으로 검증한다.
- 코드 구조를 이해할 수 있는 개발자 중심 테스트이다.
- 단위 테스트 단계에서 주로 활용된다.

▶ 화이트박스 테스트의 특징

- 소스코드 기반 테스트(내부 구조 참조)
- 조건문, 분기문, 반복문 실행 여부 확인
- 코드 커버리지(Coverage) 확보가 핵심 목표
- 숨겨진 논리 오류 및 경로 오류 발견에 효과적
- 일반적으로 개발자가 수행

▶ 대표적인 화이트박스 테스트 기법

| 구문 커버리지<br>(Statement Coverage) | • 코드 내 모든 문장이 최소 1회 이상 실행되었는지 확인<br>• 가장 기본적인 커버리지 |
|---|---|
| 분기 커버리지<br>(Branch Coverage) | • if, switch 등의 참/거짓 분기 경로 모두 실행<br>• 조건 결과 기준 |
| 조건 커버리지<br>(Condition Coverage) | • 복합 조건 내 각 논리식의 참/거짓 모두 테스트<br>• 세부 조건 검증 |
| 경로 커버리지<br>(Path Coverage) | • 가능한 모든 실행 경로를 테스트<br>• 가장 강력하지만 복잡 |
| 루프 테스트<br>(Loop Testing) | • 반복문의 0회, 1회, 다회 실행 검증<br>• 반복 구조 오류 탐지 |
| 데이터 흐름 검사<br>(Data Flow Testing) | • 변수의 정의 – 사용 – 소멸 흐름 추적<br>• 변수 관련 논리 오류 검출 |

---

**1 화이트박스 테스트의 정의로 가장 적절한 것은?**

① 사용자 요구사항에 따른 기능 검증

② 소스코드를 분석하여 논리적 모든 경로를 테스트

③ 시스템의 외부 동작을 기준으로 테스트

④ 테스트 케이스를 무작위로 실행

**2 화이트박스 테스트에서 주로 중점적으로 평가하는 것은?**

① 입력값과 출력 결과

② 코드 내 모든 분기와 조건 경로의 실행 여부

③ 사용자의 실제 사용 환경

④ UI/UX 만족도

**3 다음 중 화이트박스 테스트 기법이 아닌 것은?**

① 구문 커버리지

② 조건 커버리지

③ 동등 분할 검증

④ 루프 테스트

**4 화이트박스 테스트의 단점으로 알맞은 것은?**

① 코드 내부를 알 필요가 없다.
② 테스터가 내부 로직을 알아야 하므로 전문 인력이 필요하다.
③ 모든 오류를 찾아내기 쉬운 테스트 방법이다.
④ 사용자 입장에서 테스트 설계가 간편하다.

**5 내부 코드를 분석해 모든 분기문이 참과 거짓 모두 실행되도록 테스트하는 것은?**

① 문장 커버리지
② 분기 커버리지
③ 조건 커버리지
④ 동등 분할

## POINT 052 프로그램 디버깅

### ▶ 디버깅(Debugging)

• 프로그램에 존재하는 버그(Bug, 오류)를 찾아내고 원인을 분석하여 수정하는 과정이다.
• 개발 과정 중 발생하는 논리 오류, 문법 오류, 실행 오류를 해결하여 프로그램이 정상적으로 동작하도록 한다.
• 오류의 발견 → 원인 분석 → 수정 → 재검증 과정으로 진행된다.
• 테스트 결과를 바탕으로 수행된다.
• 프로그램 품질 확보를 위한 필수 작업이다.

### ▶ 테스트와 디버깅의 차이

| 테스트(Test) | 오류가 있는지 찾는 과정 |
| --- | --- |
| 디버깅(Debugging) | 발견된 오류를 수정하는 과정 |

### ▶ 디버깅 과정

| 버그 발견 | 오작동, 에러 메시지, 비정상 결과 확인 |
| --- | --- |
| 원인 분석 | 오류 발생 위치 및 원인 파악 |
| 수정 | 분석된 원인을 바탕으로 소스코드 수정 |
| 재검증 | 수정 후 재실행하여 문제 해결 여부 확인 |
| 영향 점검 | 수정으로 인한 부작용 여부 확인 |

### ▶ 주요 디버깅 기법

| 코드 리뷰(Code Review) | 개발자가 코드를 직접 검토하여 오류, 개선점 발견 |
| --- | --- |
| 단위 테스트(Unit Test) | 기능 단위 테스트로 오류 발생 위치 좁힘 |
| 로그 분석(Log Analysis) | 실행 로그, 에러 메시지 분석 |
| 단계별 실행(Step-by-Step) | 디버거로 코드 한 줄씩 실행하며 변수 상태 확인 |
| 가짜 데이터(Mock Data) 사용 | 실제 데이터 대신 테스트용 데이터 사용 |
| 메모리 검사(Memory Check) | 메모리 누수, 포인터 오류 점검 |

**개념 체크 ✓**

**1 프로그램 디버깅의 주요 목적은 무엇인가?**

① 새로운 기능 추가
② 프로그램 오류 발견 및 수정
③ 사용자 인터페이스 디자인
④ 데이터베이스 설계

**2 프로그램의 특정 지점에서 실행을 멈추고 상태를 확인할 수 있는 디버깅 도구 기능은?**

① 로그 출력
② 중단점(Breakpoint)
③ 스텝 실행
④ 코드 리뷰

중단점 : 지정한 코드 위치에서 실행을 일시 정지

**3 디버깅 과정 중 문제 발생 원인을 찾기 위해 코드 실행을 한 줄씩 따라가는 방법은?**

① 로그 출력
② 중단점
③ 스텝 실행
④ 코드 리뷰

**4 효과적인 디버깅을 위해 사용하지 않는 방법은?**

① 코드 리뷰
② 로그 분석
③ 전체 소스코드 삭제
④ 단위 테스트

## POINT 053 **DevOps**

### DevOps

- 개발(Development)과 운영(Operations)을 결합한 개념이다.
- 소프트웨어 개발부터 배포·운영까지의 전 과정을 자동화·협업을 통해 빠르고 안정적으로 제공하기 위한 개발·운영 방식이다.
- 개발과 운영 간의 장벽을 제거할 수 있다.
- 배포 주기 단축 및 품질 향상이 목적이다.
- 자동화 도구 기반의 지속적 개선이 가능하다.

### DevOps의 주요 특징

- 개발과 운영 조직 간 협업 강화
- 반복 작업의 자동화
- 빠른 피드백을 통한 지속적 개선
- CI / CD 기반의 지속적인 통합·배포
- 장애 대응 및 복구 속도 향상

### DevOps의 핵심 개념 및 용어

| | |
|---|---|
| CI<br>(Continuous Integration) | • 여러 개발자의 코드를 자주 통합하고 자동 빌드·테스트 수행<br>• GitHub, Jenkins 등의 자동화 도구 활용 |
| CD<br>(Continuous Delivery / Deployment) | • 변경된 코드를 자동으로 배포 준비 또는 실제 운영 환경에 배포<br>• AWS CodeDeploy, Azure DevOps 활용 |
| IaC<br>(Infrastructure as Code) | • 인프라 환경을 코드로 정의·자동 구성<br>• Terraform, Ansible, Docker 등 |
| 모니터링<br>(Monitoring) | • 운영 중 시스템 성능·장애 상태 실시간 감시<br>• Prometheus, Grafana, New Relic 사용 |
| 자동화<br>(Automation) | • 빌드·테스트·배포 등 반복 작업 자동 수행<br>• 스크립트, 파이프라인, 도구 활용 |
| 협업<br>(Collaboration) | • 팀 간 원활한 소통과 작업 공유<br>• Slack, Jira, Confluence 등의 협업 도구 |
| 마이크로서비스 | • 기능 단위로 독립 배포 가능한 서비스 구조<br>• Kubernetes, Docker 컨테이너 기반 아키텍처 구성 |

### 개념 체크 ✓

**1** DevOps의 주요 목적은 무엇인가?

① 개발과 운영 조직을 명확히 분리하여 업무를 수행한다.
② 개발과 운영의 협업 및 자동화를 통해 빠르고 안정적으로 배포한다.
③ 배포 과정을 수동으로 관리하여 변경 이력을 통제한다.
④ 시스템 운영을 위해 하드웨어 투자 비용을 최소화한다.

**2** CI(Continuous Integration)의 역할로 옳은 것은?

① 서비스 배포 과정을 자동화하여 운영 부담을 줄인다.
② 소스코드 변경 사항을 자주 통합하고 빌드·테스트를 자동 수행한다.
③ 인프라 환경을 수동으로 구성하고 서버를 관리한다.
④ 운영 중인 시스템 상태를 실시간으로 감시한다.

**3** Infrastructure as Code(IaC)의 설명 중 올바른 것은?

① 인프라 관리에 코딩 필요 없음
② 코드로 인프라 환경 자동 구축 및 관리
③ 서비스 무중단 배포 기술
④ 협업 도구의 한 종류

**4** DevOps에서 지속적 배포(CD)의 특징은?

① 개발 완료 후 일괄 배포
② 변경사항을 항상 수동으로 검증
③ 자동으로 운영 환경에 서비스 변경사항 반영
④ 테스트를 생략하고 바로 배포

**5** 다음 중 DevOps 도구 중 인프라 자동화에 주로 사용되는 것은?

① Jenkins      ② Grafana
③ Terraform      ④ Slack

- Jenkins : CI
- Grafana : 모니터링
- Slack : 협업

**6** 다음 중 DevOps에서 빌드 및 테스트 자동화를 위해 주로 사용하는 도구는?

① Git      ② Jenkins
③ Docker      ④ Prometheus

## CI(Continuous Integration, 지속적 통합)
- 여러 개발자가 작성한 코드를 중앙 저장소에 자주 통합한다.
- 코드 변경 시 자동 빌드 및 테스트 수행을 실시한다.
- 오류 조기 발견, 코드 품질 향상이 목적이다.

## CD(Continuous Delivery, 지속적 전달)
- CI를 통과한 코드를 자동으로 테스트하여 배포 가능한 상태까지 준비한다.
- 실제 운영 반영은 사람의 승인이 필요하다.
- 언제든 배포 가능한 상태를 유지하는 것이 목적이다.

## CD(Continuous Deployment, 지속적 배포)
- 테스트를 통과한 코드를 사람의 개입 없이 자동으로 운영 환경에 배포한다.
- 가장 자동화 수준이 높은 배포 방식이다.
- 사용자에게 즉시 기능을 제공하는 것이 목적이다.

## 주요 용어 및 개념

| | |
|---|---|
| CI | • 코드 통합 + 자동 빌드 · 테스트<br>• 예 Jenkins, GitHub Actions |
| CD(Delivery) | • 배포 준비 상태까지 자동화<br>• 예 승인 포함 파이프라인 |
| CD(Deployment) | • 운영 환경까지 자동 배포<br>• 예 AWS CodeDeploy |
| 빌드(Build) | • 실행 가능한 형태로 코드 변환<br>• 예 Maven, Gradle, npm |
| 자동화 테스트 | • 코드 변경 시 자동 검증<br>• 예 단위 테스트, 통합 테스트 |
| 파이프라인 | • 빌드 → 테스트 → 배포 자동 흐름<br>• 예 Jenkins Pipeline |
| 무중단 배포 | • 서비스 중단 없이 배포<br>• 예 블루/그린, 롤링 |

**1** CI(Continuous Integration)의 주된 목적은 무엇인가?
① 코드 변경사항을 자주 통합해 자동 빌드와 테스트를 수행
② 운영 환경에서 수동으로 배포를 수행
③ 사용자의 테스트 참여 유도
④ 소스코드 수동 관리

**2** 지속적 배포(Continuous Deployment)의 특징은?
① 빌드 결과물을 항상 수동으로 승인 후 배포
② 자동화된 테스트 통과 시 자동으로 실제 운영 환경에 배포
③ 코드 변경을 도커 이미지로만 관리함
④ 배포 과정에서 반드시 서비스가 중단됨

**3** CI/CD 파이프라인에서 '빌드'의 역할은?
① 코드 리뷰 수행
② 코드 컴파일과 실행 가능한 형태 생성
③ 사용자 매뉴얼 작성
④ 데이터베이스 관리

**4** CI/CD 도구로 많이 사용하는 것은?
① Jenkins
② Photoshop
③ MySQL
④ Excel

# 6과목 개발자 환경 구축
# 운영체제

---

## POINT 055 | 운영체제의 개념

### ▶ 운영체제(OS, Operating System)
컴퓨터 하드웨어와 사용자 및 응용 프로그램 사이에서 중재자 역할을 수행하며 CPU, 메모리, 저장장치, 입출력 장치 등의 자원을 효율적이고 안전하게 관리·제어하는 시스템 소프트웨어이다.

### ▶ 운영체제의 주요 목적

| 처리 능력(Throughput) | 단위 시간당 처리할 수 있는 작업의 양 |
|---|---|
| 반환 시간(Turnaround Time) | 작업 제출부터 결과가 출력될 때까지 걸리는 시간 |
| 사용 가능도(Availability) | 시스템을 필요할 때 얼마나 빠르게 사용할 수 있는가 |
| 신뢰도(Reliability) | 시스템이 오류 없이 정확하게 작업을 수행하는 정도 |

### ▶ 운영체제 발전 과정
- 일괄 처리 시스템
- 다중 프로그래밍, 시분할, 다중 처리, 실시간 시스템
- 다중 모드, 범용 시스템
- 분산 처리, 병렬 처리
- 모바일, 임베디드, 가상화, 클라우드

### ▶ 윈도우(Windows) 계열
- 그래픽 사용자 인터페이스(GUI) 기반으로 사용자 편의성을 강조하며 멀티태스킹, 가상화, 다양한 파일 시스템을 지원하는 범용 운영체제이다.
- 윈도우 주요 특징 및 용어

| 선점형 멀티태스킹 | 운영체제가 실행 중인 각 프로그램에 CPU 실행 시간을 할당하고, 필요 시 실행 중인 프로그램을 강제로 중단하여 다른 프로그램에 CPU를 배분하는 방식 |
|---|---|
| PNP(Plug & Play) | 장치를 시스템에 연결하면 별도의 사용자 설정 없이 자동으로 장치를 인식하고 사용 가능 |
| 핫플러그(Hot Plug) | 시스템 전원이 켜진 상태에서 장치 연결은 가능하지만 제거는 불가능 |
| 핫스왑(Hot Swap) | 시스템 전원이 켜진 상태에서도 장치의 연결과 제거가 모두 가능 |
| 가상화(Virtualization) | 하나의 물리적 시스템에서 여러 운영체제를 동시에 실행할 수 있도록 지원하는 기능 |
| 하이퍼바이저(Hypervisor) | 단일 호스트에서 여러 운영체제를 가상 환경으로 실행할 수 있도록 지원하는 가상화 플랫폼 |

- 윈도우 파일 시스템

| FAT 파일 시스템 | 파일 할당 테이블(File Allocation Table) 기반 구조로, 디스크 공간을 관리하는 초기 파일 시스템 |
|---|---|
| NTFS 파일 시스템 | Windows에서 현재 주로 사용되는 파일 시스템으로, FAT에 비해 신뢰성·보안·성능이 향상되었으며 디스크 공간을 효율적으로 사용 |
| ReFS 파일 시스템 | Microsoft에서 NTFS를 대체하기 위해 개발한 차세대 파일 시스템으로, 데이터 무결성과 확장성이 강화됨 |

### ▶ 유닉스(UNIX) 계열
- 명령어 기반 인터페이스(CLI) 중심 운영으로, 다중 사용자 및 다중 작업 환경을 기본으로 설계된 운영체제이다.
- 안정성·확장성·이식성이 뛰어나 서버 및 시스템 운영 환경에서 널리 사용된다.
- 유닉스 주요 구성요소 및 용어

| 커널(Kernel) | 운영체제의 핵심 구성요소로, 프로세스 관리·메모리 관리·하드웨어 제어 등 시스템 자원을 직접 관리 |
|---|---|
| 쉘(Shell) | 사용자의 명령을 해석하여 커널에 전달하는 명령 해석기(Command Interpreter) |
| 유틸리티(Utility) | 파일 관리, 텍스트 처리 등 운영체제 기능을 보조하는 실행 프로그램 |
| 다중 사용자(Multi-user) | 여러 사용자가 동시에 시스템에 접속하여 작업 가능 |
| 다중 작업(Multi-tasking) | 여러 작업(프로세스)을 동시에 실행 가능 |

**1** 다음 중 운영체제 발전 순서를 바르게 나열한 것은?

① 배치 처리 시스템 → 시분할 시스템 → 멀티태스킹 시스템

② 시분할 시스템 → 배치 처리 시스템 → 멀티프로그래밍 시스템

③ 단일 작업 시스템 → 멀티프로그래밍 시스템 → 배치 처리 시스템

④ 시분할 시스템 → 그래픽 사용자 환경 → 단일 사용자 시스템

**2** 다음 중 UNIX 운영체제의 주요 특징으로 가장 적절한 것은?

① 단일 사용자, 단일 작업을 지원한다.

② GUI 환경만을 지원하며 커맨드라인을 사용할 수 없다.

③ 대부분 C 언어로 작성되어 이식성이 높다.

④ 주로 개인용 컴퓨터에 사용되며 상용 소프트웨어가 많다.

**3** 다음 중 리눅스 운영체제에 대한 설명으로 옳지 <u>않은</u> 것은?

① 오픈소스로 누구나 수정 및 배포가 가능하다.

② 유닉스를 기반으로 개발된 운영체제이다.

③ 다양한 배포판이 존재하며 상용으로 판매되기도 한다.

④ 마이크로소프트에서 개발한 개인용 운영체제이다.

**4** 다음 중 Windows 운영체제의 특징으로 볼 수 <u>없는</u> 것은?

① 사용이 간편한 GUI 환경을 제공한다.

② 다양한 주변기기와의 호환성이 우수하다.

③ 오픈소스로 누구나 자유롭게 수정 가능하다.

④ 개인용 컴퓨터에서 널리 사용된다.

**5** 다음 중 운영체제의 발달 과정에 대한 설명으로 옳은 것은?

① 초기 운영체제는 멀티태스킹을 지원하였다.

② 시분할 시스템은 단일 사용자 환경에서 사용되었다.

③ 배치 처리 시스템은 사용자가 직접 시스템을 조작하였다.

④ 다중 프로그래밍은 여러 프로그램을 동시에 메모리에 적재해 처리한다.

## POINT 056 운영체제 기본 명령어

### ▶ 운영체제 제어 방식

| CLI(Command Line Interface) | • 사용자가 문자 기반 명령어를 직접 입력하여 시스템을 제어하는 방식<br>• 빠르고 강력하지만, 명령어 숙지가 필요함 |
|---|---|
| GUI(Graphical User Interface) | • 마우스, 아이콘, 메뉴 등을 이용해 시각적으로 시스템을 조작하는 방식<br>• 사용이 직관적이고 초보자에게 적합함 |

### ▶ CLI 대표 명령어

| 기능 | 윈도우 / MS-DOS | 유닉스, 리눅스 |
|---|---|---|
| 경로 변경 | cd | cd |
| 목록 출력 | dir | ls |
| 파일 복사 | copy | cp |
| 구조 복사 | xcopy | cp |
| 디렉토리 생성 | mkdir | mkdir |
| 하위 파일 삭제 | del | rm |
| 권한 설정 | attrib | chmod |
| 화면 표시 | type | cat |
| 파일 복사 | copy | cp |
| 목적지 까지 경로 | tracert | traceroute |
| 소유권 변경 | | chown |
| 프로세스 종료 | | kill |
| 실행 중 프로세스 표시 | | ps |
| 디렉토리 경로 표시 | | pwd |
| 네트워크 상태 점검 | | ping |
| 접속해 있는 사용자 표시 | | who |

### ▶ GUI 기본 명령어(Windows 단축키)

| | |
|---|---|
| Ctrl + C | 복사 |
| Ctrl + X | 잘라내기, 오려두기 |
| Ctrl + V | 붙여넣기 |
| Ctrl + Z | 작업 취소, 실행 취소 |
| Ctrl + A | 모두 선택 |
| Ctrl + W | 활성화된 창 닫기 |
| Alt + F4 | 실행 종료 |
| Alt + Tab | 창 전환 |

| | |
|---|---|
| ⊞+E | 윈도우 탐색기 실행 |
| ⊞+R | 윈도우 실행창 실행 |
| ⊞+D | 바탕화면 표시 |
| ⊞+L | 사용자 전환 / 윈도우 잠금 |
| ⊞+F | 특정 파일 및 폴더 등 찾기 |
| ⊞+A | 윈도우 알림 센터 |
| ⊞+M | 열려 있는 창 최소화 |
| ⊞+S | 윈도우 검색창 실행 |
| ⊞+X | 윈도우 시스템 관리 메뉴 |
| ⊞+I | 윈도우 설정 실행 |
| ⊞+Pause | 시스템 구성요소(정보) 확인 |
| ⊞+Shift+M | 최소화된 창을 복원 |
| ⊞+Shift+S | 캡처도구 실행(영역 캡처) |
| ⊞+Tab | 테스크 바 실행, 실행 중인 모든 앱 타임라인 보기 |
| ⊞+Ctrl+D | 가상 데스크톱 추가 |
| ⊞+Ctrl+F4 | 현재 사용 중인 가상 데스크톱 닫기 |
| ⊞+Shift+←, → | 실행 중인 창을 다른 모니터로 이동 |

## 개념 체크 ✔

**1 chmod 명령어에 대한 설명으로 옳은 것은?**

① chmod 명령어는 파일의 소유자를 변경할 때 사용된다.

② chmod 명령어는 디렉터리를 삭제할 때 사용된다.

③ chmod 명령어는 파일이나 디렉터리의 권한을 변경할 때 사용된다.

④ chmod 명령어는 파일 내용을 편집하는 명령어이다.

**2 다음 중 디렉터리(폴더)의 목록을 출력하는 명령어로 옳은 것은?**

① cd

② ls

③ mkdir

④ rm

**3 현재 작업 중인 디렉터리를 변경할 때 사용하는 명령어는?**

① pwd      ② cd

③ dir      ④ cat

**4 Windows 운영체제에서 파일 탐색기를 실행하는 단축키는?**

① ⊞+D

② ⊞+R

③ ⊞+E

④ Alt+Tab

**5 다음 중 컴퓨터를 잠그는 단축키로 알맞은 것은?**

① Ctrl+Alt+Delete

② Alt+F4

③ ⊞+L

④ ⊞+D

**6 다음 중 휴지통을 거치지 않고 파일을 영구 삭제하는 단축키는?**

① Ctrl+D

② Shift+Delete

③ Alt+Delete

④ Ctrl+Shift+D

---

**POINT 057 파일 시스템 및 접근 권한**

### ▶ 파일 시스템(File System)

• 파일 시스템은 운영체제가 저장장치의 파일과 디렉터리를 체계적으로 관리하는 방식이다.

• 파일의 저장 위치, 접근 방법, 권한 정보 등을 관리하여 데이터를 효율적이고 안전하게 사용할 수 있도록 한다.

### ▶ 파일과 디렉터리의 접근 권한

• 운영체제는 파일과 디렉터리에 대해 접근 권한(Access Permission)을 설정하여 누가 어떤 작업을 할 수 있는지를 제어한다.

• 권한 적용 대상

| | |
|---|---|
| **소유자(User)** | 파일을 생성한 사용자 |
| **그룹(Group)** | 파일이 속한 사용자 그룹 |
| **기타(Other)** | 그 외 모든 사용자 |

## 권한의 종류(rwx)

| 권한 | 의미 | 설명 |
|---|---|---|
| r(read) | 읽기 | 파일 내용 조회, 디렉터리 목록 조회 |
| w(write) | 쓰기 | 파일 수정, 삭제, 디렉터리 내 파일 생성 |
| x(execute) | 실행 | 파일 실행, 디렉터리 접근 가능 |

## 권한 표현 방식

• 문자(Symbolic) 표현

```
rwx r-x --x
```

　– 사용자 / 그룹 / 기타 순서
　– 각 위치에 r, w, x 또는 -로 표시

• 숫자(Numeric) 표현

| 권한 | 값 |
|---|---|
| r | 4 |
| w | 2 |
| x | 1 |

### 개념 체크 ✔

**1** 파일 권한 기호 중 '읽기(Read)' 권한을 의미하는 것은?

① w 　　　　　　② x
③ r 　　　　　　④ d

**2** 다음 중 chmod 751 file.txt 명령의 결과로 옳은 것은?

① 사용자: 읽기/쓰기/실행, 그룹: 읽기/실행, 기타: 실행
② 사용자: 읽기/쓰기/실행, 그룹: 읽기/실행, 기타: 없음
③ 사용자: 읽기/쓰기/실행, 그룹: 쓰기/실행, 기타: 실행
④ 사용자: 읽기/쓰기, 그룹: 읽기, 기타: 실행

751 = rwx r-x --x

**3** 다음 중 파일 권한을 나타내는 기호 표현과 숫자 표현이 올바르게 짝지어진 것은?

① r-- = 6 　　　② rw- = 6
③ r-x = 4 　　　④ rwx = 5

r = 4, w = 2, x = 1

**4** chmod 644 file.txt 명령을 수행했을 때, 그룹(Group)에 부여되는 권한은?

① 읽기, 쓰기, 실행 　　② 읽기, 쓰기
③ 읽기 　　　　　　　④ 실행

**POINT 058** 　**프로세스**

## 프로세스(Process)

• 프로세스(Process)는 메모리에 적재되어 CPU를 할당받아 실행 중인 프로그램을 의미한다.
• 운영체제가 자원을 할당하고 관리하는 실행 단위이다.
• 프로그램과 프로세스는 다른 개념이며, 하나의 프로그램에 여러 개의 프로세스가 가능하다.

## 프로세스 상태(Process State)

| 생성(Create / New) | 프로세스가 생성되어 OS에 등록된 상태 |
|---|---|
| 준비(Ready) | 실행할 준비는 되었으나 CPU를 할당받지 못한 상태 |
| 실행(Running) | CPU를 할당받아 실제 실행 중인 상태 |
| 대기(Waiting / Blocked) | 입출력(I/O) 등 이벤트를 기다리는 상태 |
| 종료(Terminated) | 실행이 완료되어 프로세스가 종료된 상태 |

## 프로세스 상태 전이(Process State Transition)

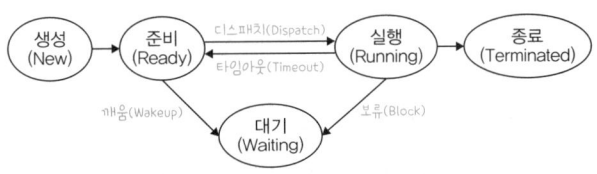

| 디스패치(Dispatch) | • Ready → Running<br>• CPU 스케줄러가 CPU를 할당 |
|---|---|
| 타임아웃(Timeout) | • Running → Ready<br>• 할당된 CPU 시간이 만료됨 |
| 보류(Block) | • Running → Waiting<br>• I/O 요청 등으로 CPU 반납 |
| 깨움(Wakeup) | • Waiting → Ready<br>• I/O 완료 후 다시 실행 준비 |
| 종료(Terminate) | • Running → Terminated<br>• 프로세스 실행 완료 |

개념 체크 ✔

**1 다음 중 프로세스의 상태가 <u>아닌</u> 것은?**

① Ready
② Waiting
③ Executed
④ Terminated

**2 다음 중 스레드에 대한 설명으로 옳지 <u>않은</u> 것은?**

① 하나의 프로세스 내에 여러 개 생성될 수 있다.
② 스레드 간 자원 공유가 가능하다.
③ 스레드는 독립적인 메모리 공간을 가진다.
④ 스레드는 프로세스보다 생성 비용이 낮다.

프로세스는 독립 메모리, 스레드는 메모리 공유

**3 프로세스가 입출력 요청으로 인해 CPU를 반납하고, 특정 이벤트가 발생할 때까지 기다리는 상태는?**

① New
② Ready
③ Running
④ Waiting

---

**POINT 059  병행 처리와 동기화**

### 병행 프로세스(Concurrent Process)

• 둘 이상의 프로세스가 동시에 실행되는 것처럼 보이는 상태를 의미한다.
• 실제로는 CPU가 매우 빠르게 프로세스를 번갈아 실행하는 것으로, 사용자는 동시에 실행되는 것처럼 인식한다.
• 병행(Concurrent)과 병렬(Parallel)

| 병행(Concurrent) | 단일 CPU에서도 가능(시분할 방식) |
| --- | --- |
| 병렬(Parallel) | 다중 CPU 환경에서 실제 동시 실행 |

• 문제점
 - 여러 프로세스가 공유 자원(메모리, 파일 등)에 동시에 접근 가능
 - 자원 충돌 및 데이터 불일치 오류 발생 가능
 - 병행 처리 시, 자원에 대한 접근 제어(동기화) 필요

### 상호 배제(Mutual Exclusion)

• 공유 자원에 동시에 둘 이상의 프로세스가 접근하지 못하도록 제한하는 것이다.
• 한 시점에 오직 하나의 프로세스만 자원을 사용하게 함으로써 충돌(Collision) 및 오류를 방지한다.
• 상호 배제가 필요한 대표 사례
 - 여러 프로세스가 하나의 프린터 사용
 - 두 개 이상의 프로세스가 공유 변수를 동시에 수정

### 임계 구역(Critical Section)

• 공유 자원에 접근하는 코드 영역을 의미한다.
• 임계 구역에는 동시에 하나의 프로세스만 진입 가능해야 한다.
• 상호 배제가 반드시 보장되어야 한다.
• 임계 구역 문제를 해결하기 위한 조건

| 상호 배제 | 한 번에 하나의 프로세스만 임계 구역 진입 |
| --- | --- |
| 진행 조건 | 임계 구역이 비어 있다면, 진입을 원하는 프로세스 중 하나는 반드시 진입 |
| 한정 대기 | 어떤 프로세스도 무한 대기하지 않음(기아 현상 방지) |

### 세마포어(Semaphore)

• 정수 값을 이용해 프로세스 간 자원 접근을 제어하는 동기화 도구이다.
• 운영체제가 제공한다.
• 공유 자원 사용 여부를 수치로 관리한다.
• 한 프로세스가 자원 사용 중이면, 다른 프로세스는 대기한다.
• 대표 연산 : 세마포어의 값을 조작하여 공유 자원 접근을 제어

| P 연산 | • 자원을 요청하는 연산<br>• 세마포어 값을 감소시킴(-1)<br>• 자원 사용 전에 잠금 |
| --- | --- |
| V 연산 | • 자원을 반납하는 연산<br>• 세마포어 값을 증가시킴(+1)<br>• 자원 사용 후 해제 |

## ▶ 모니터(Monitor)

- 공유 자원과 그 자원에 접근하는 연산(메서드)을 하나의 논리적 블록으로 묶어, 동시에 하나의 프로세스(또는 스레드)만 접근하도록 보장하는 고급 동기화 기법이다.
- 공유 자원과 메서드를 하나의 구조로 캡슐화한다. 공유 자원은 모니터 내부 메서드를 통해서만 접근 가능하므로, 데이터 보호 및 무결성 확보가 가능하다.
- 동시에 하나의 프로세스만 접근 가능하고, 나머지는 자동으로 큐(Queue)에 대기한다.

## ▶ 교착 상태(Deadlock)

- 두 개 이상의 프로세스가 서로 자원을 점유한 채, 상대 자원을 기다리며 무한 대기하는 상태이다.
- 교착 상태 발생 조건 : 4가지 조건이 모두 충족되어야 교착 상태 발생

| 상호 배제(Mutual Exclusion) | 자원은 한 번에 하나의 프로세스만 사용 |
|---|---|
| 점유 대기(Hold and Wait) | 자원을 가진 상태에서 다른 자원 대기 |
| 비선점(Non-preemption) | 자원을 강제로 빼앗을 수 없음 |
| 환형 대기(Circular Wait) | 프로세스들이 원형 구조로 자원 대기 |

- 교착 상태 해결 방법

| 예방(Prevention) | 데드락의 발생 조건 중 하나 이상을 제거함 |
|---|---|
| 회피(Avoidance) | 데드락이 일어나지 않도록 자원 할당 전에 상태를 점검(예 은행가 알고리즘) |
| 발견(Detection) | 데드락 발생 여부를 주기적으로 검사하고, 발견되면 회복 절차 실행 |
| 회복(Recovery) | 데드락 상태가 감지되면 프로세스를 종료하거나 자원을 회수하여 해결 |

## ▶ 은행가 알고리즘(Banker's Algorithm)

- 자원의 최대 요구량을 기준으로 안전 상태 여부를 판단하는 교착 상태 회피 기법이다.
- 안전 상태이면 자원을 할당하고, 불안전 상태이면 자원 할당을 거부한다.
- 자원 할당 전 항상 시뮬레이션을 수행한다.
- 실시간으로 안전성을 평가해 교착 상태를 회피한다.

---

**1 다음 중 은행가 알고리즘에 대한 설명으로 옳지 않은 것은?**

① 요청량이 Available보다 크면 자원을 즉시 할당한다.
② 자원 요청 시 시스템이 안전한지 판단한 뒤 자원을 할당한다.
③ 교착 상태를 미리 예방할 수 있는 기법이다.
④ 프로세스의 최대 자원 요구량을 기반으로 동작한다.

은행가 알고리즘은 자원을 즉시 할당하지 않는다.

**2 다음 중 교착 상태 발생의 필요 조건이 아닌 것은?**

① 점유와 대기      ② 상호 배제
③ 환형 대기      ④ 자원 공유

---

## POINT 060 스케줄링

### ▶ 프로세스 스케줄링(Process Scheduling)

- CPU는 한 번에 하나의 프로세스만 실행할 수 있으므로, 여러 프로세스 중 어떤 프로세스에 CPU를 할당할지 결정하는 과정을 의미한다.
- 운영체제의 핵심 기능 중 하나이다.

### ▶ 선점형 스케줄링(Preemptive Scheduling)

- 실행 중인 프로세스라도 강제로 CPU를 빼앗아 다른 프로세스에 할당 가능하다.
- 응답 시간이 중요한 시분할 시스템에 적합하다.
- 선점형 스케줄링 기법

| RR(Round Robin) | • 시간 할당량(Time Quantum)만큼 CPU를 순환 할당<br>• 공정성 우수<br>• Time Quantum 크기 중요 |
|---|---|
| SRTF | • 남은 실행 시간이 가장 짧은 프로세스 우선<br>• SJF의 선점형 버전<br>• 평균 대기 시간 감소 |
| 다단계 큐 | • 프로세스를 여러 큐로 분류하여 큐별 스케줄링<br>• 큐 간 이동 불가<br>• 우선순위 고정 |
| 다단계 피드백 큐 | • 실행 특성에 따라 큐 간 이동 가능<br>• 우선순위 동적 변경<br>• 기아 현상 완화 |

## 비선점형 스케줄링(Non-preemptive Scheduling)

- 한 번 CPU를 할당받으면 종료될 때까지 유지한다.
- 구현은 단순하지만 응답성이 떨어질 수 있다.
- 비선점형 스케줄링 기법

| FCFS | • 먼저 도착한 프로세스 먼저 실행(선입선출)<br>• 콘보이 효과(Convoy Effect) 발생 가능 |
|---|---|
| SJF | • 실행 시간이 가장 짧은 프로세스 우선<br>• 평균 대기 시간이 가장 낮음<br>• 실행 시간이 긴 작업은 기아(Starvation) 발생 가능 |
| HRN | • 응답 비율(Response Ratio)이 높은 프로세스 우선<br>• 응답 비율 = (대기시간+실행시간)/실행시간<br>• SJF의 단점을 보완한 방식<br>• 기아 현상 완화 |
| 우선순위 | • 우선순위가 높은 프로세스 우선<br>• 우선순위 낮은 프로세스는 기아(Starvation) 발생 가능 |

**개념 체크 ✔**

**1 선점형 스케줄링에 대한 설명으로 옳은 것은?**

① 실행 중인 프로세스는 작업이 끝날 때까지 CPU를 유지한다.
② CPU가 하나뿐일 때는 사용할 수 없다.
③ 실행 중인 프로세스라도 강제로 CPU를 회수할 수 있다.
④ 평균 대기 시간이 항상 FCFS보다 크다.

**2 다음 중 비선점형 스케줄링 기법만으로 올바르게 묶인 것은?**

① RR, SRTF
② FCFS, HRN
③ SRTF, 다단계 큐
④ RR, 우선순위

**3 다음을 FCFS 방식으로 실행할 때 평균 대기 시간은?**

| 프로세스 | 도착 시간 | 실행 시간 |
|---|---|---|
| P1 | 0 | 4 |
| P2 | 1 | 3 |
| P3 | 2 | 2 |

① 2
② 3
③ 3.67
④ 4

- P1 대기 : 0
- P2 대기 : 4 − 1 = 3
- P3 대기 : 7 − 2 = 5
- 평균 = (0 + 3 + 5) / 3 ≒ 2.67

**4 다음 중 Round Robin(RR) 스케줄링의 특징으로 옳은 것은?**

① 실행 시간이 가장 짧은 프로세스를 우선 처리한다.
② 우선순위가 고정되어 변경되지 않는다.
③ Time Quantum이 너무 크면 FCFS와 유사해진다.
④ 비선점형 방식이다.

**5 다음을 비선점형 SJF 방식으로 실행할 때 평균 대기 시간은?**

| 프로세스 | 도착 시간 | 실행 시간 |
|---|---|---|
| P1 | 0 | 6 |
| P2 | 1 | 2 |
| P3 | 2 | 4 |

① 2
② 2.33
③ 3
④ 4

- 실행 순서 : P1 → P2 → P3
- P1 대기 : 0
- P2 대기 : 6 − 1 = 5
- P3 대기 : 8 − 2 = 6
- 평균 = (0 + 5 + 6) / 3 ≒ 3.67

**6 다음을 HRN 방식으로 실행할 때 가장 먼저 실행될 프로세스는?**

| 프로세스 | 대기 시간 | 실행 시간 |
|---|---|---|
| P1 | 6 | 3 |
| P2 | 2 | 2 |
| P3 | 4 | 4 |

① P1
② P2
③ P3
④ P2와 P3

- 응답 비율 = (대기시간+실행시간)/실행시간
- P1 : (6+3)/3 = 3
- P2 : (2+2)/2 = 2
- P3 : (4+4)/4 = 2

**7 다음 중 다단계 피드백 큐 스케줄링의 특징으로 가장 적절한 것은?**

① 프로세스는 큐 간 이동이 불가능하다.
② 우선순위가 실행 시간에 따라 동적으로 변경된다.
③ 비선점형 방식만 사용한다.
④ 구현이 단순하다.

## 기억장치 관리

### 기억장치 계층 구조

| 계층 | 종류 | 특징 | 접근 속도 | 용량 | 가격 |
|------|------|------|-----------|------|------|
| 최상위 | 레지스터 | CPU 내부 위치(연산 시 임시 저장) | 빠름 ↑ | 작음 ↑ | 비쌈 ↑ |
| 상위 | 캐시 메모리 | CPU와 RAM 사이 속도 차이 완충(L1, L2, L3) | | | |
| 중간 | 주기억장치 (RAM) | 실행 중인 프로그램 및 데이터 저장 (휘발성) | | | |
| 하위 | 보조기억장치(SSD/HDD) | 데이터 영구 저장 (비휘발성) | 느림 ↓ | 큼 ↓ | 저렴 ↓ |

가상 메모리란, 주기억장치(RAM)의 용량이 부족할 때, 보조기억장치(HDD/SSD)의 일부를 마치 RAM인 것처럼 속여서 사용하는 기술이다.

### 메모리 할당 방식

| 연속 할당 (Contiguous Allocation) | • 프로세스를 연속된 메모리 공간에 할당<br>• 고정 분할 : 미리 정한 크기로 분할 → 내부 단편화<br>• 가변 분할 : 필요 크기만큼 할당 → 외부 단편화 |
|---|---|
| 페이징(Paging) | • 메모리를 고정 크기 페이지(Page)로 분할<br>• 프로세스도 동일 크기의 페이지로 나누어 저장<br>• 외부 단편화 없음<br>• 주소 변환 : 논리주소 = 페이지 번호 + 오프셋 |
| 세그먼테이션 (Segmentation) | • 프로세스를 논리 단위(코드 · 데이터 · 스택)로 분할<br>• 세그먼트 크기 가변 → 외부 단편화 발생 가능<br>• 논리적 구조 반영에 유리 |

### 단편화(Fragmentation)

| 내부 단편화 | 할당 후 남는 공간 발생 |
|---|---|
| 외부 단편화 | 빈 공간은 있으나 연속 공간 부족 |

### 페이지 부재(Page Fault)

• 필요한 페이지가 주기억장치에 없는 경우를 의미한다.
• 페이지 부재 발생 시 운영체제는 디스크에서 해당 페이지를 읽어 주기억장치에 적재하며, 이 과정에서 디스크 I/O가 발생하여 시스템 성능이 저하될 수 있다.

### 기억장치 관리 전략

• 반입(Fetch) 전략

| 요구 반입(Demand Fetch) | • 실제 필요 시 페이지 적재<br>• 메모리 절약<br>• Page Fault 증가 |
|---|---|
| 예상 반입(Prepaging) | • 미리 필요 페이지 적재<br>• Page Fault 감소<br>• 불필요한 반입 가능 |

• 배치(Placement) 전략

| 최초 적합(First Fit) | 앞에서부터 첫 번째로 맞는 공간에 배치 |
|---|---|
| 최적 적합(Best Fit) | 가장 작은 적절한 공간에 배치 |
| 최악 적합(Worst Fit) | 가장 큰 빈 공간에 배치 |
| 다음 적합(Next Fit) | 이전에 배치한 지점 다음부터 탐색 |

• 페이지 교체 알고리즘(Replacement Policy)

| FIFO(선입선출) | 가장 오래된 페이지 제거 |
|---|---|
| OPT(최적) | 가장 늦게 다시 사용할 페이지 제거 |
| LRU(최소 최근 사용) | 가장 오래 전에 사용된 페이지 제거 |
| LFU(최소 참조) | 참조 횟수가 가장 적은 페이지 제거 |
| NUR(최근 사용 안 함) | 참조 비트 기반 제거 |

### 주요 페이지 교체 기법

• FIFO(First-In First-Out, 선입선출)
  – 가장 먼저 메모리에 적재된 페이지를 가장 먼저 제거하는 페이지 교체 기법이다.
  – 큐(Queue) 구조로 동작한다.
  – 구조가 단순하여 구현이 쉽고, 관리 비용이 적다.
  – 최근에도 사용 중인 페이지가 제거될 수 있다.
  – 프레임 수를 증가시켜도 페이지 부재가 증가하는 Belady의 이상 현상이 발생할 수 있다.
• LRU(Least Recently Used)
  – 가장 오랫동안 사용되지 않은 페이지를 제거하는 기법이다.
  – 시간(최근 사용 여부)을 기준으로 판단한다.
  – 실제 프로그램의 지역성(Locality)을 잘 반영한다.
  – 자주 사용하는 페이지가 오래 유지되어 성능이 우수하다.
  – 하드웨어 지원이 필요해 자원 소모가 크고 시스템 부담이 증가한다.

- NUR(Not Used Recently)
  - 최근에 사용되지 않은 페이지를 제거하는 기법이다.
  - 참조 비트(Reference Bit)를 사용하여 판단한다.
  - LRU에 비해 구현이 간단하며, 비교적 적은 자원으로 동작한다.
  - 참조 비트 초기화로 인한 시간 지연이 존재하고, LRU만큼 정확한 최근 사용 정보 반영이 어렵다.

**개념 체크 ✔**

**1** 다음 중 FIFO 페이지 교체 기법의 특징으로 옳지 <u>않은</u> 것은?

① 큐(Queue) 구조로 동작한다.
② 가장 먼저 적재된 페이지를 가장 먼저 제거한다.
③ 구현이 단순하고 관리 비용이 적다.
④ 최근에 가장 오래 사용되지 않은 페이지를 제거한다.

**2** 다음 중 LRU 페이지 교체 기법에 대한 설명으로 가장 적절한 것은?

① 가장 먼저 들어온 페이지를 제거한다.
② 참조 비트만으로 교체 대상을 판단한다.
③ 가장 오랫동안 사용되지 않은 페이지를 제거한다.
④ 프레임 수가 증가할수록 페이지 부재가 반드시 감소한다.

**3** 다음 중 NUR(Not Used Recently) 페이지 교체 기법의 특징으로 옳은 것은?

① 각 페이지의 정확한 최근 사용 시간을 기록한다.
② 참조 비트를 사용하여 최근 사용 여부를 판단한다.
③ Belady의 이상 현상이 발생하지 않는다.
④ 가장 오래전에 적재된 페이지를 제거한다.

**4** 다음 중 페이지 부재(Page Fault)가 발생하는 상황으로 옳은 것은?

① 요청한 페이지가 이미 주기억장치에 존재할 때
② 디스크 I/O 없이 페이지를 바로 실행할 수 있을 때
③ 요청한 페이지가 주기억장치에 없어 디스크에서 적재할 때
④ 페이지 교체 없이 프레임이 비어 있을 때

**5** 프레임 수가 3일 때, 다음 페이지 참조 순서에 대해 FIFO 페이지 교체 기법 적용 시 발생하는 페이지 부재(Page Fault)의 횟수는?

| 1, 2, 3, 4, 1, 2, 5 |
| --- |

① 5회
② 6회
③ 7회
④ 8회

| 요청 페이지 | 1 | 2 | 3 | 4 | 1 | 2 | 5 |
| --- | --- | --- | --- | --- | --- | --- | --- |
| | 1 | 1 | 1 | 2 | 3 | 4 | 1 |
| 프레임 | | 2 | 2 | 3 | 4 | 1 | 2 |
| | | | 3 | 4 | 1 | 2 | 5 |
| 페이지 부재 | ○ | ○ | ○ | ○ | ○ | ○ | ○ |

**6** 프레임 수가 3일 때, 다음 페이지 참조 순서에 대해 LRU 페이지 교체 기법 적용 시 발생하는 페이지 부재(Page Fault)의 횟수는?

| 1, 2, 3, 1, 4, 5 |
| --- |

① 3회
② 4회
③ 5회
④ 6회

| 요청 페이지 | 1 | 2 | 3 | 1 | 4 | 5 |
| --- | --- | --- | --- | --- | --- | --- |
| | 1 | 1 | 1 | 1 | 1 | 1 |
| 프레임 | | 2 | 2 | 2 | 4 | 4 |
| | | | 3 | 3 | 3 | 5 |
| 페이지 부재 | ○ | ○ | ○ | × | ○ | ○ |

**7** 다음 중 페이지 교체 알고리즘에 대한 설명으로 옳은 것은?

① FIFO는 최근 사용 여부를 가장 정확히 반영한다.
② LRU는 구현이 가장 단순한 페이지 교체 기법이다.
③ NUR은 참조 비트를 사용하여 LRU를 근사한다.
④ 모든 페이지 교체 알고리즘은 Belady의 이상 현상이 발생한다.

**디스크 관리**

## 디스크 스케줄링(Disk Scheduling)

여러 프로세스가 동시에 디스크 I/O를 요청할 때, 디스크 헤드의 이동 순서를 효율적으로 결정하여 접근 시간(Seek Time)을 최소화하고 전체 성능을 향상시키는 기법이다.

## 디스크 헤드 이동 원리

• 디스크는 회전하는 원판(플래터)과 트랙을 따라 이동하는 헤드로 구성된다.
• 디스크 접근 시간 중 가장 큰 병목은 헤드 이동 시간(Seek Time)이다.
• 디스크 스케줄링 알고리즘은 헤드 이동 거리를 최소화하여 응답 시간 감소 및 처리량(Throughput) 향상을 목표로 한다.

## 주요 디스크 스케줄링 알고리즘

| FCFS | • 디스크 요청을 도착한 순서대로 처리<br>• 구현이 매우 간단함<br>• 헤드 이동 거리 커질 수 있음 → 비효율적 |
|---|---|
| SSTF | • 현재 헤드 위치에서 가장 가까운 트랙 요청을 먼저 처리<br>• 평균 헤드 이동 거리 최소화<br>• 효율적이지만 기아(Starvation) 발생 가능 |
| SCAN | • 헤드가 한 방향으로 이동하면서 요청 처리<br>• 끝까지 이동한 후 방향을 반대로 전환<br>• 헤드 이동이 비교적 균형 잡힘<br>• FCFS, SSTF보다 공정성 우수 |
| C-SCAN | • 한 방향으로만 이동하며 요청 처리<br>• 끝에 도달하면 반대 방향 요청은 무시하고 처음으로 이동<br>• 대기 시간의 균일성 보장<br>• 모든 요청이 비슷한 응답 시간 확보 |
| LOOK | • SCAN과 유사하나, 마지막 요청이 있는 트랙까지만 이동<br>• 불필요한 끝단 이동 제거<br>• SCAN보다 효율적 |
| C-LOOK | • C-SCAN과 유사하나, 요청이 있는 범위까지만 이동<br>• 마지막 요청 처리 후 첫 요청 위치로 점프<br>• 이동 거리 최소화<br>• 대기 시간 균등성 유지 |

## 디스크 스케줄링 예제

• 현재 헤드 위치 : 50
• 요청 트랙 : 82, 170, 43, 140, 24, 16, 190

| FCFS | • 이동 순서 : 50 → 82 → 170 → 43 → 140 → 24 → 16 → 190<br>• 총 이동 거리 = 642 |
|---|---|
| SSTF | • 이동 순서 : 50 → 43 → 24 → 16 → 82 → 140 → 170 → 190<br>• 총 이동 거리 = 208 |
| SCAN | • 이동 순서(0 방향 포함 가정) : 50 → 43 → 24 → 16 → 0 → 82 → 140 → 170 → 190<br>• 총 이동 거리 = 240 |

---

**개념 체크 ✓**

**1** 현재 디스크 헤드 위치가 50이고, 요청 트랙이 [82, 170, 43, 140, 24, 16, 190]일 때, SSTF 알고리즘의 처리 순서는 어떻게 되는가?

① 50 → 43 → 24 → 16 → 82 → 140 → 170 → 190
② 50 → 82 → 170 → 43 → 140 → 24 → 16 → 190
③ 50 → 16 → 24 → 43 → 82 → 140 → 170 → 190
④ 50 → 190 → 170 → 140 → 82 → 43 → 24 → 16

• SSTF는 현재 헤드 위치에서 가장 가까운 트랙을 우선 처리한다.
• 시작 위치 50 → 가장 가까운 요청 : 43
• 이후 순차적으로 24 → 16 → 82 → 140 → 170 → 190

**2** SCAN 알고리즘의 특징으로 옳지 않은 것은?

① 헤드가 한 방향으로 이동하며 요청을 처리한다.
② 헤드가 끝 트랙까지 이동 후 방향을 바꾼다.
③ 헤드는 요청이 없는 구간도 항상 스캔한다.
④ 모든 요청을 동시 처리할 수 있다.

---

**가상화 및 클라우드**

## 가상화(Virtualization)

• 물리적인 IT 자원(서버, 스토리지, 네트워크 등)을 논리적으로 분할하거나 통합하여 하나의 자원을 여러 개처럼, 또는 여러 자원을 하나처럼 사용할 수 있도록 하는 기술이다.
• 자원 활용률 향상, 비용 절감, 유연한 시스템 운영 등이 가능해진다.

## ▶ 가상화의 주요 유형

| 호스트 OS형 | • 물리 하드웨어 위에 일반 운영체제(Host OS)를 설치하고 그 위에서 가상화 소프트웨어를 실행하여 가상 머신을 구동하는 방식<br>• 설치와 사용이 간단하지만, 성능은 하이퍼바이저형보다 상대적으로 낮음 |
|---|---|
| 하이퍼바이저형 | • Host OS 없이, 하이퍼바이저가 물리 하드웨어 위에서 직접 동작하는 방식<br>• 가상 머신이 독립적인 서버처럼 동작함<br>• 성능 우수, 안정성 높음<br>• 현재 가상화 기술의 주류<br>• 전가상화 방식과 반가상화 방식 사용 |
| 컨테이너형 | • 운영체제 커널을 공유하면서 컨테이너 단위로 애플리케이션을 격리 실행하는 방식<br>• 가상 머신보다 가볍고 빠름<br>• OS 전체를 가상화하지 않음 |

## ▶ 클라우드 컴퓨팅(Cloud Computing)

• 인터넷을 통해 서버, 스토리지, 소프트웨어 등의 컴퓨팅 자원을 필요할 때마다 제공받아 사용하는 기술이다.
• 별도의 설치 없이 서비스를 이용할 수 있고, 다양한 디바이스(PC, 태블릿, 스마트폰)에서 접근이 가능하다.

## ▶ 클라우드 컴퓨팅 서비스 유형

IaaS → PaaS → SaaS 순으로 사용자의 관리 범위는 점점 감소한다.

| IaaS | • 서버, 스토리지, 네트워크 제공(인프라형)<br>• 사용자가 관리 범위가 가장 넓음<br>• OS, 미들웨어, 런타임, 데이터 직접 관리<br>• 예 AWS EC2, Azure VM |
|---|---|
| PaaS | • 미리 구축된 플랫폼 제공(플랫폼형)<br>• 개발자는 애플리케이션 개발에만 집중<br>• 예 Google App Engine, Heroku |
| SaaS | • 완성된 소프트웨어 제공(서비스형)<br>• 소프트웨어와 데이터가 중앙 서버에서 관리<br>• 사용자는 설치 없이 서비스 이용<br>• 예 Gmail, Google Docs, Microsoft 365 |

**1** 다음 중 가상화의 종류로 올바르지 않은 것은?

① 호스트 OS형
② 서버형
③ 하이퍼바이저형
④ 컨테이너형

**2** 클라우드 서비스 모델 중에서, 사용자가 직접 운영체제는 관리하지 않고 애플리케이션과 데이터만 관리하는 서비스는 무엇인가?

① PaaS
② IaaS
③ SaaS
④ DaaS

**3** 다음 중 클라우드 서비스 모델을 사용자가 관리하는 범위가 가장 넓은 것부터 좁은 것 순서대로 올바르게 나열한 것은?

① SaaS → PaaS → IaaS
② IaaS → PaaS → SaaS
③ PaaS → IaaS → SaaS
④ SaaS → IaaS → PaaS

**6과목** 개발자 환경 구축

# 기본 개발 환경 구축

## POINT 064 개발 환경 설정

### 개발 환경 설정

- 소프트웨어 개발을 원활하게 수행하기 위해 필요한 하드웨어, 소프트웨어, 네트워크, 권한 등을 구성하는 작업을 말한다.
- 개발에 필요한 라이브러리, SDK, 데이터베이스, 프레임워크 등을 설치 및 설정한다.
- 버전 관리, 빌드, 테스트 환경까지 포함한 개발의 기반을 구성한다.
- 개발자가 동일한 조건에서 개발·테스트할 수 있도록 환경을 표준화한다.

### 개발 환경 설정의 중요성

| 일관성 유지 | 여러 개발자가 동일한 환경에서 개발 가능 |
|---|---|
| 효율성 증대 | 개발·빌드·테스트 과정에서 오류 감소 |
| 재현성 보장 | 문제 발생 시 동일한 환경으로 재현 및 분석 가능 |

### 주요 용어 및 개념

| 운영체제(OS) | • 개발 도구와 소프트웨어가 실행되는 기본 플랫폼<br>• 예 Windows, Linux, macOS |
|---|---|
| IDE(통합 개발 환경) | • 코드 작성, 디버깅, 빌드, 실행 도구를 통합 제공<br>• 예 Visual Studio, Eclipse, IntelliJ IDEA |
| 컴파일러 | • 소스코드를 기계어(실행 파일)로 변환<br>• 예 GCC, javac |
| 버전 관리 시스템 | • 소스코드 변경 이력 관리 및 협업 지원<br>• 예 Git, SVN |
| 빌드 도구 | • 소스코드 변경 이력 관리 및 협업 지원<br>• 예 Git, SVN |
| 패키지 관리자 | • 라이브러리 설치 및 의존성·버전 관리<br>• 예 npm, pip, NuGet |
| 가상 환경 | • 프로젝트별 독립적인 실행·의존성 환경 구성<br>• 예 Python venv, Docker |
| 디버깅 도구 | • 코드 실행 중 오류 탐지 및 수정 지원<br>• 예 GDB, Visual Studio Debugger |

---

### 개념 체크 ✔

**1** 개발 환경 설정 시 동일한 개발 환경을 유지하기 위한 중요한 작업은?

① 빌드 자동화
② 버전 관리
③ 운영체제 업그레이드
④ 사용자 인터페이스 개선

**2** 개발 환경 설정에서 프로젝트별 독립된 의존성 관리를 위해 사용하는 도구는?

① 빌드 도구　　　　　② 가상 환경
③ 컴파일러　　　　　④ 디버깅 도구

**3** 프로그램 소스코드를 기계어로 변환하는 도구는 무엇인가?

① IDE　　　　　　　② 컴파일러
③ 패키지 관리자　　　④ 버전 관리 시스템

**4** 다음 중 패키지 관리자에 해당하는 것은?

① npm　　　　　　　② GDB
③ Jenkins　　　　　④ Eclipse

**5** 개발 환경 구축 시, 동일한 환경 유지와 충돌 방지를 위해 사용하는 방법은?

① 가상 환경　　　　　② 컴파일러
③ 디버깅 도구　　　　④ 버전 관리 시스템

---

## POINT 065 개발 도구 설치 및 설정

### 개발 도구

- 소프트웨어 개발 과정에서 코딩, 디버깅, 테스트, 빌드, 배포 등을 효율적으로 수행하도록 지원하는 소프트웨어를 의미한다.
- 개발 생산성 향상, 오류 감소, 협업 및 자동화 지원 등이 가능하다.
- 대표적인 개발 도구 : IDE, 컴파일러, 빌드 도구, 버전 관리 도구, 패키지 관리자, 디버깅 도구

## 개발 도구 설치 및 설정 절차

| 요구사항 분석 | • 프로젝트 특성(언어, 규모, 플랫폼)에 맞는 도구 선정<br>• 예 Java 프로젝트 → JDK, IntelliJ, Maven |
|---|---|
| 도구 설치 | • 운영체제에 맞는 설치 파일 다운로드<br>• IDE, 컴파일러, 빌드 도구 등 설치 |
| 환경 변수 설정 | • 시스템에서 명령어를 인식하도록 설정<br>• 주로 PATH 환경 변수에 실행 파일 경로 추가<br>• 예 javac, gcc 명령어 실행 가능 |
| 플러그인 및 확장 설치 | • 개발 편의성 향상을 위한 추가 기능 설치<br>• 예 코드 검사(Lint), 포맷터, Git 플러그인 |
| 기본 설정 변경 | • 프로젝트에 맞게 환경 조정<br>• 빌드 옵션, 디버깅 설정, 코드 스타일 등 구성 |
| 테스트 및 검증 | • 간단한 코드 작성 후 빌드 · 실행<br>• 도구가 정상 동작하는지 확인 |

## 주요 용어 및 개념

| IDE<br>(통합 개발 환경) | • 코드 작성, 빌드, 디버깅, 실행 기능을 하나의 환경에서 제공하는 개발 도구<br>• 예 Visual Studio, Eclipse, IntelliJ |
|---|---|
| 컴파일러 | • 사람이 작성한 소스코드를 기계어(실행 파일)로 변환하는 도구<br>• 예 GCC, javac |
| 빌드 도구 | • 컴파일 · 테스트 · 패키징 · 배포 과정을 자동화하는 도구<br>• 예 Maven, Gradle, Ant |
| 버전 관리 도구 | • 소스코드 변경 이력 관리 및 다수 개발자 협업을 지원하는 도구<br>• 예 Git, SVN |
| 패키지 관리자 | • 외부 라이브러리 설치, 의존성 및 버전 관리를 지원하는 도구<br>• 예 npm, pip |
| 플러그인 / 확장 | • IDE의 기능을 확장하여 개발 생산성을 높이는 추가 도구<br>• 예 Lint, Code Formatter |
| 가상 환경 | • 프로젝트별로 독립적인 실행 · 의존성 환경을 제공하는 기술<br>• 예 Python venv, Docker |
| 설정 파일 | • 개발 도구 및 프로젝트 환경 설정 정보를 저장하는 파일<br>• 예 .gitconfig, settings.json |

**1 개발 도구 설치 후 환경 변수를 설정하는 이유는?**

① 프로그램 실행 속도 향상

② 시스템에서 도구를 인식하고 실행하기 위해

③ 소스코드 자동 완성 기능 활성화

④ 테스트 자동화 지원

**2 소스코드 변경 이력 관리 및 협업에 주로 사용하는 도구는?**

① Maven

② Docker

③ Git

④ Visual Studio

**3 코드를 작성, 빌드, 디버깅까지 한 곳에서 지원하는 도구는?**

① 패키지 관리자

② IDE

③ 컴파일러

④ 버전 관리 시스템

**4 프로젝트에 필요한 외부 라이브러리를 설치 및 관리하는 도구는?**

① 빌드 도구

② 패키지 관리자

③ 디버거

④ 에디터

**5 개발 도구 설치 및 설정 시 팀원 모두가 동일한 환경을 유지하기 위한 방법은?**

① 환경 설정 문서화 및 공유

② IDE는 개인 취향대로 사용

③ 버전 관리 없이 수동 배포

④ 각자 자유롭게 설정 변경

# 개발 환경 백업 및 복원

## POINT 066  백업 용량 산정 기법

### ▶ 백업 용량 산정

- 시스템 또는 데이터베이스 백업에 필요한 저장 공간의 용량을 예측하는 작업이다.
- 효율적인 백업 계획 수립, 저장 공간 부족 방지, 데이터 증가에 따른 장기 보관 전략 수립 등이 목적이다.
- 백업 용량 산정 시 고려 요소
  - 데이터 증가율(성장률)
  - 백업 주기 및 보관 기간
  - 중복 제거 적용 여부
  - 압축 적용 여부
  - 저장 매체 특성

### ▶ 백업 방식별 용량 산정 기법

| 전체 백업(Full Backup) | 백업 시점의 전체 데이터를 모두 백업 |
| --- | --- |
| 증분 백업(Incremental Backup) | 마지막 백업 이후 변경된 데이터만 백업 |
| 차등 백업(Differential Backup) | 마지막 전체 백업 이후 변경된 모든 데이터 백업 |

### ▶ 백업 용량 산정 공식

| 전체 백업 | 필요 용량 = 전체 데이터 크기 × 백업 횟수 |
| --- | --- |
| 증분 백업 | 필요 용량 = 전체 데이터 크기 + (변경 데이터 크기 × (백업 횟수 − 1)) |
| 차등 백업 | 필요 용량 = 전체 데이터 크기 × 1 + 변경 데이터 크기 × (백업 횟수 − 1) |

### 개념 체크 ✔

**1 증분 백업 방식에서 백업 용량 산정 시 포함하지 <u>않는</u> 데이터는?**

① 전체 데이터
② 변경된 데이터
③ 변경되지 않은 데이터
④ 백업 주기

**2 백업 용량 산정 시 고려하지 <u>않아도</u> 되는 항목은?**

① 데이터 성장률
② 저장 매체 종류
③ 백업 주기
④ 사용자 로그인 수

**3 백업 저장 공간을 절약하기 위한 기술로 옳은 것은?**

① 중복 제거
② 사용자 인증 강화
③ 데이터 암호화
④ 네트워크 대역폭 증가

**4 백업 용량 산정에서 데이터 성장률이 중요한 이유는?**

① 백업 주기를 결정하기 위해서
② 향후 필요한 저장 공간 계획을 위해서
③ 백업 소프트웨어 설치를 위해서
④ 복원 절차를 단순화하기 위해서

**5 차등 백업(Differential Backup)의 특징으로 올바른 것은?**

① 전체 백업 이후 변경된 모든 데이터를 누적 저장한다.
② 마지막 백업 이후 변경된 데이터만 저장한다.
③ 매번 전체 데이터를 새로 백업한다.
④ 데이터 복제본을 전혀 생성하지 않는다.

**백업 시스템**

## 백업 시스템

- 시스템 장애, 데이터 손실, 보안 사고 등에 대비하여 데이터를 안전하게 보관하고, 필요시 원래 상태로 복구하기 위한 체계이다.

## 백업 시스템의 종류

| | |
|---|---|
| 전체 백업(Full Backup) | • 모든 데이터를 한 번에 백업<br>• 복원 가장 빠름<br>• 저장 공간 많이 필요 |
| 증분 백업(Incremental) | • 마지막 백업 이후 변경된 데이터만 백업<br>• 저장 공간 최소화<br>• 복원 절차 복잡 |
| 차등 백업(Differential) | • 마지막 전체 백업 이후 변경된 모든 데이터 백업<br>• 증분보다 복원 빠름<br>• 증분보다 공간 더 사용 |
| 미러 백업(Mirror) | • 원본 데이터를 실시간으로 동일 복제<br>• 장애 시 즉시 복구 가능<br>• 버전 관리 어려움 |
| 로컬 백업(Local) | • 물리적 저장 매체(HDD, NAS 등)에 백업<br>• 접근 속도 빠름<br>• 분실 · 재해 위험 |
| 클라우드 백업(Cloud) | • 원격 서버(인터넷)를 이용한 백업<br>• 데이터 보호 우수<br>• 네트워크 의존 |
| 복원(Recovery) | • 백업 데이터를 이용해 원래 상태로 복구<br>• 정확성과 복구 시간 중요 |

## 복원(Recovery) 시 주의사항

- 복원 데이터의 무결성 · 일관성 확인
- 복원 시간 최소화를 위한 사전 계획 필요
- 백업 데이터 손상 여부 점검
- 정기적인 테스트 복원(Test Recovery) 수행

---

**개념 체크** ✔

**1** 백업 시 저장 공간을 가장 적게 사용하는 방식은?

① 전체 백업
② 증분 백업
③ 차등 백업
④ 미러 백업

**2** 백업 방식 중 전체 데이터를 한 번에 백업하는 것은?

① 증분 백업
② 차등 백업
③ 전체 백업
④ 미러 백업

**3** 마지막 전체 백업 이후 변경된 데이터만 백업하는 방식은?

① 전체 백업
② 증분 백업
③ 차등 백업
④ 클라우드 백업

**4** 백업 데이터의 신속한 복원을 위해 전체 백업과 병행 사용되는 백업 방식은?

① 증분 백업
② 로컬 백업
③ 클라우드 백업
④ 미러 백업

**5** 복원 시 마지막으로 수행해야 하는 작업은?

① 전체 백업 복원
② 차등 또는 증분 백업 복원
③ 데이터 무결성 검증
④ 서비스 정상화

# 소스코드 형상관리

## 소스코드 형상관리(Version Control)

- 소프트웨어 개발 과정에서 소스코드와 산출물의 변경 이력을 체계적으로 관리하는 시스템이다.
- 여러 개발자가 동시에 작업하더라도 코드 충돌을 방지할 수 있으며, 이전 버전으로의 복구와 변경 내역 추적이 가능하다.
- 이러한 이유로 형상관리는 협업 개발 환경에서 필수적인 요소로 활용된다.

## 주요 형상관리 시스템

| CVS(Concurrent Versions System) | 초기 분산 버전 관리 시스템 |
|---|---|
| SVN(Subversion) | 중앙 집중형 버전 관리 시스템, 구조 단순 |
| Git | 분산 버전 관리 시스템, 속도 · 확장성 우수, GitHub 연동 |

## 주요 개념

| 형상관리 시스템(SCM) | • 소스코드 · 산출물의 버전 및 변경 이력 관리<br>• 예 Git, SVN, Mercurial |
|---|---|
| 커밋(Commit) | • 변경된 내용을 저장소에 기록<br>• 코드 수정 후 변경 이력 저장 |
| 브랜치(Branch) | • 독립적인 작업 흐름 생성<br>• 예 메인 브랜치(main), 기능별 브랜치(feature) |
| 머지(Merge) | • 서로 다른 브랜치의 변경 사항 통합<br>• 예 개발 브랜치 → 메인 브랜치 합치기 |
| 체크아웃(Checkout) | • 특정 버전 또는 브랜치로 작업 환경 전환<br>• 예 이전 버전 복원, 브랜치 이동 |
| 리모트(Remote) | • 원격 저장소<br>• 예 GitHub, GitLab |
| 푸시(Push) | • 로컬 변경 사항을 원격 저장소로 업로드<br>• 협업 시 필수 |
| 풀(Pull) | • 원격 저장소 변경 사항을 로컬로 가져옴<br>• 최신 코드 동기화 |
| 충돌(Conflict) | • 동일 코드 부분을 동시에 수정해 발생<br>• 충돌 해결 후 재커밋 필요 |

### 개념 체크 ✓

**1** 소스코드 형상관리의 주요 목적은 무엇인가?

① 소스코드의 자동 완성
② 개발자 간 협업과 변경 이력 관리
③ 소프트웨어 배포 자동화
④ 컴파일 속도 향상

**2** 다음 중 분산형 형상관리 시스템으로 가장 널리 사용되는 것은?

① Git
② SVN
③ CVS
④ Mercurial

**3** Git에서 '브랜치(Branch)'의 역할은 무엇인가?

① 소스코드 보안 관리
② 자동 빌드 수행
③ 원격 저장소와 로컬 저장소 동기화
④ 독립적인 기능 개발 및 실험 환경 제공

**4** 형상관리에서 '머지(Merge)'란 무엇인가?

① 변경 사항을 버리는 작업
② 서로 다른 브랜치 내용을 통합하는 작업
③ 코드를 원격 저장소로 보내는 작업
④ 코드의 오류를 자동 수정하는 작업

**5** 협업 중 소스코드 충돌이 발생했을 때 해야 할 작업은?

① 충돌을 무시하고 커밋한다.
② 브랜치를 삭제한다.
③ 모든 코드를 새로 작성한다.
④ 충돌나는 부분을 수동으로 수정 후 재커밋한다.

# 해설과 함께 보는
# 기출 예상문제

## CBT 온라인 문제집

1. 핸드폰 카메라 어플로 QR 코드 스캔
2. 이기적 CBT 온라인 문제집 서비스 접속
3. 랜덤 모의고사 무료 응시
4. 모든 문제 정답 체크 후 자동 채점
5. 해설을 바로 확인하면서 문제 복습

언제 어디에서나
이기적 CBT
온라인 문제집

| 기능사 | 시험 시간 | 문항 수 |
|---|---|---|
| | 총 60분 | 총 60개 |

풀이 시간 : _____     채점 점수 : _____

상 중 하

## 01 다음 C언어 코드의 실행 결과로 올바른 것은?

```
#include <stdio.h>

int main( ) {
    int a = 10;
    int b = 5;
    printf("%d\n", a > b ? a : b);
    return 0;
}
```

① 5
② 10
③ 15
④ 컴파일 오류

• 삼항 연산자는 조건 ? 값1 : 값2 형식으로 사용되며, 조건이 참(true)이면 값1을 반환하고, 조건이 거짓(false)이면 값2를 반환한다.
• int a = 10;과 int b = 5;로 변수 a에 10, 변수 b에 5가 할당된다. a > b는 10이 5보다 큰지 비교하는 조건으로, 이 조건은 참(true)이다. 따라서 a > b ? a : b는 참인 경우의 값인 a(즉, 10)를 반환하게 된다. 결과적으로 printf 함수는 10을 출력한다.

상 중 하

## 02 다음 파이썬(Python) 코드의 실행 결과로 올바른 것은?

```
x = 10
y = 3
print(x // y)
```

① 3.333
② 3
③ 1
④ 10

• 파이썬에서 // 연산자는 '정수 나눗셈(Floor Division)'을 수행한다. 즉, 나눗셈의 결과에서 소수점 이하를 버리고 가장 가까운 정수(작거나 같은 정수)를 반환한다.
• x = 10이고 y = 3이므로, x // y는 10을 3으로 나눈 정수 몫인 3을 반환한다.

상 중 하

## 03 C언어에서 변수의 선언과 동시에 값을 초기화하는 코드로 올바른 것은 무엇인가?

① int num;
   num = 10;
② int num = 10;
③ num = 10;
   int num;
④ void num = 10;

C언어에서 변수를 선언하면서 동시에 값을 할당하는 것을 초기화라고 한다. int num = 10;은 num이라는 정수형 변수를 선언하고 동시에 10이라는 값으로 초기화하는 올바른 문법이다.

오답 피하기
• ① : 선언 후 별도로 값을 할당하는 코드
• ③ : 변수를 선언하기 전에 값을 할당하려는 시도이므로 오류 발생
• ④ : void는 일반적인 변수 타입으로 사용되지 않음

상 중 하

## 04 다음 자바(Java) 코드의 실행 결과로 올바른 것은?

```
public class OperatorTest {
    public static void main(String[ ] args) {
        int a = 7;
        int b = 3;
        System.out.println(a % b);
    }
}
```

① 0
② 1
③ 2
④ 7

• 자바에서 % 연산자는 '나머지 연산자(Modulo Operator)'이다. 이 연산자는 첫 번째 피연산자를 두 번째 피연산자로 나눈 후 그 나머지를 반환한다.
• a = 7이고 b = 3이므로, a % b는 7을 3으로 나눈 나머지인 1을 반환한다.

## 05 프로그래밍 언어에서 if, else if, else와 같이 조건에 따라 코드 블록을 실행하도록 제어하는 문장을 무엇이라고 하는가?

① 반복문(Loop Statement)
② 선택문(Selection Statement)
③ 점프문(Jump Statement)
④ 함수 호출(Function Call)

if, else if, else는 프로그램의 흐름을 조건에 따라 다르게 선택하도록 하는 제어문으로, 이를 선택문(또는 조건문, Conditional Statement)이라고 한다.

**오답 피하기**

• 반복문 : 특정 조건이 만족하는 동안 코드 블록을 반복 실행하는 문장(for, while 등)
• 점프문 : 프로그램의 실행 흐름을 다른 곳으로 즉시 이동시키는 문장 (break, continue, goto 등)
• 함수 호출 : 정의된 함수를 실행하는 행위

## 06 다음 C언어 for 문 코드의 실행 결과로 올바른 것은?

```
#include <stdio.h>

int main() {
    int sum = 0;
    for (int i = 1; i <= 3; i++) {
        sum += i;
    }
    printf("%d\n", sum);
    return 0;
}
```

① 1                    ② 3
③ 6                    ④ 10

• 이 코드는 for 반복문을 사용하여 1부터 3까지의 정수를 sum 변수에 누적하여 더한다.
  i = 1 → sum = 0 + 1 = 1
  i = 2 → sum = 1 + 2 = 3
  i = 3 → sum = 3 + 3 = 6
• i가 4가 되면 조건 i <= 3이 거짓이 되어 반복문이 종료된다. 최종적으로 sum에는 6이 저장되어 출력된다.

## 07 C언어에서 문자열의 끝을 나타내는 특별한 문자는 무엇인가?

① '\0'
② ' '
③ '\n'
④ '\t'

C언어에서 문자열은 문자(char)들의 배열로 저장되며, 문자열의 끝을 나타내기 위해 항상 널 종료 문자(Null Terminator)인 '\0'이 필요하다.

**오답 피하기**

• ' ' : 공백 문자
• '\n' : 개행 문자(줄 바꿈)
• '\t' : 탭 문자

## 08 다음 C++ 코드에서 #include <iostream>의 역할은 무엇인가?

```
#include <iostream>

int main() {
    std::cout << "Hello World!" << std::endl;
    return 0;
}
```

① main 함수를 선언하기 위함이다.
② std::cout과 std::endl과 같은 표준 입출력 기능을 사용하기 위함이다.
③ 변수를 정의하기 위함이다.
④ 프로그램을 컴파일하기 위함이다.

• C++에서 #include는 전처리기 지시자로, 특정 헤더 파일의 내용을 현재 소스 코드에 포함시킨다.
• <iostream>은 "Input/Output Stream"의 약자로, std::cout(출력 스트림), std::cin(입력 스트림), std::endl(줄 바꿈 및 버퍼 비우기) 등과 같은 표준 입출력 기능을 사용하기 위해 포함해야 하는 헤더 파일이다.

상 중 하

## 09 함수를 호출할 때, 호출하는 곳에서 함수에게 전달하는 값을 무엇이라고 하는가?

① 반환 값(Return Value)
② 매개변수(Parameter)
③ 인수(Argument)
④ 지역 변수(Local Variable)

함수를 호출할 때 함수에게 전달하는 실제 값을 '인수(Argument)'라고 한다.

**오답 피하기**

• ① : 함수 실행 후 함수를 호출한 곳으로 다시 돌려주는 값
• ② : 함수가 정의될 때 함수 선언부에 명시된 변수로, 함수 내부에서 인수의 값을 받아 사용
• ④ : 특정 함수나 블록 내에서만 유효한 변수

상 중 하

## 10 다음 C언어 배열 선언 중 문법적으로 올바르지 않은 것은 무엇인가?

① int arr[5];
② char str[ ] = "Hello";
③ double data[3] = {1.1, 2.2, 3.3, 4.4};
④ const int SIZE = 10; int myArr[SIZE];

③은 배열을 선언할 때 초기화하는 값의 개수가 배열의 크기(3개)보다 많으므로 문법적으로 올바르지 않다.

**오답 피하기**

• ①은 크기가 5인 정수형 배열을 선언하는 일반적인 방법이다.
• ②는 문자열 리터럴로 초기화하며 배열의 크기를 자동으로 결정하도록 하는 올바른 방법이다.
• ④는 const 상수로 배열 크기를 정의하고 사용하는 올바른 방법이다.

상 중 하

## 11 다음 파이썬(Python) 코드에서 리스트 my_list에 append( ) 메서드를 사용하여 'grape'를 추가했을 때, my_list의 최종 형태는?

```
my_list = ['apple', 'banana', 'cherry']
my_list.append('grape')
print(my_list)
```

① ['apple', 'banana', 'cherry', 'grape']
② ['grape', 'apple', 'banana', 'cherry']
③ ['apple', 'banana', 'grape']
④ ['apple', 'grape', 'banana', 'cherry']

파이썬 리스트의 append( ) 메서드는 리스트의 '맨 끝'에 새로운 요소를 추가한다. 따라서 my_list의 마지막에 'grape'가 추가되어 ['apple', 'banana', 'cherry', 'grape']가 된다.

상 중 하

## 12 C언어에서 변수의 메모리 주소를 얻을 때 사용하는 연산자는 무엇인가?

① *
② &
③ +
④ =

C언어에서 & 연산자는 변수의 메모리 주소를 반환하는 '주소 연산자'로 사용된다. 예를 들어, &num은 변수 num의 메모리 주소를 나타낸다.

**오답 피하기**

• * : 포인터가 가리키는 메모리 주소에 저장된 값을 가져오는 역참조 연산자
• + : 두 값을 더하는 덧셈 연산자
• = : 오른쪽의 값을 왼쪽 변수에 저장하는 대입(할당) 연산자

**13** 다음 C언어 포인터 코드의 실행 결과는 무엇인가? (단, 변수 num의 메모리 주소는 0x1000이고, *ptr이 가리키는 값은 10이다.)

```c
#include <stdio.h>

int main() {
    int num = 10;
    int *ptr = &num;
    printf("%d\n", *ptr);
    return 0;
}
```

① 0x1000
② 10
③ 0
④ 컴파일 오류

int *ptr = &num; 문장은 포인터 변수 ptr에 변수 num의 메모리 주소를 할당한다. *ptr은 포인터 ptr이 가리키는 메모리 주소에 저장된 '값'을 의미하는 역참조 연산자이다. ptr이 num의 주소를 가리키고 있고, num의 값은 10이므로 *ptr은 10이 된다. 따라서 printf 함수는 10을 출력한다.

**14** 시스템이 주어진 문제를 정확하게 해결하는 정도를 의미하며, 운영체제 성능 평가 기준으로 사용될 수 있는 것은 무엇인가?

① 처리 능력(Throughput)
② 응답 시간(Turnaround Time)
③ 신뢰도(Reliability)
④ 가용성(Availability)

운영체제 및 시스템 성능 평가 지표 중 하나인 신뢰도(Reliability)는 시스템이 주어진 문제를 정확하고 오류 없이 해결할 수 있는 정도를 의미한다. 예를 들어, 정보처리기사 실기 기출문제에서도 시스템의 정확한 문제 해결 정도를 신뢰도로 표현하고 있다.

**오답 피하기**
• 처리 능력(Throughput) : 단위 시간당 시스템이 처리하는 작업량
• 응답 시간(Turnaround Time) : 작업을 시스템에 제출한 시점부터 결과가 나올 때까지 걸리는 시간
• 가용성(Availability) : 시스템이 정상적으로 작동 가능한 시간 또는 비율

**15** 주석(Comment)의 올바른 사용 목적이 아닌 것은?

① 코드의 가독성을 높여 다른 개발자가 코드를 이해하기 쉽게 한다.
② 코드의 특정 부분을 임시로 비활성화하여 테스트할 때 사용한다.
③ 프로그램의 실행 속도를 향상시킨다.
④ 코드의 작성자, 작성일, 변경 이력 등을 기록하여 문서화한다.

주석은 프로그래밍 코드에 대한 설명을 추가하거나, 특정 코드의 실행을 일시적으로 막는 등의 목적으로 사용된다. 컴파일러나 인터프리터는 주석 부분을 무시하므로, 주석은 프로그램의 실행 결과나 성능(실행 속도)에는 어떠한 영향도 미치지 않는다.

**16** 다음 설명에 해당하는 객체 지향 프로그래밍(OOP)의 특징은 무엇인가?

> 객체는 내부의 상세한 구현을 외부에 드러내지 않고, 외부에서는 객체가 제공하는 인터페이스를 통해서만 상호작용할 수 있도록 하는 것

① 상속(Inheritance)
② 다형성(Polymorphism)
③ 추상화(Abstraction)
④ 캡슐화(Encapsulation)

제시된 설명은 '캡슐화(Encapsulation)'에 대한 정의이다. 캡슐화는 데이터(속성)와 데이터를 처리하는 함수(메서드)를 하나의 객체로 묶고, 외부에서 직접 데이터에 접근하지 못하도록 하여 정보 은닉을 구현하는 객체 지향의 특징이다. 이를 통해 객체 내부의 변경이 외부에 미치는 영향을 최소화하고 코드의 유지보수성을 높인다.

**오답 피하기**
• 상속 : 부모 클래스의 특징을 자식 클래스가 물려받는 것
• 다형성 : 하나의 객체가 여러 형태를 가질 수 있는 능력
• 추상화 : 복잡한 시스템을 간략하게 표현하거나 공통적인 특징을 파악하여 개념을 정의하는 것

상 중 하

**17** 컴퓨터 시스템의 하드웨어와 소프트웨어 자원을 관리하고, 사용자에게 편리한 환경을 제공하며, 프로그램 실행을 제어하는 핵심 소프트웨어는 무엇인가?

① 컴파일러(Compiler)
② 응용 프로그램(Application Program)
③ 운영체제(Operating System)
④ 데이터베이스 관리 시스템(DBMS)

운영체제(OS)는 컴퓨터 시스템의 전반적인 운영을 담당하는 가장 중요한 시스템 소프트웨어이다. CPU, 메모리, 주변 장치 등 하드웨어 자원을 효율적으로 관리하고, 프로그램들이 실행될 수 있는 환경을 제공한다.

상 중 하

**18** 운영체제에서 여러 프로세스가 동시에 실행되는 것처럼 보이게 하기 위해 CPU 사용 시간을 잘게 쪼개어 번갈아 할당하는 방식은 무엇인가?

① 동기화(Synchronization)
② 페이징(Paging)
③ 시분할(Time Sharing)
④ 인터럽트(Interrupt)

시분할(Time Sharing) 시스템은 CPU의 시간을 매우 짧게 분할하여 여러 사용자나 프로세스에게 번갈아 할당함으로써, 각 사용자나 프로세스가 동시에 컴퓨터를 사용하는 것처럼 보이게 한다. 이는 멀티태스킹 환경에서 효율적인 자원 사용을 가능하게 한다.

상 중 하

**19** 다음 중 가장 먼저 컴퓨터에 적재되어 부팅을 시작하고, 시스템의 전반적인 자원을 관리하는 역할을 하는 프로그램은 무엇인가?

① 워드프로세서
② 스프레드시트
③ 웹 브라우저
④ 운영체제 커널

운영체제 커널은 운영체제의 핵심 부분으로, 컴퓨터가 부팅될 때 가장 먼저 메모리에 적재되어 CPU, 메모리, 입출력 장치 등 시스템의 모든 자원을 관리한다. 다른 응용 프로그램들은 커널의 통제를 받으며 실행된다.

상 중 하

**20** 다음 자료 구조 중 데이터 요소를 삽입하거나 삭제할 때 마지막에 삽입된 요소가 가장 먼저 삭제되는 특성(LIFO : Last-In, First-Out)을 갖는 것은 무엇인가?

① 큐(Queue)
② 스택(Stack)
③ 배열(Array)
④ 연결 리스트(Linked List)

스택(Stack)은 '후입선출(LIFO : Last-In, First-Out)' 구조를 갖는 자료 구조이다. 즉, 가장 나중에 들어온 데이터가 가장 먼저 나가는 특성을 가진다. 이는 접시를 쌓아 올리거나 책을 쌓는 것과 유사하다.

상 중 하

**21** 너비 우선 탐색(BFS) 또는 깊이 우선 탐색(DFS) 알고리즘에 사용되는 대표적인 자료 구조는 무엇인가?

① 스택과 큐
② 배열과 연결 리스트
③ 트리와 그래프
④ 해시 테이블과 힙

너비 우선 탐색(BFS)은 큐(Queue)를 사용하여 다음에 방문할 노드를 저장하고, 깊이 우선 탐색(DFS)은 스택(Stack)을 사용하여 다음에 방문할 노드를 저장한다.

상 중 하

**22** 데이터 간의 비순차적인 관계를 표현하며, 노드(Node)와 간선(Edge)으로 구성되는 자료 구조는 무엇인가?

① 배열(Array)
② 스택(Stack)
③ 그래프(Graph)
④ 트리(Tree)

그래프(Graph)는 노드(정점)와 이들을 잇는 간선으로 이루어진 자료 구조이다. 노드 간의 복잡하고 비순차적인 관계를 표현하는 데 사용되며, 도로망, 소셜 네트워크, 컴퓨터 네트워크 등을 모델링하는 데 적합하다.

**오답 피하기**
트리는 그래프의 한 종류로, 사이클이 없고 하나의 루트 노드에서 시작하는 계층적 구조를 가진다.

**23** 정렬된 데이터에서 특정 값을 효율적으로 찾는 탐색 알고리즘으로, 탐색 범위를 절반씩 줄여나가며 찾는 방식은 무엇인가?

① 선형 탐색(Linear Search)
② 이진 탐색(Binary Search)
③ 해시 탐색(Hash Search)
④ 깊이 우선 탐색(DFS)

이진 탐색(Binary Search)은 데이터가 정렬되어 있을 때 사용되는 효율적인 탐색 알고리즘이다. 탐색 범위를 반으로 계속 줄여나가면서 원하는 값을 찾으므로, 매우 빠른 탐색 속도를 자랑한다.

**24** 소프트웨어 개발 생명 주기(SDLC)에서 가장 첫 번째 단계로, 사용자의 요구사항을 수집하고 분석하여 명확히 정의하는 단계는 무엇인가?

① 설계(Design)
② 구현(Implementation)
③ 요구사항 분석(Requirement Analysis)
④ 테스트(Testing)

소프트웨어 개발 생명 주기(SDLC)의 가장 첫 단계는 요구사항 분석이다. 이 단계에서는 고객의 필요와 시스템이 제공해야 할 기능을 명확히 정의하고 문서화한다. 이 과정이 제대로 이루어져야 다음 단계의 설계 및 구현이 올바른 방향으로 진행될 수 있다.

**25** TCP/IP 4계층 모델 중 네트워크 장치 간의 논리적인 연결과 데이터 패킷의 경로 설정을 담당하는 계층은 무엇인가?

① 응용 계층(Application Layer)
② 전송 계층(Transport Layer)
③ 인터넷 계층(Internet Layer)
④ 네트워크 액세스 계층(Network Access Layer)

TCP/IP 4계층 모델에서 인터넷 계층(Internet Layer)은 IP(Internet Protocol)를 사용하여 논리적인 주소(IP 주소)를 기반으로 데이터 패킷을 목적지까지 경로 설정(라우팅)하고 전달하는 역할을 담당한다. 이는 OSI 7계층의 네트워크 계층에 해당한다.

**26** 소프트웨어 테스트에서 프로그램의 내부 구조나 코드의 논리를 전혀 알지 못한 채 기능이 올바르게 동작하는지 외부적인 관점에서 테스트하는 기법은 무엇인가?

① 화이트박스 테스트(White Box Test)
② 블랙박스 테스트(Black Box Test)
③ 회귀 테스트(Regression Test)
④ 통합 테스트(Integration Test)

블랙박스 테스트(Black Box Test)는 소프트웨어의 내부 구조를 보지 않고, 오직 외부 인터페이스와 기능을 기준으로 테스트하는 기법이다. 사용자의 관점에서 소프트웨어가 요구사항대로 동작하는지 확인하는 데 중점을 둔다.

**오답 피하기**

화이트박스 테스트는 내부 구조와 코드의 논리를 파악하여 테스트하는 기법이다.

**27** 다음 중 소프트웨어 개발 방법론 중 하나인 애자일(Agile) 방법론의 특징으로 가장 거리가 먼 것은?

① 계획보다는 변화에 대한 유연한 대응을 중요시한다.
② 반복적이고 점진적인 개발을 통해 소프트웨어를 완성한다.
③ 고객과의 긴밀한 협력을 통해 요구사항을 지속적으로 반영한다.
④ 모든 요구사항을 개발 초기에 완벽하게 정의하고 변경을 최소화한다.

애자일(Agile) 방법론은 빠르게 변화하는 요구사항에 유연하게 대응하고, 고객과의 협력을 통해 짧은 주기(스프린트)로 반복적인 개발을 진행하여 동작하는 소프트웨어를 만드는 데 초점을 맞춘다. 따라서 모든 요구사항을 초기에 완벽하게 정의하고 변경을 최소화하는 것은 전통적인 폭포수(Waterfall) 모델의 특징이며, 애자일과는 거리가 멀다.

**28** 다음 중 웹 브라우저가 웹 서버에 HTML 문서와 같은 자원을 요청하고 받을 때 사용하는 프로토콜은 무엇인가?

① FTP(File Transfer Protocol)
② SMTP(Simple Mail Transfer Protocol)
③ HTTP(Hypertext Transfer Protocol)
④ DNS(Domain Name System)

HTTP(Hypertext Transfer Protocol)는 웹에서 클라이언트(웹 브라우저)와 서버(웹 서버) 사이에 하이퍼텍스트 문서를 주고받는 데 사용되는 통신 규약이다.

**오답 피하기**
• FTP : 파일 전송
• SMTP : 이메일 전송
• DNS : 도메인 이름을 IP 주소로 변환

---

**29** 데이터베이스에서 한 테이블의 특정 필드가 다른 테이블의 기본키(Primary Key)를 참조하여 두 테이블 간의 관계를 설정하는 키는 무엇인가?

① 후보키(Candidate Key)
② 외래키(Foreign Key)
③ 슈퍼키(Super Key)
④ 대체키(Alternate Key)

외래키(Foreign Key)는 관계형 데이터베이스에서 두 테이블을 연결하는 데 사용된다. 특정 테이블의 필드가 다른 테이블의 기본키를 참조하여 논리적인 연결을 만들며, 이를 통해 데이터의 무결성(Integrity)을 유지할 수 있다.

---

**30** 데이터베이스 설계 시 데이터 중복을 최소화하고 데이터 무결성을 유지하며 효율적인 데이터 저장을 위해 테이블을 구조화하는 과정을 무엇이라 하는가?

① 인덱싱(Indexing)
② 정규화(Normalization)
③ 트랜잭션(Transaction)
④ 뷰(View)

정규화(Normalization)는 관계형 데이터베이스 설계에서 데이터 중복을 제거하고 데이터의 일관성 및 무결성을 확보하기 위해 테이블을 여러 개의 작은 테이블로 분해하는 과정이다. 종류에는 1NF, 2NF, 3NF, BCNF 등이 있다.

---

**31** 소프트웨어의 특정 버그나 오류가 발생했을 때, 이를 찾아내고 수정하여 시스템의 안정성을 회복하는 소프트웨어 유지보수 활동은?

① 예방 유지보수(Preventive Maintenance)
② 적응 유지보수(Adaptive Maintenance)
③ 완전 유지보수(Perfective Maintenance)
④ 수정 유지보수(Corrective Maintenance)

수정 유지보수(Corrective Maintenance)는 소프트웨어 실행 중 발견되는 결함이나 버그를 수정하는 활동이다.

**오답 피하기**
• 예방 유지보수 : 잠재적인 문제를 미리 찾아내어 예방
• 적응 유지보수 : 외부 환경 변화(OS, 하드웨어 변경 등)에 소프트웨어를 적응시킴
• 완전 유지보수 : 소프트웨어 성능을 개선하거나 기능을 추가하여 완벽하게 만듦

---

**32** 데이터의 무결성을 보장하기 위해 데이터베이스 트랜잭션이 가져야 할 네 가지 특성인 ACID 중, 트랜잭션이 성공적으로 완료되면 모든 변경 사항이 영구적으로 저장되어야 함을 의미하는 것은 무엇인가?

① 원자성(Atomicity)
② 일관성(Consistency)
③ 격리성(Isolation)
④ 지속성(Durability)

**ACID**
• 데이터베이스 트랜잭션이 안전하게 수행됨을 보장하는 4가지 속성이다.
• 종류

| | |
|---|---|
| 원자성(Atomicity) | 트랜잭션의 모든 연산이 성공하거나, 모두 실패하여 롤백되어야 함 |
| 일관성(Consistency) | 트랜잭션 완료 후에도 데이터베이스의 상태가 유효하고 일관되어야 함 |
| 격리성(Isolation) | 여러 트랜잭션이 동시에 실행될 때, 각 트랜잭션은 다른 트랜잭션의 영향을 받지 않고 독립적으로 실행되는 것처럼 보여야 함 |
| 지속성(Durability) | 성공적으로 커밋된 트랜잭션의 변경 사항은 시스템에 영구적으로 반영되어야 함 |

## 33 운영체제가 주기적으로 메모리에서 사용되지 않는 프로그램을 디스크로 옮기고, 사용될 가능성이 높은 프로그램을 메모리로 가져와서 메모리 부족 문제를 해결하는 기법은 무엇인가?

① 캐싱(Caching)
② 가상 메모리(Virtual Memory)
③ 버퍼링(Buffering)
④ 스풀링(Spooling)

가상 메모리(Virtual Memory)는 실제 물리 메모리보다 큰 가상의 주소 공간을 제공하여, 제한된 물리 메모리에서도 더 많은 프로그램을 실행할 수 있도록 하는 운영체제의 핵심 기법이다. 메모리에서 사용 빈도가 낮은 페이지를 보조 기억장치(하드 디스크)로 내보내고(스와핑 아웃), 필요한 데이터를 다시 메모리로 가져오는(스와핑 인) 방식으로 동작한다.

## 34 정보 보안의 세 가지 핵심 요소 중, '허가받지 않은 사용자가 정보를 열람하거나 접근할 수 없도록 하는 것'을 의미하는 것은 무엇인가?

① 기밀성(Confidentiality)
② 무결성(Integrity)
③ 가용성(Availability)
④ 인증(Authentication)

### 정보 보안 3요소
• 기밀성(Confidentiality) : 허가된 사용자만 정보에 접근하고, 허가되지 않은 사용자에게는 정보가 노출되지 않도록 하는 특성(정보의 비밀 유지)
• 무결성(Integrity) : 정보가 권한이 없는 자에 의해 변경되거나 파괴되지 않으며, 항상 정확하고 완전한 상태로 유지되는 특성(정보의 정확성)
• 가용성(Availability) : 시스템과 정보 자원을 필요할 때 언제든지 사용할 수 있도록 하는 특성(정보의 접근성)

**오답 피하기**

인증(Authentication) : 접속하려는 사용자가 누구인지 확인하는 절차

## 35 사용자 또는 시스템이 주장하는 신원을 확인하는 보안 절차로, 아이디와 패스워드 조합을 통해 확인하는 대표적인 방법은 무엇인가?

① 인가(Authorization)
② 암호화(Encryption)
③ 인증(Authentication)
④ 백업(Backup)

### 인증(Authentication)
• 사용자 또는 시스템의 신원을 확인하는 과정이다.
• 사용자가 본인임을 증명할 수 있는 정보(비밀번호, 생체 인식, 인증서 등)를 제시하면 시스템이 이를 검증하여 접근을 허용한다.

**오답 피하기**

인가(Authorization) : 인증된 사용자에게 어떤 자원이나 기능에 대한 접근 권한을 부여하는 과정

## 36 고객에게 추천할 콘텐츠를 생성하고 추천 서비스를 제공하는 배치 작업에서, 추천 콘텐츠 엔티티의 '추천 대상일자'가 2026년 4월 19일이고, 고객이 비선호 콘텐츠로 등록하여 '비선호 컨텐츠 엔티티'에 등록된 데이터는 제외하고자 할 때, 다음 중 이를 만족하는 SQL 문의 빈칸에 들어갈 알맞은 것은 무엇인가?

```
SELECT T1.추천콘텐츠ID, T1.콘텐츠명
FROM 추천콘텐츠_엔티티 T1
LEFT JOIN 비선호콘텐츠_엔티티 T2
ON T1.추천콘텐츠ID = T2.추천콘텐츠ID
WHERE T1.추천대상일자 = '2026-04-19' AND _____ ;
```

① T2.추천콘텐츠ID IS NOT NULL
② T2.추천콘텐츠ID IS NULL
③ T1.추천대상일자 = T2.추천대상일자
④ T1.추천콘텐츠ID = NULL

• 이 문제는 LEFT JOIN과 WHERE 절을 활용하여 특정 조건의 데이터를 필터링하는 SQL 활용 능력을 평가한다. LEFT JOIN은 왼쪽 테이블(추천콘텐츠_엔티티)의 모든 행을 포함하고, 오른쪽 테이블(비선호콘텐츠_엔티티)에서 일치하는 행을 조인한다. 만약 오른쪽 테이블에서 일치하는 행이 없으면, 해당 열은 NULL 값으로 채워진다.
• 고객이 '비선호 컨텐츠'로 분류하여 더 이상 추천받기를 원하지 않는 콘텐츠는 추천 대상에서 제외해야 한다. 이는 비선호콘텐츠_엔티티 테이블에 해당 콘텐츠ID가 존재하는 경우를 의미한다.
• 즉, LEFT JOIN 결과로 비선호콘텐츠_엔티티의 추천콘텐츠ID가 NULL인 행(즉, 비선호 콘텐츠 테이블에 없는 행)만을 선택해야 한다. 그러므로 T2.추천콘텐츠ID IS NULL 조건은 비선호 콘텐츠가 아닌 것만을 필터링하는 역할을 한다.

## 37 SQL에서 두 테이블을 조인(JOIN)할 때 사용하는 조건으로, 두 테이블의 조인 조건이 일치하지 않는 경우에도 왼쪽 테이블의 모든 행을 결과에 포함시키는 조인 방식은 무엇인가?

① INNER JOIN
② RIGHT JOIN
③ LEFT JOIN
④ FULL JOIN

LEFT JOIN(왼쪽 조인)은 왼쪽 테이블의 모든 행을 결과에 포함시키고, 오른쪽 테이블에서 조인 조건이 일치하는 행을 함께 가져온다. 만약 오른쪽 테이블에서 일치하는 행이 없으면, 해당 열에는 NULL 값이 채워진다.

**오답 피하기**

• INNER JOIN은 두 테이블에서 조인 조건이 일치하는 행만 결과에 포함한다.
• RIGHT JOIN은 오른쪽 테이블의 모든 행을 결과에 포함시키고, 왼쪽 테이블에서 조인 조건이 일치하는 행을 함께 가져온다.
• FULL JOIN은 양쪽 테이블의 모든 행을 결과에 포함시키며, 일치하는 행이 없는 경우 해당 열에는 NULL 값이 채워진다.

## 38 다음 SQL 문장 중 DDL(Data Definition Language)에 해당하지 않는 것은 무엇인가?

① CREATE TABLE 학생 (학번 CHAR(10) PRIMARY KEY, 이름 VARCHAR(20));
② ALTER TABLE 학생 ADD 학과 VARCHAR(30);
③ INSERT INTO 학생 VALUES ('2025001', '홍길동', '컴퓨터공학과');
④ DROP TABLE 학생;

DDL(데이터 정의어)은 데이터베이스 구조를 정의하는 언어로, 테이블을 생성, 변경, 삭제하는 등의 명령어를 포함한다. CREATE TABLE(테이블 생성), ALTER TABLE(테이블 구조 변경), DROP TABLE(테이블 삭제)는 모두 DDL에 해당한다.

**오답 피하기**

INSERT INTO는 DML(Data Manipulation Language, 데이터 조작어)에 해당하는 명령어로, 테이블에 데이터를 삽입하는 역할을 한다.

## 39 다음 중 데이터베이스 트랜잭션의 특성인 ACID 원칙에서 'I'가 나타내는 것은 무엇인가?

① Integrity(무결성)
② Isolation(격리성)
③ Identity(식별성)
④ Integration(통합성)

**ACID**

• 데이터베이스 트랜잭션이 안전하게 수행됨을 보장하는 4가지 속성이다.
• 종류

| 원자성(Atomicity) | 트랜잭션의 모든 연산이 성공하거나, 모두 실패하여 롤백되어야 함 |
|---|---|
| 일관성(Consistency) | 트랜잭션 완료 후에도 데이터베이스의 상태가 유효하고 일관되어야 함 |
| 격리성(Isolation) | 여러 트랜잭션이 동시에 실행될 때, 각 트랜잭션은 다른 트랜잭션의 영향을 받지 않고 독립적으로 실행되는 것처럼 보여야 함 |
| 지속성(Durability) | 성공적으로 커밋된 트랜잭션의 변경 사항은 시스템에 영구적으로 반영되어야 함 |

**오답 피하기**

Integrity(무결성) : 데이터가 논리적으로 정확하고 온전하도록 하는 규칙 및 상태

## 40 INSERT, UPDATE, DELETE와 같이 테이블의 데이터를 조작하는 SQL 문장을 통칭하는 용어는 무엇인가?

① DDL(Data Definition Language)
② DML(Data Manipulation Language)
③ DCL(Data Control Language)
④ TCL(Transaction Control Language)

DML(데이터 조작어)은 데이터베이스에 저장된 데이터를 검색, 삽입, 수정, 삭제하는 데 사용되는 언어이다. SELECT, INSERT, UPDATE, DELETE가 여기에 해당한다.

**오답 피하기**

• DDL(데이터 정의어) : 데이터베이스 객체(테이블, 뷰 등)를 정의, 변경, 삭제(CREATE, ALTER, DROP)
• DCL(데이터 제어어) : 데이터 접근 권한을 제어(GRANT, REVOKE)
• TCL(트랜잭션 제어어) : 트랜잭션을 관리(COMMIT, ROLLBACK)

## 41 다음 SQL 질의의 실행 결과는 무엇인가?

점수 테이블

| 학번 | 과목 | 점수 |
|------|------|------|
| A001 | 국어 | 90 |
| A002 | 수학 | 85 |
| A001 | 영어 | 95 |
| A003 | 국어 | 70 |
| A002 | 영어 | 80 |

```
SELECT AVG(점수)
FROM 점수
WHERE 과목 = '영어';
```

① 95
② 80
③ 87.5
④ 175

이 SQL 질의는 점수 테이블에서 과목이 '영어'인 행들의 점수 평균을 계산한다. 과목이 '영어'인 행은 (A001, 영어, 95)와 (A002, 영어, 80)이며, 이 두 점수의 평균은 (95+80)/2 = 175/2 = 87.5이다.

## 42 SQL에서 특정 필드의 중복된 값을 제거하고 유일한 값만을 반환하도록 하는 키워드는 무엇인가?

① ORDER BY
② GROUP BY
③ HAVING
④ DISTINCT

DISTINCT 키워드는 SELECT 문에서 지정된 칼럼의 중복된 값을 제거하고 유일한 값만을 조회할 때 사용된다. **예** SELECT DISTINCT 과목 FROM 점수; → 점수 테이블에서 과목 값을 가져오는데 중복은 제거하고 보여줘

## 43 데이터를 특정 기준으로 묶어 그룹별로 집계 함수(예 : SUM, AVG, COUNT)를 적용할 때 사용하는 SQL 구문은 무엇인가?

① WHERE
② GROUP BY
③ HAVING
④ ORDER BY

GROUP BY 절은 SELECT 문에서 행들을 특정 칼럼의 값에 따라 그룹으로 묶을 때 사용된다. 그룹별로 SUM, AVG, COUNT, MAX, MIN 등의 집계 함수를 적용하여 요약된 결과를 얻을 수 있다.

**오답 피하기**

HAVING 절은 GROUP BY로 그룹화된 결과에 대해 조건을 지정할 때 사용된다.

## 44 SQL에서 사용자에게 특정 데이터베이스 객체에 대한 권한을 부여할 때 사용하는 DCL 명령어는 무엇인가?

① GRANT
② REVOKE
③ COMMIT
④ ROLLBACK

GRANT는 사용자 또는 역할(Role)에 데이터베이스 객체(테이블, 뷰 등)에 대한 특정 권한(SELECT, INSERT, UPDATE, DELETE 등)을 부여할 때 사용되는 DCL(Data Control Language) 명령어이다.

**오답 피하기**

• REVOKE는 부여했던 권한을 회수할 때 사용된다.
• COMMIT과 ROLLBACK은 트랜잭션을 확정하거나 취소하는 TCL(Transaction Control Language) 명령어이다.

## 45 데이터베이스에 새 레코드(행)를 추가할 때 사용하는 SQL 명령어는 무엇인가?

① UPDATE
② DELETE
③ INSERT INTO
④ SELECT

INSERT INTO는 테이블에 새로운 행(레코드)을 삽입하는 DML(데이터 조작어) 명령어이다.

**오답 피하기**

• UPDATE : 기존 행의 데이터 수정
• DELETE : 기존 행 삭제
• SELECT : 데이터 조회

## 46 UNION ALL 연산자에 대한 설명으로 올바른 것은?

① 두 SELECT 문의 결과를 합치되 중복된 행은 제거한다.

② 두 SELECT 문의 결과를 합치고 중복된 행도 모두 포함한다.

③ 두 SELECT 문의 공통된 행만을 반환한다.

④ 첫 번째 SELECT 문의 결과에서 두 번째 SELECT 문의 결과에 포함되는 행을 제거한다.

UNION ALL 연산자는 두 개 이상의 SELECT 문의 결과를 합칠 때 사용하며, 중복된 행이 있더라도 모두 포함하여 반환한다.

**오답 피하기**

• UNION 연산자 : 중복된 행을 제거하고 유일한 행만 반환

• INTERSECT : 공통된 행 반환

• EXCEPT(또는 MINUS) : 차집합 반환

## 47 다음 SQL 질의에서 FROM 절 다음에 나타나서 테이블의 특정 조건에 맞는 행만을 필터링하는 데 사용되는 키워드는 무엇인가?

```
SELECT 상품명, 가격
FROM 상품
_____ 가격 〉 10000;
```

① SELECT

② FROM

③ WHERE

④ ORDER BY

WHERE 절은 FROM 절 다음에 위치하며, SELECT 문으로 데이터를 조회할 때 특정 조건에 만족하는 행만을 선택하는 데 사용된다. 즉, 조회되는 데이터를 필터링하는 역할을 한다.

## 48 SQL에서 문자열 패턴 매칭에 사용되는 연산자와 와일드카드 문자쌍으로 올바른 것은 무엇인가?

① =와 *

② BETWEEN과 ?

③ LIKE와 %

④ IN과 ( )

• LIKE 연산자는 WHERE 절에서 문자열의 패턴을 검색할 때 사용된다.

• 대표적인 와일드카드 문자

| % (퍼센트) | • 0개 이상의 문자를 의미한다.<br>• 예 LIKE '김%' : '김'으로 시작하는 모든 문자열 |
|---|---|
| _ (언더스코어) | • _ 한 개당 문자 한 개를 의미한다.<br>• 예 LIKE '김_동' : '김'으로 시작하고 '동'으로 끝나는 세 글자 문자열 |

**오답 피하기**

• ① = 는 정확히 같은 값 비교, *는 SQL 표준 와일드카드가 아님

• ② BETWEEN 은 범위 비교에 사용, ?도 표준 와일드카드 아님

• ④ IN 은 여러 값 중 하나인지 비교, ( )는 단순 괄호일 뿐 와일드카드 아님

## 49 다음 중 서브쿼리(Subquery)에 대한 설명으로 올바르지 않은 것은 무엇인가?

① 하나의 SQL문 안에 포함된 또 다른 SQL문이다.

② 주로 SELECT, INSERT, UPDATE, DELETE 문에 사용될 수 있다.

③ 항상 메인 쿼리보다 먼저 실행되어야 한다.

④ 서브쿼리는 항상 하나의 결과 값만 반환해야 한다.

### 서브쿼리(Subquery)

• 메인 쿼리 안에 포함된 또 다른 SELECT 문이다.

• 메인 쿼리가 실행되기 전 먼저 실행되어 메인 쿼리에 필요한 데이터를 제공한다.

• 단일 행 서브쿼리, 다중 행 서브쿼리, 다중 칼럼 서브쿼리 등 다양한 형태로 사용될 수 있으며, 반드시 하나의 결과 값만 반환해야 하는 것은 아니다. 예를 들어, IN 절이나 EXISTS 절과 함께 사용되는 서브쿼리는 여러 행을 반환할 수 있다.

## 50 데이터베이스에 새로운 테이블을 생성할 때, 특정 칼럼에 저장될 값이 항상 유일해야 함을 지정하는 제약조건(Con-straint)은 무엇인가?

① NOT NULL
② PRIMARY KEY
③ FOREIGN KEY
④ UNIQUE

UNIQUE 제약조건은 해당 칼럼에 저장되는 모든 값이 서로 달라야 함(유일해야 함)을 강제한다. 단, NULL 값은 여러 개 허용된다.

**오답 피하기**

• NOT NULL : 해당 칼럼에 NULL 값이 올 수 없음을 강제한다.
• PRIMARY KEY : 테이블의 각 행을 고유하게 식별하는 칼럼으로, NOT NULL과 UNIQUE 속성을 모두 가진다(테이블당 하나).
• FOREIGN KEY : 다른 테이블의 기본 키를 참조하여 테이블 간의 관계를 설정한다.

## 51 다음 중 엑스트라넷(Extranet)을 활용한 기업 활동으로 적절하지 않은 것은 무엇인가?

① 파트너사, 컨설턴트와의 공동 설계
② 공급업체와의 효율적인 재고 관리 시스템 연동
③ 사내 직원만을 위한 채팅 시스템 구축
④ 고객과의 관계 관리를 위한 온라인 서비스 제공

엑스트라넷(Extranet)은 인트라넷(Intranet)의 확장 개념으로, 기업 내부 네트워크(인트라넷)를 외부 협력업체, 고객, 파트너 등과 공유하여 정보 교환 및 협업을 가능하게 하는 네트워크이다. 주로 기업 외부의 특정 권한을 가진 사용자들에게 접근을 허용한다.

## 52 다음 중 인터넷, 인트라넷, 엑스트라넷의 접근 범위에 대한 설명으로 옳은 것은?

① 인터넷 〉 인트라넷 〉 엑스트라넷
② 인터넷 〉 엑스트라넷 〉 인트라넷
③ 엑스트라넷 〉 인터넷 〉 인트라넷
④ 인트라넷 〉 엑스트라넷 〉 인터넷

접근 범위의 크기 : 인터넷 〉 엑스트라넷 〉 인트라넷

**오답 피하기**

• 인터넷(Internet) : 전 세계 누구나 접근 가능한 개방형 네트워크(가장 넓은 접근 범위)
• 엑스트라넷(Extranet) : 기업과 그 외부 협력 파트너(공급업체, 고객 등)만 접근 가능한 제한적 네트워크(중간 접근 범위)
• 인트라넷(Intranet) : 기업 내부 직원들만 접근 가능한 폐쇄형 네트워크(가장 좁은 접근 범위)

## 53 정보 보안에서 사용자의 신원을 확인하고, 해당 사용자가 시스템이나 정보에 접근할 수 있는 권한이 있는지 검증하는 절차를 무엇인가?

① 암호화(Encryption)
② 해싱(Hashing)
③ 인증(Authentication)
④ 무결성(Integrity)

인증(Authentication)은 사용자가 본인임을 확인하는 과정으로, 시스템이나 네트워크에 접근하려는 사용자의 신원을 검증하는 보안 절차이다. 일반적으로 아이디와 비밀번호, 생체 정보, 인증서 등을 통해 이루어지며, 인증 후에는 인가(Authorization) 과정을 통해 해당 사용자가 어떤 자원에 접근할 수 있는지 권한이 결정된다.

**54** <상><중><하>

**54** 다음 중 기업 정보 시스템의 종류 중 생산 현장의 자동화를 지원하고, 생산 계획, 재고 관리, 품질 관리 등을 통합적으로 관리하는 시스템은 무엇인가?

① CRM(Customer Relationship Management)
② SCM(Supply Chain Management)
③ MRP(Material Requirements Planning)
④ MES(Manufacturing Execution System)

MES(Manufacturing Execution System, 제조 실행 시스템)는 생산 현장의 작업 지시부터 실적 집계까지의 전 과정을 실시간으로 모니터링하고 관리하는 시스템이다. 생산 계획에 따라 작업 지시를 내리고, 자재 투입, 공정 진행, 품질 검사, 생산 실적 등을 관리하며 생산 현장의 자동화를 지원한다.

**오답 피하기**

• CRM(Customer Relationship Management) : 고객 관계 관리 시스템으로, 고객 데이터를 통합 관리하여 마케팅, 영업, 서비스 등에 활용한다.
• SCM(Supply Chain Management) : 공급망 관리 시스템으로, 원자재 조달부터 생산, 유통, 판매까지의 전체 공급망을 관리한다.
• MRP(Material Requirements Planning) : 자재 소요 계획으로, 제품 생산에 필요한 자재를 언제, 얼마나 조달해야 하는지 계획하고 관리하는 시스템이다.

---

**55** <상><중><하>

**55** 다음 중 스마트 공장에서 설비 간 통신, 공정 제어 및 자동화를 위한 핵심적인 기술 요소로 볼 수 없는 것은?

① IoT(사물 인터넷)   ② 빅데이터 분석
③ 클라우드 컴퓨팅   ④ 아날로그 통신

**스마트 공장**

• ICT 기술을 생산 시스템에 접목하여 생산 효율성을 극대화하고 유연성을 확보하는 공장이다.
• 대표적인 핵심 기술

| | |
|---|---|
| IoT(사물 인터넷) | 생산 설비나 제품에 센서를 부착하여 데이터를 실시간으로 수집하고 통신한다. |
| 빅데이터 분석 | 수집된 방대한 데이터를 분석하여 생산 효율성 개선, 불량 예측 등에 활용한다. |
| 클라우드 컴퓨팅 | 대량의 데이터를 저장하고 분석하는 데 필요한 컴퓨팅 자원을 유연하게 제공한다. |
| 인공지능(AI) | 생산 공정 최적화, 예측 유지보수 등에 활용된다. |

**오답 피하기**

아날로그 통신은 스마트 공장에서 주로 사용하는 디지털 기반의 네트워크 통신과는 거리가 있다.

---

**56** <상><중><하>

**56** 다음 중 데이터베이스 시스템에서 동시성 제어를 통해 트랜잭션의 격리성(Isolation)을 보장하기 위한 대표적인 기법은?

① 백업(Backup)
② 로깅(Logging)
③ 잠금(Locking)
④ 인덱싱(Indexing)

동시성 제어(Concurrency Control)는 여러 트랜잭션이 동시에 실행될 때, 데이터베이스의 일관성과 무결성을 유지하고 트랜잭션의 격리성을 보장하기 위한 기법이다. 잠금(Locking)은 가장 대표적인 동시성 제어 기법으로, 특정 데이터에 대한 접근을 제한하여 여러 트랜잭션이 동시에 동일한 데이터를 수정하는 것을 방지한다.

**오답 피하기**

• 백업 : 데이터 복구를 위한 것
• 로깅 : 트랜잭션 기록을 위한 것
• 인덱싱 : 데이터 검색 속도 향상을 위한 것

---

**57** <상><중><하>

**57** 정보 시스템 개발 과정에서 소프트웨어의 기능 개선, 오류 수정, 환경 변화에 대한 적응 등 소프트웨어의 생명 주기 동안 발생하는 활동을 총칭하는 용어는 무엇인가?

① 분석(Analysis)
② 설계(Design)
③ 유지보수(Maintenance)
④ 구현(Implementation)

유지보수(Maintenance)는 소프트웨어 개발 완료 후, 소프트웨어의 가치를 계속 유지하고 향상시키기 위한 모든 활동을 말한다. 여기에는 오류 수정(Corrective), 기능 개선(Perfective), 환경 변화 적응(Adaptive), 예방(Preventive) 등이 포함된다.

**58** 웹 환경에서 클라이언트와 서버 간의 비동기적인 데이터 교환을 통해 웹 페이지 전체를 새로고침 하지 않고도 동적으로 부분적인 업데이트가 가능한 기술은 무엇인가?

① HTML
② CSS
③ JavaScript
④ AJAX(Asynchronous JavaScript and XML)

AJAX(Asynchronous JavaScript and XML)는 웹 페이지 전체를 새로고침 하지 않고도 서버로부터 데이터를 가져와 웹 페이지의 특정 부분만 업데이트할 수 있게 하는 웹 개발 기술이다. 이를 통해 사용자 경험을 향상시키고 네트워크 트래픽을 줄일 수 있다.

**오답 피하기**
• HTML : 웹 페이지 구조 정의
• CSS : 웹 페이지 스타일 지정
• JavaScript : 웹 페이지의 동적인 기능 구현

**59** 대량의 데이터를 수집, 저장, 관리, 분석할 수 있는 기술과 시스템을 통칭하는 용어로, 기존 데이터베이스 시스템으로는 처리하기 어려운 비정형 데이터를 포함하는 것은?

① ERP(Enterprise Resource Planning)
② KMS(Knowledge Management System)
③ Big Data(빅데이터)
④ BI(Business Intelligence)

빅데이터(Big Data)는 기존의 데이터 처리 방식으로는 수집, 저장, 관리, 분석이 어려울 정도로 규모가 크고, 생성 주기가 짧으며, 정형/비정형 데이터가 혼합된 대량의 데이터를 의미한다. '3V(Volume, Velocity, Variety)' 또는 '5V(3V+Veracity, Value)'의 특성이 있다.

**오답 피하기**
• ERP : 전사적 자원 관리 시스템
• KMS : 지식 관리 시스템
• BI : 비즈니스 인텔리전스로, 데이터를 분석하여 의사결정을 돕는 기술

**60** 정보 보안 위협 유형 중, 웹 사이트 접속 시 정상적인 사용자가 접근하지 못하도록 과도한 트래픽을 유발하여 시스템의 자원을 고갈시키는 공격은 무엇인가?

① 스미싱(Smishing)
② 랜섬웨어(Ransomware)
③ 분산 서비스 거부 공격(DDoS)
④ 파밍(Pharming)

분산 서비스 거부 공격(DDoS, Distributed Denial of Service)은 여러 대의 컴퓨터를 이용하여 특정 웹사이트나 서버에 동시에 대량의 트래픽을 전송하여 시스템의 과부하를 유발하고, 정상적인 서비스 제공을 방해하는 공격이다.

**오답 피하기**
• 스미싱 : 문자 메시지를 이용한 피싱 공격
• 랜섬웨어 : 파일을 암호화하여 금전을 요구하는 악성 소프트웨어
• 파밍 : DNS 변조 등을 통해 정상적인 웹사이트 주소로 접속해도 위조 사이트로 유도하는 공격

**상** 중 하

## 01 다음 중 Python에서 리스트의 모든 요소를 하나씩 출력하는 방법으로 옳은 것은?

① for i in range(len(list)) : print(i)

② for item in list : print(item)

③ print(list)

④ list.each(print)

for item in list 구문은 각 요소의 순환 출력에 해당한다. item에 리스트의 각 요소가 직접 들어간다.

**상** 중 하

## 02 C언어의 포인터(Pointer)에 대한 설명으로 옳지 않은 것은?

① 포인터는 변수의 메모리 주소를 저장한다.

② 포인터 값을 변경하면 해당 변수의 값도 항상 변경된다.

③ 포인터 연산자에는 *, &가 있다.

④ NULL 포인터는 아무것도 가리키지 않는다.

포인터 값은 변수 값이 아니라 가리키는 주소이므로, 값 변경은 직접 지정해야 적용된다.

**상** 중 하

## 03 Java에서 오버로딩(overloading)과 오버라이딩(overriding)의 차이는?

① 오버로딩은 상속 관계에서만 사용된다.

② 오버라이딩은 메서드 이름과 매개변수 모두 달라야 한다.

③ 오버로딩은 한 클래스 내 메서드명은 같고 파라미터가 다르다.

④ 오버로딩은 부모 클래스의 동작을 재정의한다.

| 구분 | 오버로딩 | 오버라이딩 |
|---|---|---|
| 관계 | 상속 불필요 | 상속 필요 |
| 메서드명 | 동일 | 동일 |
| 매개변수 | 다름 | 동일 |
| 목적 | 기능 확장 | 기능 재정의 |
| 바인딩 | 컴파일 타임 | 실행 타임 |

상 **중** 하

## 04 다음 중 자바의 배열 선언 방법으로 옳은 것은?

① int[ ] arr = new int[5];

② int arr = new int(5);

③ int arr[ ] = new int;

④ int[arr] = new int;

Java 배열 선언 : int[ ] arr = new int[크기];

## 05 프로그래밍에서 캡슐화(Encapsulation) 개념에 해당하는 것은?

① 함수의 반복
② 클래스의 멤버변수와 메서드 보호
③ 코드 최적화
④ 상속 구현

캡슐화는 객체지향의 핵심 개념 중 하나로, 데이터(멤버변수)와 이를 처리하는 메서드를 하나로 묶고 외부 접근을 제한하는 것을 의미한다.

## 06 아래 코드의 출력 결과로 알맞은 것은?

```
x = 7
if x % 2 == 0:
    print("Even")
else:
    print("Odd")
```

① Even
② Odd
③ 7
④ None

• x = 7
• 7 % 2 == 0 → 거짓(False)
• 따라서 else 블록 실행

## 07 함수형 프로그래밍의 특징으로 올바르지 않은 것은?

① 상태 변화 최소화
② 순수 함수 사용
③ 반복문 대신 재귀 활용
④ 모든 변수는 전역으로 선언

**함수형 프로그래밍(Function Programming)**
• 부작용(side effect)을 최소화하는 것을 목표로 한다.
• 특징
 − 상태 변화 최소화 : 데이터는 불변(immutable)으로 다룸
 − 순수 함수 사용 : 동일한 입력 → 항상 동일한 출력
 − 재귀 활용 : 반복문 대신 재귀나 고차 함수(map, reduce 등) 사용

오답 피하기
전역 변수는 여러 함수가 같은 상태를 공유하게 만들어 예측 불가능한 부작용을 유발하므로, 함수형 프로그래밍과 맞지 않는다.

## 08 Java에서 예외(Exception)가 발생할 때 사용하는 구문은?

① if−else
② try−catch
③ for
④ switch

Java에서는 예외가 발생할 수 있는 코드를 try로 감싸고, 발생한 예외를 catch에서 처리한다.

오답 피하기
• ① : 조건 분기문
• ③ : 반복문
• ④ : 다중 조건 분기문

## 09 다음 중 C언어의 구조체(struct)를 정의하는 올바른 방법은?

① struct person { int age; char name; };
② struct { person int; age char; name[]; }
③ define struct person { }
④ struct person = { };

**구조체(struct)**
• 서로 다른 자료형의 변수를 하나로 묶는 사용자 정의 자료형이다.
• 기본 형식

```
struct 구조체이름 {
    자료형 멤버이름;
    자료형 멤버이름;
};
```

## 10 Python에서 딕셔너리(dictionary)의 값을 가져오는 방법은?

① dict.key
② dict["key"]
③ dict−>key
④ dict(key)

**딕셔너리(dictionary)**
• 키(key)와 값(value)을 쌍으로 저장하는 자료형이다.
• 값을 가져오는 가장 기본적인 방법은 키를 대괄호로 지정하는 것(dict["key"])이다.

## 11 OOP에서 다형성(Polymorphism)의 효과로 올바른 것은?

① 함수의 중복 구현 제한
② 객체가 여러 형식으로 동작
③ 변수 사용 공간 최소화
④ 메모리 직접 조작

객체지향 프로그래밍(OOP)에서 다형성(Polymorphism)이란, 같은 메서드 호출이더라도 객체의 실제 타입에 따라 서로 다른 동작을 수행하는 특성을 말한다.

## 12 주어진 C언어 코드의 실행 결과는?

```
int a = 3, b = 4;
printf("%d", a > b ? a : b);
```

① 4
② 3
③ 7
④ 0

• 삼항 연산자 : 조건 ? 참일 때 : 거짓일 때
• 조건식 a > b → 3 > 4 → 거짓(false)
  – 조건이 거짓이므로 뒤의 값인 b 선택
  – b = 4이므로 출력 결과는 4

## 13 Python에서 리스트에 요소 추가 메서드는?

① append( )
② insert( )
③ add( )
④ push( )

Python 리스트에서 요소를 추가할 때 가장 기본적으로 사용하는 메서드는 append( )다.

## 14 아래 중 정적(static) 변수의 특징은?

① 함수가 호출될 때마다 초기화
② 프로그램 실행 동안 한 번만 초기화
③ 매개변수로 전달
④ 상속이 가능

**정적(static) 변수**
• 프로그램 실행 동안 한 번만 초기화된다.
• 메모리에 한 번만 할당되고, 프로그램이 종료될 때까지 값을 유지하는 변수이다.

오답 피하기
함수가 호출될 때마다 초기화되는 것은 자동(auto) 변수의 특징이다.

## 15 다음 중 배열의 인덱스 범위 오류가 발생하는 코드는?

```
arr = [1,2,3]
print(arr[3])
```

① 1　　　　　　　　　② 2
③ IndexError　　　　④ 0

• 파이썬 배열의 인덱스 범위는 0~2이다.
• arr[3]은 존재하지 않는 인덱스 접근이므로 IndexError가 발생한다.

## 16 OSI 7계층 중 데이터 패킷을 실제 물리적 회선에 전송하는 계층은?

① 물리 계층　　　　　② 데이터링크 계층
③ 네트워크 계층　　　④ 전송 계층

물리 계층(Physical Layer)은 비트(bit) 단위 데이터를 전압, 전류, 빛 신호 등의 물리적 신호로 변환하여 전송하는 계층이다.

오답 피하기
• ② : 프레임 단위 전송, 오류 검출 · MAC 주소 처리
• ③ : 패킷 경로 설정(IP, 라우팅)
• ④ : 종단 간 통신, 신뢰성 · 흐름 제어(TCP/UDP)

## 17 Windows에서 Plug & Play 기능의 역할은?

① 자동 드라이버 설치 및 인식
② 파티션 저장소 관리
③ 파일 압축
④ 보안 프로그램 실행

Windows의 Plug & Play(PnP) 기능은 새 하드웨어를 연결하면 사용자 개입 없이 자동으로 인식하고 필요한 드라이버를 설정해 주는 기능이다.

## 18 클라이언트/서버 모델의 장점으로 올바른 것은?

① 모든 단말기가 같은 수준 역할
② 중앙 집중 관리로 데이터 일관성 확보
③ 서버 다운 시 클라이언트 자동 복구
④ 프로그램 자동 실행

**클라이언트/서버(Client/Server) 모델**
• 서버가 핵심 자원과 데이터를 중앙에서 관리하고, 클라이언트는 이를 요청 및 사용한다.
• 데이터가 한 곳에 모여 있어 일관성 유지가 쉽다.
• 보안, 백업, 업데이트 등 중앙 집중 관리가 가능하다.

## 19 컴퓨터 바이러스의 일반적 특징이 아닌 것은?

① 감염된 프로그램 실행 시 전파
② 백신으로 치료 가능
③ 시스템 성능 향상
④ 복제 기능

바이러스는 시스템 성능 저하, 오류, 데이터 손상을 발생시킨다.

## 20 다음 중 가상 기억 장치(Virtual Memory)에 대한 설명으로 가장 알맞은 것은?

① ROM을 주기억 장치로 사용
② 보조 기억장치를 주기억장치처럼 활용
③ CPU 캐시를 증설
④ 바이러스 방지 기능

가상 기억 장치는 보조 기억장치를 주기억장치처럼 활용하는 기술이다.

## 21 정보보안 용어 중 방화벽(Firewall)의 역할은?

① 내부 네트워크와 외부 접근 차단/허용
② 데이터 압축
③ 바이러스 탐지
④ 사용자 패턴 분석

방화벽(Firewall)은 네트워크 경계에서 트래픽을 규칙(정책)에 따라 필터링하여 허용된 통신만 통과시키고, 비인가 접근은 차단하는 기본적인 네트워크 보안 수단이다.

## 22 다음 중 컴파일러와 인터프리터의 차이로 옳은 것은?

① 컴파일러는 전체 코드 한 번에 번역
② 인터프리터는 실행 파일을 생성
③ 컴파일러는 소스코드 행 단위 번역
④ 인터프리터는 전체코드를 한 번에 번역

• 컴파일러(Compiler) : 프로그램 전체를 한 번에 번역하여 실행 파일 생성
• 인터프리터(Interpreter) : 소스 코드를 한 줄씩 해석하며 바로 실행

## 23 IPv6의 비트 길이는?

① 16비트
② 32비트
③ 64비트
④ 128비트

IPv6는 주소 부족 문제를 해결하기 위해 IPv4(32비트)보다 훨씬 큰 주소 공간을 사용한다. IPv6 주소의 길이는 128비트이며, 이로 인해 사실상 무한에 가까운 IP 주소 할당이 가능하다.

## 24 개인용 컴퓨터의 BIOS 특징으로 올바른 것은?

① 주기억장치에 저장
② 운영체제 설치 후 생성
③ ROM에 저장되어 하드웨어 제어
④ 응용 프로그램 실행

**BIOS(Basic Input/Output System)**
• 컴퓨터 전원이 켜질 때 가장 먼저 실행되는 기본 펌웨어다.
• 주요 역할
– 하드웨어 초기화(POST)
– 저장장치에서 운영체제 부팅
– 키보드, 디스크 등 기본 입출력 제어
• 전원이 꺼져도 유지되어야 하므로 ROM에 저장된다.

## 25 다음 중 Open Source 소프트웨어의 특징은?

① 소스 공개 및 배포 자유
② 라이선스 비용 높음
③ 상업적 판매만 가능
④ 소스 코드 열람 불가

Open Source 소프트웨어는 소스 코드(Source Code)를 공개하여 누구나 이를 열람, 수정, 재배포할 수 있도록 허용하는 소프트웨어이다.

**오답 피하기**
• ② : 라이선스 비용 부담이 적거나 없음
• ③ : 비상업 · 상업 모두 가능
• ④ : 소스 코드 열람 가능

## 26 멀티미디어 기술 중 AR(증강현실)이란?

① 실시간 3차원 그래픽과 현실 화면 결합
② 오디오 신호 압축
③ 원격 데이터 백업
④ 실제 현실을 복제

AR(Augmented Reality, 증강현실)은 현실 세계를 기반으로 하여 가상 객체 및 정보(텍스트, 이미지, 3D 그래픽 등)를 실시간으로 겹쳐 보여주는 기술이다.

## 27 다음 중 S/W 개발에서 오픈소스 활용 장점이 아닌 것은?

① 무료로 사용 가능
② 커뮤니티 및 개발자 지원
③ 소스 코드 비공개
④ 기능 확장이 쉬움

오픈소스는 소스 공개가 기본이다.

## 28 전자우편을 송수신할 때 사용하는 대표적 프로토콜은?

① SMTP
② FTP
③ HTTP
④ NTP

**SMTP(Simple Mail Transfer Protocol)**
• 전자우편(E-mail)을 전송(송신)할 때 사용하는 대표적인 프로토콜이다.
• 메일 서버 간 메일 전달과 클라이언트 → 서버 전송에 사용된다.

**오답 피하기**
• ② : 파일 전송 프로토콜
• ③ : 웹 페이지 전송 프로토콜
• ④ : 네트워크 시간 동기화 프로토콜

**29** 컴퓨터 기억장치 중 가장 빠른 접근속도를 가진 것은?

① HDD
② 주기억장치
③ 캐시 메모리
④ 가상 메모리

캐시 메모리 > 주기억장치(RAM) > 보조 기억장치(HDD/SSD) > 가상 메모리

**30** 정보 시스템에서 ERP의 역할은?

① 단일 데이터베이스로 업무 통합 관리
② 외부 침입자 감시 시스템
③ 네트워크 프로토콜화
④ 하드웨어 최적화

ERP(Enterprise Resource Planning)는 인사, 회계, 생산, 물류, 구매 등 기업 전반의 업무 프로세스를 하나의 시스템으로 통합해 데이터의 일관성, 효율성, 의사결정 속도를 높이는 정보 시스템이다.

**31** 다음 중 클라우드 컴퓨팅의 특징으로 옳지 않은 것은?

① 유동적 자원 관리
② 실시간 확장성
③ 개별 서버 직접 관리 필요
④ 서비스 형태로 자원 제공

클라우드 컴퓨팅의 핵심은 인프라 관리 부담을 사용자로부터 분리하는 것이다. 서버, 스토리지, 네트워크 등은 클라우드 서비스 제공자(CSP)가 관리하며, 사용자는 필요한 만큼 자원을 서비스 형태로 사용한다.

**32** 유닉스(UNIX) 운영체제의 특징으로 옳은 것은?

① 다중 사용자 지원　② 오직 GUI만 지원
③ 모바일 전용　　　④ 라이선스 필요 없음

**유닉스(UNIX)**
• 여러 사용자가 동시에 시스템에 접속하여 작업할 수 있도록 설계된 운영체제이다.
• 서버 · 연구기관 · 기업 환경에서 널리 사용된다.
• 멀티태스킹 및 멀티유저를 지원한다.

오답 피하기
• ② : 유닉스는 CLI(명령어 기반) 중심이며, GUI는 선택 사항
• ③ : 서버, 워크스테이션 중심 운영체제
• ④ : 유닉스 계열은 상용 라이선스가 필요한 경우도 있음(AIX, Solaris 등)

**33** 네트워크에서 MAC 주소의 역할은?

① 장치의 논리적 네트워크 주소
② 장치의 물리적 식별
③ DNS 서버 위치
④ 라우팅 경로 정보

MAC 주소(Media Access Control Address)는 네트워크 인터페이스 카드(NIC)에 부여된 고유한 물리 주소로, 같은 네트워크(LAN) 내에서 장치를 구분하는 역할을 한다.

오답 피하기
• ① : IP 주소
• ③ : 도메인 이름
• ④ : 라우팅/네트워크 계층

**34** 다음 중 트로이 목마(Trojan Horse)의 특징이 아닌 것은?

① 정상 파일로 위장　② 악성 동작 은닉
③ 자동 감염 및 복제　④ 사용자 몰래 작동

트로이 목마(Trojan Horse)는 정상 프로그램처럼 위장하여 사용자가 직접 실행하게 만들고 실행 후 악성 동작을 몰래 수행하는 악성코드이다.

오답 피하기
트로이 목마는 자기 자신을 복제하거나 자동으로 전파하지 않는다는 점에서 바이러스나 웜과 명확히 구분된다.

## 35 정보보안에서 DRM의 주 목적은?

① 데이터의 무결성
② 암호화 및 접근제어
③ 디지털 콘텐츠 사용 제한
④ 소프트웨어 최적화

DRM(Digital Rights Management, 디지털 저작권 관리)은 디지털 콘텐츠의 불법 복제, 무단 배포, 무단 사용을 방지하기 위한 기술이다.

## 36 SELECT 문에서 중복행을 제거하는 키워드는?

① DISTINCT
② ORDER BY
③ WHERE
④ GROUP BY

SQL의 SELECT 문에서 같은 값이 반복되는 결과를 하나만 조회하고 싶을 때 DISTINCT를 사용한다.

**오답 피하기**
• ② : 결과 정렬
• ③ : 조건에 맞는 행 필터링
• ④ : 집계 함수와 함께 그룹화

## 37 SQL에서 집계 함수에 해당하지 않는 것은?

① SUM( )
② COUNT( )
③ AVG( )
④ AVERAGE( )

**집계 함수(Aggregate Function)**
• 여러 행의 값을 하나의 결과로 계산하는 함수이다.
• 대표적인 집계 함수
 – SUM( ) : 합계
 – COUNT( ) : 개수
 – AVG( ) : 평균
 – MAX( ), MIN( ) : 최대값, 최소값

**오답 피하기**
평균을 구하는 함수는 AVG( )이다.

## 38 테이블의 제약조건을 변경하기 위해 사용하는 SQL 명령어는?

① ALTER
② UPDATE
③ DELETE
④ SELECT

ALTER는 테이블의 구조나 제약조건을 변경할 때 사용하는 명령어이다.

**오답 피하기**
• ② : 데이터(행)의 값 수정
• ③ : 데이터(행) 삭제
• ④ : 데이터 조회

## 39 SQL에서 두 테이블을 조건에 따라 연결하는 작업은?

① JOIN
② LINK
③ CONNECT
④ UNION

JOIN은 둘 이상의 테이블을 관계(조건)에 따라 결합해 하나의 결과 집합으로 조회할 때 사용한다.

## 40 다음 중 SQL의 트랜잭션 제어 명령어가 아닌 것은?

① COMMIT
② ROLLBACK
③ SAVEPOINT
④ SELECT

**트랜잭션 제어 명령어(TCL)**
• 데이터 변경 작업의 확정, 취소, 중간 저장을 제어한다.
• 종류
 – COMMIT : 변경 내용 영구 반영
 – ROLLBACK : 변경 내용 취소
 – SAVEPOINT : 트랜잭션 중간 저장 지점 설정

**오답 피하기**
SELECT는 데이터 조회(DQL) 명령어이다.

## 41 SQL에서 BETWEEN 연산자의 기능은?

① 특정 한 값을 조회
② 범위 내의 값을 조회
③ 중복행 제거
④ 집계 결과 반환

BETWEEN 연산자는 이상(≥) ～ 이하(≤) 범위를 조건으로 검색할 때 사용한다.

**오답 피하기**

• ① : = 연산자
• ③ : DISTINCT
• ④ : 집계 함수

## 42 SQL 집계 함수 COUNT(*)가 반환하는 값은?

① 평균 값
② 총 행 개수
③ 최대값
④ 최소값

COUNT(*)는 조건을 만족하는 전체 행(row)의 개수를 반환한다.

**오답 피하기**

• ① : AVG( ) 함수
• ③ : MAX( ) 함수
• ④ : MIN( ) 함수

## 43 뷰(View)의 특징으로 올바르지 않은 것은?

① 실제 데이터를 저장
② 가상 테이블
③ 주로 SELECT 쿼리로 생성
④ 보안, 편의성 향상

**뷰(View)**

• 하나 이상의 테이블을 기반으로 한 가상 테이블이다.
• 실제 데이터는 원본 테이블에 있고, 뷰는 SELECT 결과를 정의해 두는 객체이다.
• 저장 공간을 거의 차지하지 않는다.
• 주 용도는 보안 강화(컬럼/행 제한)와 쿼리 편의성 향상이다.

## 44 SQL에서 데이터 삽입에 사용하는 명령어는?

① INSERT INTO
② SELECT INTO
③ UPDATE INTO
④ CREATE INTO

INSERT INTO는 테이블에 새로운 행(row)을 추가하는 DML(Data Manipulation Language) 명령어이다.

## 45 테이블에서 특정 컬럼의 값이 NULL인 행만 조회하는 조건은?

① WHERE 컬럼 = ' '
② WHERE 컬럼 IS NULL
③ WHERE 컬럼 IS NOT NULL
④ WHERE 컬럼 〈 〉 NULL

SQL에서 NULL은 '값이 없음'을 의미하며, 일반 비교 연산자(=, 〈 〉)로는 비교할 수 없다. 따라서 NULL 여부를 확인할 때는 반드시 IS NULL 또는 IS NOT NULL을 사용해야 한다.

**오답 피하기**

WHERE 컬럼 IS NULL : NULL인 값 조회
WHERE 컬럼 IS NOT NULL : NULL이 아닌 값 조회

## 46 데이터베이스에서 인덱스(Index)의 역할은?

① 데이터 정렬
② 검색 속도 향상
③ 데이터 암호화
④ 트랜잭션 관리

**인덱스(Index)**

• 테이블의 특정 컬럼에 대해 빠르게 데이터를 찾을 수 있도록 미리 정리해 둔 자료구조이다.
• WHERE, JOIN, ORDER BY 성능 개선에 효과적이다.
• 저장 공간 사용 증가 및 INSERT/UPDATE 시 오버헤드가 발생할 수 있다.

## 47 SQL에서 테이블의 이름을 변경할 때 사용하는 명령어는?

① RENAME        ② ALTER
③ UPDATE        ④ CHANGE

테이블 이름 변경은 RENAME, 테이블 구조 변경은 ALTER이다.

## 48 SQL에서 LEFT JOIN의 결과는?

① 두 테이블 모두 일치하는 행
② 왼쪽 테이블의 모든 행과 일치하는 오른쪽 행
③ 오른쪽 테이블 모든 행
④ 그룹별 집계

LEFT JOIN은 왼쪽 테이블 전체 + 일치 행을 반환한다.

## 49 SQL에서 ORDER BY 뒤에 사용할 수 없는 것은?

① 컬럼명        ② 수식
③ 별칭          ④ INSERT INTO

INSERT INTO는 데이터 삽입 명령어로, ORDER BY 절에 사용할 수 없다.

## 50 SQL 집합연산자 UNION ALL의 특징은?

① 중복 제거
② 중복 포함
③ 두 결과 모두 합치지 않음
④ 테이블 삭제

UNION ALL은 SQL의 집합 연산자로, 두 SELECT 문의 결과를 모두 합치되 중복 행을 제거하지 않는다.

## 51 운영체제에서 '인터럽트(Interrupt)'의 역할은?

① 데이터 백업
② 외부 이벤트에 대한 즉시 응답 처리
③ 프로세스 생성
④ 메모리 확장

인터럽트(Interrupt)는 입출력 완료, 하드웨어 오류, 타이머 만료 등 예기치 않거나 즉각 처리해야 할 사건이 발생했을 때, 현재 실행 중인 작업을 잠시 중단하고 인터럽트 서비스 루틴(ISR)을 실행하게 한다. 이를 통해 CPU 자원을 효율적으로 사용하고 신속한 이벤트 처리가 가능해진다.

## 52 다음 중 정보 시스템에서 ERP의 도입 효과로 알맞은 것은?

① 분산 저장소 증가
② 업무 데이터 일관성 및 통합 관리
③ 네트워크 부하 증대
④ 단일 업무 처리

ERP(Enterprise Resource Planning)는 인사, 회계, 생산, 물류 등 기업의 핵심 업무를 단일 데이터베이스로 통합하여 관리하는 정보 시스템이다. 이를 통해 중복 입력 제거, 실시간 정보 공유, 데이터 일관성 확보 등의 효과가 있다.

## 53 클라우드 서비스의 IaaS에 대한 특징으로 옳은 것은?

① 하드웨어만 제공
② 인프라 자원을 서비스로 제공
③ 소프트웨어 라이선스 구매
④ 데이터베이스만 구축

IaaS(Infrastructure as a Service, 서비스형 인프라)는 클라우드 사업자가 서버, 스토리지, 네트워크 같은 인프라 자원을 가상화 형태로 제공하는 서비스이다. 사용자는 운영체제부터 직접 설치 및 관리할 수 있다.

**54** 데이터베이스에서 스키마(Schema)의 의미는?

① 데이터의 실제 저장 값
② 데이터 구조와 제약조건의 집합
③ 사용자 권한 설정
④ 시스템 복구 모듈

스키마는 데이터베이스의 구조와 제약조건을 정의한 집합이다. 즉, '데이터가 어떻게 저장될 것인가'에 대한 구조적 정의이다.

**오답 피하기**
• ① : 인스턴스(Instance)
• ③ : 보안·권한 관리
• ④ : 백업·복구 시스템

**55** 정보자원의 활용(AI, 머신러닝 등)에서 '학습 데이터'란?

① 예측 결과
② 모델 평가용 데이터
③ 알고리즘 소스코드
④ 모델을 만들기 위해 사용하는 데이터

AI, 머신러닝에서 학습 데이터(Training Data)란, 알고리즘이 패턴을 학습하고 모델을 생성하는 데 직접 사용하는 데이터를 의미한다.

**56** ITSM(IT서비스 관리)의 도입 효과로 옳지 않은 것은?

① 서비스 품질 향상
② 프로세스 표준화
③ 비효율적인 IT 관리
④ 업무 연속성 강화

**ITSM(IT Service Management)**
• IT 서비스를 체계적이고 표준화된 프로세스로 관리하여 조직의 비즈니스 목표를 효과적으로 지원하는 것이 목적이다.
• 주요 도입 효과 : 서비스 품질 향상, 업무 프로세스 표준화, 장애·변경 관리 체계화, 업무 연속성 및 안정성 강화

**57** 정보 시스템 구현 시 가장 먼저 수행해야 하는 단계는?

① 요구사항 분석　② 프로그램 코딩
③ 테스트 계획　④ 유지보수 문서 작성

정보 시스템 구현 단계 : 요구사항 분석 → 설계 → 구현(코딩) → 테스트 → 유지보수

**58** 분산 처리 시스템의 장점으로 올바른 것은?

① 중앙 집중 장애 발생　② 처리 부하 분산
③ 메모리 소모 과다　④ 데이터 일관성 저하

**분산 처리 시스템(Distributed Processing System)**
• 여러 컴퓨터(노드)가 협력하여 작업을 처리하는 구조이다.
• 장점 : 성능과 안정성 향상, 하나의 시스템에 부하가 집중되지 않음, 병렬 처리로 처리 속도 향상, 일부 노드 장애 시에도 전체 시스템 유지 가능

**59** 정보 시스템에서 '백업(Backup)'의 목적은?

① 데이터 용량 증가
② 시스템 성능 향상
③ 장애 발생 시 데이터 복구
④ 사용자 계정 추가

백업(Backup)이란 시스템 오류, 하드웨어 고장, 해킹, 사용자 실수 등으로 데이터가 손실될 경우를 대비해 사본을 보관하는 것으로, 업무 연속성 확보와 데이터 복구가 주요 목적이다.

**60** 교착 상태 필요조건이 아닌 것은?

① 상호 배제　② 점유 및 대기
③ 순환 대기　④ 선점 허용

**교착 상태(Deadlock) 필요조건**

| 상호 배제(Mutual Exclusion) | 자원은 한 번에 하나의 프로세스만 사용 가능 |
|---|---|
| 점유 및 대기(Hold and Wait) | 자원을 점유한 상태에서 다른 자원을 추가로 요청 |
| 비선점(No Preemption) | 할당된 자원을 강제로 빼앗을 수 없음 |
| 순환 대기(Circular Wait) | 프로세스들이 원형으로 서로 자원을 기다림 |

| 기능사 | 시험 시간 | 문항 수 |
|---|---|---|
| | 총 60분 | 총 60개 |

풀이 시간 : _____    채점 점수 : _____

---

상**중**하

## 01 Java에서 인터페이스(interface)의 특징으로 올바른 것은?

① 멤버 변수 선언 가능
② 다중 상속 지원
③ private 메서드 선언 가능
④ 객체 생성 가능

인터페이스(interface)는 클래스가 구현해야 할 메서드의 규약을 정의한다. Java는 클래스의 다중 상속을 허용하지 않지만, 인터페이스는 다중 상속(다중 구현)을 지원한다.

상**중**하

## 02 다음 C언어 코드의 출력 결과로 올바른 것은?

```
#include <stdio.h>

int main( ) {
    float a = 5.0;
    float b = 2.0;
    printf("%f", a / b);
}
```

① 0                     ② 2.5
③ 2.6                   ④ 2

a와 b가 float 타입이므로 실수 나눗셈을 수행하여 a / b = 5.0 / 2.0 = 2.5 가 출력된다.

**상**중하

## 03 Python에서 람다(lambda) 함수의 장점은?

① 멀티쓰레드 지원      ② 즉시 선언과 사용
③ 반드시 여러 줄        ④ 클래스에서만 사용

람다(lambda) 함수는 이름 없이 간단한 함수를 한 줄로 정의하고 즉시 사용할 수 있는 함수이다.

---

상**중**하

## 04 객체지향코드의 추상화(abstraction)의 핵심 효과는?

① 메서드 재정의
② 불필요한 세부내용 은닉
③ 모든 기능 노출
④ 메모리 최적화

추상화(abstraction)는 객체의 공통된 핵심 기능만 드러내고 구현에 필요한 세부 내용은 감추는 것을 의미한다.

**상**중하

## 05 JavaScript의 let과 var 차이에 대한 설명으로 옳은 것은?

① let은 함수 스코프, var은 블록 스코프
② var은 함수 스코프, let은 블록 스코프
③ 둘 다 블록 스코프
④ 둘 다 전역 변수로만 사용

var은 함수 스코프, let은 블록 스코프에 적용된다.

상**중**하

## 06 다음 중 C에서 동적 메모리 할당에 사용되는 함수는?

① malloc( )
② getch( )
③ print( )
④ strcpy( )

C언어에서 동적 메모리 할당은 malloc(메모리 할당), calloc(메모리 할당+0으로 초기화), realloc(크기 재조정)을 사용한다.

**오답 피하기**
• ② : 키 입력을 받는 함수
• ③ : C 표준 함수 아님
• ④ : 문자열 복사 함수

---

## 07 Java 배열 선언 방법 중 옳지 않은 것은?

① int[ ] arr = new int[5];

② int arr[ ] = {1,2,3};

③ int arr(5);

④ int[ ][ ] arr = new int[2][3];

Java에서 소괄호 ( )는 메서드 호출이나 생성자 호출 용도 등에 사용하며, 배열 선언에 사용하지 않는다.

## 08 Python에서 'for i in range(3) : print(i)'의 결과는?

① 1 2 3

② 0 1 2

③ 0 1 2 3

④ 1 2 3 4

• range(n)은 0부터 n−1까지 반복한다.
• range(3) → 0, 1, 2
  − 시작값 : 0(기본값)
  − 끝값 : 3(미포함)

## 09 다음 JAVA 코드의 출력 결과로 올바른 것은?

```
public class Main {
    public static void main(String[ ] args) {
        int a = 5;
        int b = 2;
        System.out.println(a − b * 2);
    }
}
```

① 1  ② 3

③ 4  ④ 6

• 연산자 우선순위 : 곱셈(*) → 덧셈/뺄셈(+,−)
• b * 2 → 2 * 2 = 4
• a − 4 → 5 − 4 = 1

## 10 Python의 'set' 자료구조의 특징은?

① 순서 있음  ② 중복 허용

③ 중복 불허  ④ 정렬 필수

set은 중복을 허용하지 않는 집합 자료형이다.

## 11 C++에서 오버로딩(overloading) 구현 예시로 올바른 것은?

① void foo(int a); void foo(char b);

② void foo(int a) override;

③ int foo(int a) = 0;

④ void foo(int a) final;

오버로딩 = 같은 함수 이름 + 매개변수 목록이 다름

## 12 JavaScript에서 '=='와 '==='의 차이는?

① 두 연산 모두 타입 불문

② '=='은 값만 비교, '==='은 타입+값 비교

③ '==='이 항상 false

④ '=='과 '===' 동일

• ==(동등 연산자) : 타입 변환 후 값만 비교
• ===(일치 연산자) : 타입 + 값 모두 비교

## 13 C언어의 struct에서 맴버 접근 연산자는?

① .(점)  ② ::

③ −>  ④ *

구조체 변수의 멤버 접근은 . 연산자를 사용한다.

오답 피하기

• ② : C++ 네임스페이스/범위 연산자
• ③ : 구조체 포인터일 때 사용
• ④ : 포인터 역참조 연산자

**14** 아래 Python 코드의 결과는?

```
python
a = [3,1,4]; a.sort( )
print(a[0])
```

① 3                    ② 1
③ 4                    ④ None

- a.sort( ) : 리스트 자체를 오름차순으로 정렬
- a[0] : 정렬된 리스트의 첫 번째 요소

**15** C의 for 문 구성 중 생략할 경우 무한 루프가 발생하는 부분은?

① 초기값
② 조건식
③ 증감식
④ for

조건식을 생략하면 항상 참으로 간주되어 for(;;) 형태의 무한 루프가 되며, while(1)과 동일한 동작을 한다.

**16** 네트워크에서 ARP 프로토콜의 역할은?

① 인증서 발급
② IP ↔ MAC 주소 변환
③ 데이터 암호화
④ 웹서버 연결

ARP(Address Resolution Protocol)란 네트워크 계층(IP 주소)과 링크 계층 (MAC 주소) 사이를 연결해주는 프로토콜이다.

**오답 피하기**
- ① : PKI, CA 영역
- ③ : SSL/TLS, IPSec 역할
- ④ : HTTP, TCP 역할

**17** 다음 중 VoIP 기술에 대한 설명으로 가장 옳은 것은?

① 인터넷으로 음성 데이터 패킷 전송
② 하드웨어 마이크 증폭
③ 디지털 TV 방송 송출
④ 영상 처리 장치

VoIP(Voice over Internet Protocol)이란, 인터넷 프로토콜(IP)을 이용해 음성을 데이터 패킷 형태로 전송하는 기술이다.

**18** SRAM의 특징이 아닌 것은?

① 비싸고 빠름
② 재충전 필요
③ 전력 소모 적음
④ 캐시로 주로 사용

SRAM(Static RAM)은 전원이 공급되는 동안 데이터를 유지하며, 재충전 (Refresh)이 필요 없는 메모리이다.

**오답 피하기**
- SRAM : 재충전 불필요
- DRAM : 재충전 필요

**19** Windows 단축키 Ctrl + Shift + Esc 의 기능은?

① 실행창 열기
② 작업 관리자 열기
③ 바로가기 메뉴 열기
④ 시스템 종료

**오답 피하기**
- ① : ⊞ + R
- ③ : Shift + F10
- ④ : Alt + F4

정답  14 ②  15 ②  16 ②  17 ①  18 ②  19 ②

## 20 웹의 서버 측 스크립트 언어가 아닌 것은?

① ASP
② JSP
③ PHP
④ JavaScript

서버 측 스크립트 언어는 웹 서버에서 실행되어 HTML 결과를 생성한 뒤, 그 결과만 클라이언트(브라우저)로 전달한다.

**오답 피하기**

JavaScript는 클라이언트 측 스크립트 언어로, 브라우저에서 실행된다.

## 21 유니코드(Unicode)의 특징으로 올바른 것은?

① 8비트 코드로 영문만 지원
② 전 세계 모든 문자 2바이트 지원
③ 컴퓨터 기억장치만 변환
④ 7비트 코드

유니코드(Unicode)는 전 세계 모든 문자를 표현하기 위한 문자 코드 체계이며, 2바이트로 각국의 언어(문자)를 표현한다.

## 22 OSI 7계층 중 '데이터링크 계층'이 담당하는 기능은?

① 패킷 암호화
② 네트워크 경로 지정
③ 오류 검출 및 흐름 제어
④ 사용자 인터페이스 제공

**데이터링크 계층(Data Link Layer)**
• 인접한 노드 간의 신뢰성 있는 데이터 전송을 담당한다.
• 주요 기능
 − 프레임(Frame) 단위 전송
 − 오류 검출(Error Detection)
 − 흐름 제어(Flow Control)
 − MAC 주소 기반 통신

**오답 피하기**
• ① : 표현 계층
• ② : 네트워크 계층
• ④ : 응용 계층

## 23 스캐너의 특성으로 알맞은 것은?

① 문서 인쇄
② 영상 · 문서 자료 디지털 변환
③ 음성 합성
④ 프로젝터 연결

스캐너(Scanner)는 종이 문서나 사진(아날로그 자료)을 컴퓨터에서 처리 가능한 디지털 데이터로 변환하는 입력 장치이다.

## 24 A Class IP 주소 대역으로 올바른 것은?

① 0.0.0.0 ~ 127.255.255.255
② 128.0.0.0 ~ 191.255.255.255
③ 192.0.0.0 ~ 223.255.255.255
④ 224.0.0.0 ~ 255.255.255.255

**클래스별 범위**

| 클래스 | 첫 옥텟 범위 | IP 주소 범위 |
|---|---|---|
| A Class | 0 ~ 127 | 0.0.0.0 ~ 127.255.255.255 |
| B Class | 128 ~ 191 | 128.0.0.0 ~ 191.255.255.255 |
| C Class | 192 ~ 223 | 192.0.0.0 ~ 223.255.255.255 |
| D Class | 224 ~ 239 | 224.0.0.0 ~ 239.255.255.255 |
| E Class | 240 ~ 255 | 240.0.0.0 ~ 255.255.255.255 |

## 25 다음 중 USB 3.0의 최고 데이터 전송 속도는?

① 12Mbps
② 480Mbps
③ 5Gbps
④ 8Gbps

USB 3.0은 최대 5Gbps를 지원한다.

## 26 네트워크 데이터 전송 방식 중 '스니핑(Sniffing)'의 의미는?

① 데이터 무단 감청
② 트래픽 차단
③ 네트워크 장치 연결
④ IP 자동 할당

**스니핑(Sniffing)**
- 네트워크 데이터를 무단으로 감청하는 공격 기법이다.
- 패킷을 수동적으로 수집한다.
- ID/비밀번호 등 민감 정보 탈취가 가능하다.

오답 피하기
트래픽을 차단하는 것은 DoS/DDoS 공격이다.

## 27 OSI 7계층 중 데이터의 종단 간 신뢰성을 보장하는 계층은?

① 세션 계층
② 전송 계층
③ 응용 계층
④ 물리 계층

전송 계층(Transport Layer)은 송신자와 수신자 종단 간 통신의 신뢰성을 보장한다.

오답 피하기
- ① : 세션 설정/유지/해제 담당
- ③ : 사용자 서비스 제공
- ④ : 비트 전송

## 28 CPU의 레지스터 역할 중 누산기(Accumulator)의 기능은?

① 연산 결과 임시 저장
② 프로그램 카운터 기능
③ 주소 지정
④ 인터럽트 관리

누산기(Accumulator)는 CPU에서 산술 · 논리 연산의 결과를 일시적으로 저장하는 레지스터이다.

오답 피하기
- ② : PC(Program Counter)
- ③ : 주소 레지스터(MAR 등)
- ④ : 인터럽트 제어기, 상태 레지스터 영역

## 29 BIOS의 주요 역할로 올바른 것은?

① 응용 프로그램 실행
② 하드웨어 초기화, OS 로딩
③ 소프트웨어 라이선스 검증
④ 인터넷 트래픽 관리

**BIOS(Basic Input/Output System)**
- 컴퓨터 전원이 켜질 때 가장 먼저 실행되는 기본 펌웨어이다.
- 주요 역할 : 하드웨어 초기화, 운영체제(OS) 로딩

## 30 다음 중 SMTP가 담당하는 역할은?

① 파일 공유
② 전자우편 발송
③ 웹페이지 전송
④ 실시간 스트리밍

SMTP(Simple Mail Transfer Protocol)는 전자우편을 보내는 데 사용하는 프로토콜이다.

오답 피하기

| | |
|---|---|
| SMTP | 메일 발송 |
| POP3 | 메일 수신(다운로드) |
| IMAP | 메일 수신(서버 동기화) |
| HTTP | 웹 페이지 전송 |

## 31 데이터베이스 트랜잭션의 일관성(Consistency)에 대한 내용으로 올바른 것은?

① 작업 일부만 처리
② 모든 작업 전후 데이터 상태 일관 유지
③ 여러 사용자 동시 처리
④ 저장용량 확대

**트랜잭션 ACID 특성**

| | |
|---|---|
| 원자성(Atomicity) | 트랜잭션은 전부 수행되거나, 전부 취소되어야 한다. |
| 일관성(Consistency) | 트랜잭션 전후에 데이터베이스는 항상 일관된 상태를 유지해야 한다. |
| 고립성(Isolation) | 여러 트랜잭션이 동시에 실행되어도 서로 영향을 주지 않아야 한다. |
| 지속성(Durability) | 트랜잭션이 완료되면 그 결과는 영구적으로 저장된다. |

## 32 정보보안 용어 중 백도어(Back Door)의 의미는?

① 시스템에서 공식 우회 경로
② 암호키 자동화
③ 비대칭키 교환
④ 데이터 복구

백도어(Back Door)는 정상적인 인증 및 보안 절차를 거치지 않고 시스템에 접근할 수 있도록 만들어진 숨겨진 통로로, 처음에는 개발자와 관리자가 남긴 숨은 접근 경로를 의미했으나 현재는 공격자가 침투 후 몰래 심어둔 우회 통로를 말한다.

## 33 공유 소프트웨어(Shareware)의 특징으로 올바르지 않은 것은?

① 일정기간 사용 후 구매
② 무료로 영구 사용
③ 제한 기능 지원
④ 사용자에게 직접 판매

공유 소프트웨어(Shareware)는 일정 기간 또는 제한된 기능으로 무료 사용 후, 계속 사용하려면 구매해야 하는 소프트웨어이다.

**오답 피하기**
무료로 영구 사용할 수 있는 소프트웨어는 프리웨어(Freeware)이다.

## 34 다음 중 트로이 목마 바이러스의 특징으로 올바른 것은?

① 스스로 증식
② 정상 프로그램 위장
③ 바이러스 치료 가능
④ 네트워크 자격증 필요

**트로이 목마(Trojan Horse)**
• 정상적인 프로그램처럼 위장해 사용자를 속이고, 실행 시 악의적인 행위를 수행하는 악성코드이다.
• 사용자 스스로 실행하게 유도한다.
• 내부에 백도어 및 정보 탈취 기능을 포함시킬 수 있다.

**오답 피하기**
스스로 증식하는 것은 바이러스(Virus) 또는 웜(Worm)의 특징이다.

## 35 OSI 7계층 중 물리 계층의 역할로 알맞은 것은?

① 데이터 암호화
② 전기적, 물리적 신호 전송
③ 응용 프로그램 실행
④ 트랜잭션 관리

물리 계층(Physical Layer)은 데이터를 0과 1의 비트 형태로 변환하여 실제 전기적, 광학적, 물리적 신호로 전송하는 계층이다.

## 36 SQL에서 TRUNCATE 명령어의 특징은?

① 일부 데이터만 삭제
② 테이블 전체 데이터 삭제, 구조 유지
③ 테이블명 변경
④ 컬럼명 변경

TRUNCATE는 테이블의 구조는 그대로 두고, 데이터만 전부 빠르게 삭제하는 명령어이다.

## 37 SQL에서 UNIQUE 제약조건의 의미는?

① 값 중복 허용
② 값 중복 불허, NULL 허용
③ 기본키로만 사용
④ 자동 증가

UNIQUE 제약조건이란, 컬럼에 저장되는 값의 중복을 허용하지 않는 제약조건이다. 동일한 값은 중복 불가하고, NULL 값은 허용한다.

## 38 SQL에서 IN 조건의 용도는?

① 값 범위 지정
② 값 중복 체크
③ 여러 값 중 하나인지 판별
④ 데이터 추가

IN 조건은 컬럼 값이 지정한 여러 값 목록 중 하나에 해당하는지 검사하는 조건이다.

**오답 피하기**
• ① : BETWEEN
• ② : DISTINCT, UNIQUE
• ④ : INSERT

## 39 다음 중 SQL에서 집합 연산자 INTERSECT의 결과는?

① 합집합          ② 교집합
③ 차집합          ④ 중복 포함 전체

INTERSECT는 두 SELECT 문의 결과 중에서 공통으로 존재하는 행만 반환 (A∩B)하는 집합 연산자이다.

**오답 피하기**
**집합 연산자**

| UNION | 합집합(중복 제거) |
|---|---|
| UNION ALL | 합집합(중복 포함) |
| INTERSECT | 교집합 |
| MINUS / EXCEPT | 차집합 |

## 40 SQL에서 IS NULL 조건의 결과로 올바른 것은?

① 빈 문자열
② NULL 값인 행만 조회
③ 중복 값
④ 모든 행

IS NULL : 컬럼 값이 NULL인 행만 선택하는 조건

**오답 피하기**
빈 문자열(' ')과 NULL(값이 없음)은 다른 개념이다.

## 41 SQL에서 GROUP BY와 함께 HAVING 절이 필요한 경우는?

① 컬럼명 바꾸기
② 그룹별 집계 결과 조건
③ 행 개수 확인
④ 데이터 삽입

HAVING 절은 GROUP BY로 묶은 그룹의 집계 결과에 조건을 걸 때 사용한다.

**오답 피하기**
WHERE는 행 조건, HAVING은 그룹 조건이다.

## 42 SQL에서 날짜/시간 연산을 위해 주로 사용하는 함수는?

① COUNT( )          ② NOW( )
③ AVG( )          ④ MIN( )

SYSDATE(Oracle), NOW( )(MySQL) : 현재 날짜와 시간

**오답 피하기**
• ① : 행 개수 집계 함수
• ③ : 평균 계산 함수
• ④ : 최소값 집계 함수

## 43 INSERT INTO 구문의 필수 구성요소가 아닌 것은?

① 테이블명          ② VALUES
③ WHERE          ④ 컬럼명

**INSERT INTO 기본 문법**

```
INSERT INTO 테이블명 (컬럼명)
VALUES (값);
```

또는

```
INSERT INTO 테이블명
VALUES (값);
```

**오답 피하기**
WHERE는 SELECT, UPDATE, DELETE에서 사용하며, INSERT에서는 사용하지 않는다.

## 44 SQL에서 테이블에 외래키(Foreign Key)를 설정하는 목적은?

① 데이터 중복 허용
② 다른 테이블과의 관계 보장
③ 테이블 삭제
④ 컬럼 추가

외래키는 테이블 간 관계 보장, 즉 참조 무결성(Referential Integrity)을 유지하는 것이 목적이다.

## 45 SQL에서 LIKE 조건의 활용 예로 바른 것은?

① WHERE name LIKE 'Kim%'
② WHERE name = = 'Kim'
③ WHERE name 〈 'K'
④ WHERE name in ('Kim')

**LIKE**
• %, _를 사용한 문자열 패턴 검색에 사용한다.
• LIKE 패턴

| 'Kim%' | Kim으로 시작 |
|---|---|
| '%Kim' | Kim으로 끝남 |
| '%Kim%' | Kim 포함 |
| 'K_m' | K로 시작, m으로 끝나는 3글자(_ 한 개당 한 글자) |

## 46 SQL에서 'ALTER TABLE 테이블명 ADD(컬럼명 타입);'의 결과는?

① 테이블 삭제
② 테이블 구조에 컬럼 추가
③ 데이터 삭제
④ 트랜잭션 취소

문제의 구문은 기존 테이블의 구조(스키마)를 변경해서 새로운 컬럼을 추가하는 명령어이다.

**오답 피하기**
• ① : DROP TABLE
• ③ : DELETE, TRUNCATE
• ④ : ROLLBACK

## 47 SQL의 집계함수 중 다른 집계함수와 성격이 다른 하나는?

① SUM( )
② COUNT( )
③ MAX( )
④ AVG( )

SUM( ), MAX( ), AVG( ) 함수는 컬럼의 값(value)을 대상으로 연산하는 집계함수이다. 반면, COUNT( ) 함수는 값을 계산하는 것이 아니라 행(row)의 개수를 계산하는 함수로, 다른 집계함수와 성격이 다르다.

## 48 SQL에서 PRIMARY KEY와 UNIQUE의 주요 차이는?

① UNIQUE는 NULL 허용
② PRIMARY KEY는 중복 허용
③ 둘 다 기본키
④ UNIQUE는 인덱스 생성 불가

PRIMARY KEY와 UNIQUE의 주요 차이는 'NULL 허용 여부'이다.

**오답 피하기**

| 구분 | PRIMARY KEY | UNIQUE |
|---|---|---|
| 중복 허용 | 불가 | 불가 |
| NULL 허용 | 불가 | 허용 |
| 테이블당 개수 | 1개만 가능 | 여러 개 가능 |
| 인덱스 | 자동 생성 | 자동 생성 |

## 49 SQL에서 데이터베이스 내 사용자 생성에 사용하는 명령어는?

① CREATE USER
② CREATE DATABASE
③ CREATE TABLE
④ CREATE VIEW

CREATE USER는 데이터베이스에 새로운 사용자(계정)를 생성하는 명령어이다.

**오답 피하기**
• ② : 데이터베이스 자체 생성
• ③ : 테이블 생성
• ④ : 뷰 생성

## 50 JOIN 후 결과에서 중복행을 제거하는 데 사용하는 키워드로 올바른 것은?

① DISTINCT
② ORDER BY
③ HAVING
④ LIMIT

JOIN을 하면 테이블 간 매칭 때문에 같은 행이 여러 번 나타날 수 있다. 이때 중복 제거용으로 DISTINCT를 사용한다.

**오답 피하기**
• ② : 결과 정렬만 수행
• ③ : GROUP BY 결과에 조건 적용
• ④ : 결과 행 수 제한

## 51 정보 시스템 개발에서 요구사항 분석 과정의 목적은?

① 시험 계획
② 사용자 요구사항 정리
③ 코드 작성
④ 데이터 백업

요구사항 분석은 시스템을 만들기 전에 사용자가 무엇을 원하는지, 무엇이 필요한지를 명확히 정의하는 단계이다. 기능·비기능 요구사항을 정리하고 범위(Scope)를 확정하여 이후 설계·구현·테스트의 기준점이 된다.

**오답 피하기**
• ① : 테스트 단계
• ③ : 구현 단계
• ④ : 운영 및 유지보수 단계

## 52 분산 처리 시스템의 단점으로 옳은 것은?

① 부하분산
② 통신 장애 시 전체 시스템 마비
③ 처리속도 향상
④ 중앙집중 관리

분산 처리 시스템은 여러 노드가 네트워크로 연결되어 있기 때문에 통신 장애가 발생하면 서비스 전체에 치명적인 영향을 줄 수 있다.

## 53 다음 중 정보 시스템의 유지보수 유형이 아닌 것은?

① 수정 유지보수
② 예방 유지보수
③ 적응 유지보수
④ 폭포수 유지보수

폭포수(Waterfall)는 개발 방법론이다.

**오답 피하기**

**정보 시스템의 유지보수 유형**

| 수정 유지보수 | 운영 중 발생한 오류·결함·버그 수정 |
|---|---|
| 적응 유지보수 | 환경 변화에 맞게 시스템 조정 |
| 완전 유지보수 | 기능 추가·개선으로 성능과 편의성 향상 |
| 예방 유지보수 | 문제 발생을 사전에 방지하기 위한 조치 |

## 54 정보 시스템에서 데이터 백업의 주요 목적은?

① 저장공간 확대
② 복구 및 장애 대비
③ 혁신 기술 구현
④ 네트워크 트래픽 방지

데이터 백업 시스템 장애·오류·사고 발생 시 데이터를 원래 상태로 복구하기 위해 미리 복사해 두는 것을 말한다.

## 55 운영체제에서 스케줄러(Scheduler)의 역할은?

① 메모리 정리
② CPU 작업 순서 결정
③ 네트워크 연결
④ 데이터 암호화

스케줄러(Scheduler)는 여러 프로세스나 스레드 중에서 어떤 작업을 언제 CPU에 할당할지 결정하는 OS 구성요소이다.

## 56 개발환경에서 빌드(Build) 과정의 목적은?

① 실시간 테스트
② 소스코드를 실행 파일로 변환
③ 데이터 암호화
④ 네트워크 연결

빌드(Build)란 작성한 소스코드를 컴파일 및 링크하여 실행 가능한 형태(실행 파일, 패키지)로 만드는 과정이다. 즉, 개발자가 작성한 코드를 실제로 실행할 수 있게 만드는 단계이다.

## 57 정보 시스템에서 데이터베이스 이중화(Replication)의 목적은?

① 속도 저하
② 장애 대비 데이터 중복
③ 트랜잭션 일괄 처리
④ 보안성 저하

데이터베이스 이중화(Replication) 하나의 데이터베이스 데이터를 여러 서버에 동일하게 복제하여 유지하는 기술이다. 장애 발생 시 서비스 중단 최소화, 데이터 손실 방지, 고가용성(High Availability) 확보 등이 목적이다.

## 58 IT 서비스 관리(ITSM) 도입 효과가 아닌 것은?

① 서비스 품질 향상
② 서비스의 표준화
③ 고객 지원 체계 개선
④ 업무 혼선 증가

ITSM(IT Service Management)는 IT 서비스를 체계적이고 표준적으로 관리하여 서비스 품질과 운영 효율을 높이는 관리 체계이다.

오답 피하기
업무 혼선 감소 및 책임과 역할의 명확화가 목적이다.

## 59 시스템 복원 시 복원점 선택의 주 목적은?

① 수행속도 향상
② 트랜잭션 상태 보존
③ 시스템 상태 특정 시점으로 복구
④ 사용자 권한 파악

**복원점(Restore Point)**
• 시스템 설정, 레지스트리, 드라이버 등의 주요 상태를 특정 시점으로 되돌리기 위해(시점 기준 복구) 저장한 스냅샷이다.
• 업데이트/드라이버 설치 후 문제 발생 시, 문제 발생 이전의 정상 상태로 복구하는 것이 목적이다.

## 60 백업 용량 산정 시 우선 고려해야 할 요소는?

① 사용자 수
② 데이터 증분량
③ 운영체제 종류
④ 네트워크 유형

백업 용량은 현재 데이터 크기보다 시간에 따라 얼마나 늘어나는지(증분량)가 더 중요한 요소이다.

| 기능사 | 시험 시간 | 문항 수 |
|---|---|---|
| | 총 60분 | 총 60개 |

풀이 시간 : _____ 채점 점수 : _____

---

상 **중** 하

## 01 JavaScript에서 사용자 입력창(프롬프트)을 띄우는 메서드는?

① alert("title","default")

② prompt("title","default")

③ alert("default","title")

④ prompt("default","title")

prompt( )는 prompt("title", "default") 형식으로 사용하며, 첫 번째 인자는 사용자에게 보여줄 메시지, 두 번째 인자는 입력창에 기본으로 표시될 값을 의미한다.

**오답 피하기**

alert( )는 메시지 출력만 가능하며, 입력을 받을 수는 없다.

---

상 **중** 하

## 02 다음 중 C언어에서 변수명으로 사용할 수 있는 것은?

① 8_dei

② while

③ di sum

④ iAvg

**C언어의 변수명 규칙**

• 영문자(A~Z, a~z) 또는 밑줄( _ )로 시작해야 한다.

• 숫자는 사용할 수 있으나, 첫 글자로는 사용할 수 없다.

• 공백을 포함할 수 없다.

• C언어의 예약어(keyword)는 변수명으로 사용할 수 없다.

---

상 **중** 하

## 03 C언어에서 상수를 정의할 때 사용하는 전처리기 예약어는?

① #include

② #define

③ #valuable

④ #function

#define은 컴파일 이전 단계에서 동작하며, 지정한 식별자를 값으로 치환하는 매크로로 상수를 정의한다.

---

**상** 중 하

## 04 다음 Java 코드의 실행 결과는?

```
int a[ ][ ] = new int[2][3];
System.out.print(a.length);
```

① 2

② 3

③ 5

④ 6

• int a[ ][ ] = new int[2][3]; → 길이가 2인 배열 a를 만들고, 그 안의 각 칸마다 길이가 3인 int 배열을 넣으라는 의미이다.

• a.length → 행(row)의 개수, 즉 바깥 배열의 길이를 의미한다.

**오답 피하기**

a.length는 행의 개수, a[i].length는 i번째 행의 열 개수이다.

---

상 **중** 하

## 05 Python 서식 문자열 중 의미가 잘못 연결된 것은?

① %d – 정수형 10진수

② %x – 정수형 8진수

③ %f – 실수

④ %s – 문자열

%x는 16진수를 나타내며, 8진수는 %o이다.

---

**상** 중 하

## 06 Python에서 문자열이나 리스트의 일부 구간을 잘라 반환하는 기능은?

① Goto

② Range

③ Slicing

④ Set

Python에서 문자열(String)이나 리스트(List)처럼 순서가 있는 자료형의 일부 구간을 [start:end]로 잘라서 반환하는 기능을 슬라이싱(Slicing)이라고 한다.

---

**07** 다음 중 C언어에서 수학 함수를 사용하기 위해 포함해야 하는 라이브러리는?

① stdio.h
② math.h
③ stdlib.h
④ time.h

C언어에서 수학 관련 함수(예 sqrt( ), sin( ), cos( ) 등)를 사용하려면 math.h 헤더 파일을 포함해야 한다.

**오답 피하기**
- ① : 입출력 함수(printf, scanf) 관련 라이브러리
- ③ : 메모리 관리, 형 변환, 난수 함수(malloc, free, atoi, rand)
- ④ : 시간, 날짜 관련 함수(time, clock)

**08** JavaScript의 프레임워크가 아닌 것은?

① Angular
② React
③ Ember
④ Django

Django는 Python 기반의 웹 프레임워크이다.

**오답 피하기**
- ① : Google에서 개발한 JavaScript 기반 프론트엔드 프레임워크
- ② : Meta(Facebook)에서 개발한 JavaScript 기반 UI 라이브러리
- ③ : JavaScript 기반의 프론트엔드 프레임워크

**09** 다음 C언어 함수 중 키보드로 문자 하나를 읽는 함수는?

① gets( )
② putchar( )
③ puts( )
④ getchar( )

getchar( )는 표준 입력(stdin)으로부터 문자 1개를 읽어 반환한다.

**오답 피하기**
- ① : 문자열 입력 함수
- ② : 문자 출력 함수
- ③ : 문자열 출력 함수

**10** 다음 C 프로그램 실행 결과는?

```
int a = 13;
func(&a);    // func : *p = *p - 5;
```

① -5
② 3
③ 8
④ 13

- 변수 a의 초기값은 13이다.
- func(&a)는 변수 a의 주소를 함수로 전달한다.
- 함수 내부에서 p는 a를 가리키는 포인터이다.
- a = 13 → a = 13 - 5 → a = 8이 출력된다.

**오답 피하기**
포인터로 주소를 전달하면 함수 안에서 원본 값이 변경된다.

**11** 다음 중 객체지향 언어는?

① ALGOL
② COBOL
③ C
④ C++

C++은 C 언어에 객체지향 개념(클래스, 상속, 다형성)을 추가한 언어이다.

**오답 피하기**
ALGOL, COBOL, C : 절차적 언어

**12** 다음 중 커서를 왼쪽으로 한 칸 이동하는 제어문자는?

① \n
② \b
③ \t
④ \a

\b : backspace = 커서 왼쪽 한 칸 이동

**오답 피하기**
- ① : newline = 줄 바꿈, 다음 줄의 처음으로 이동
- ③ : tab = 탭 간격만큼 커서 이동
- ④ : alert/bell = 경고음(비프음) 발생

**13** 다음 C언어 코드의 출력 결과로 올바른 것은?

```
#include <stdio.h>

int main( ) {
    int arr[3] = {1, 2, 3};
    printf("%d", *(arr + 2));
    return 0;
}
```

① 2                    ② 3
③ 1                    ④ 오류 발생

• arr → 배열의 시작 주소(&arr[0])
• arr + 2 → 시작 주소에서 2칸 이동(&arr[2])
• *(arr + 2) → 해당 주소의 값 → 3

**14** 다음 C언어 코드의 출력 결과로 올바른 것은?

```
#include <stdio.h>

void func(int *a) {
    *a = *a * 2;
}

int main( ) {
    int x = 5;
    func(&x);
    printf("%d", x);
    return 0;
}
```

① 5                    ② 10
③ 15                   ④ 25

| int x = 5;<br>func(&x); | • 변수 x의 초기값은 5<br>• func(&x)는 x의 주소를 함수로 전달 |
|---|---|
| void func(int *a) {<br>    *a = *a * 2;<br>} | • a는 x를 가리키는 포인터<br>• *a는 x의 실제 값<br>• *a = *a * 2 → x = x * 2 |

**15** 다음 중 객체지향 프로그래밍 언어에서 사용되는 개념이 아닌 것은?

① 클래스                ② 객체
③ 메서드                ④ 함수

• 객체지향 프로그래밍 : 클래스, 객체, 메서드
• 절차적 프로그래밍 : 함수

**16** 정보 전송 시 발생하는 오류를 검출 · 정정할 수 있는 코드는?

① 그레이(Gray) 코드
② 해밍(Hamming) 코드
③ 초과-3(Excess-3) 코드
④ BCD 코드

해밍 코드(Hamming code)는 패리티 비트(parity bit)를 추가하여 1비트 오류 정정, 2비트 오류 검출이 가능하도록 설계된 오류 제어 코드이다.

**오답 피하기**
• ① : 인접한 코드 간 변화 비트 수를 최소화하기 위한 코드
• ③ : 10진수를 2진수로 표현하는 가중치 코드
• ④ : 10진수 각 자리를 4비트 2진수로 표현

**17** 해시에서 동일한 버킷 주소를 갖는 레코드들의 집합을 의미하는 것은?

① Chaining             ② Collision
③ Division             ④ Synonym

해시 함수에서 서로 다른 키가 동일한 주소로 배정되는 현상을 '충돌(Collision)'이라 하며, 이때 같은 주소를 할당받은 레코드들의 집합을 '동의어(Synonym)'라고 한다. 그리고 이러한 충돌을 해결하기 위해 동일 주소의 레코드들을 연결 리스트로 묶어 관리하는 기법이 '체이닝(Chaining)'이다. 디비전(Division)은 해시 함수를 만드는 가장 대표적인 계산 방식이다.

## 18 파이프-필터 형태의 소프트웨어 아키텍처에 대한 설명으로 옳은 것은?

① 노드와 간선으로 구성된다.

② 계층 구조로 구성된다.

③ 처리 결과를 다음 서브 시스템으로 전달한다.

④ MVC 구조로 구성된다.

파이프-필터(Pipe-Filter) 아키텍처는 데이터를 처리하는 여러 서브 시스템(필터)이 파이프로 연결되어, 각 단계가 입력 데이터를 처리한 뒤 결과를 다음 단계로 전달하는 구조이다.

## 19 한 객체의 상태가 변화하면 관련 객체에 자동 통보하는 패턴은?

① State

② Observer

③ Visitor

④ Mediator

**Observer 패턴**

• 한 객체의 상태가 변경되면, 그 객체를 관찰(등록)하고 있는 다른 객체들에게 자동으로 통보하는 디자인 패턴이다.

• 객체 간 의존성을 느슨하게 유지하면서, 상태 변화에 따른 자동 알림(Notify) 메커니즘을 제공한다.

**오답 피하기**

• ① : 객체의 상태 변화에 따라 행위를 변경하는 패턴

• ③ : 객체 구조는 유지한 채 새로운 연산을 추가하는 패턴

• ④ : 객체 간 복잡한 상호작용을 중재자에게 위임하는 패턴

## 20 추상 클래스에 대한 설명으로 옳은 것은?

① 구상 클래스라고도 부른다

② 인스턴스 직접 생성 가능

③ 공통 기능 모음, 일부 구현

④ 객체 속성·메서드 구체적 설계도

추상 클래스(Abstract Class)는 공통 기능을 정의하면서, 일부는 구현하고 일부는 하위 클래스에서 구현하도록 강제하는 클래스이다.

## 21 OSI 참조모델에서 UDP가 속한 계층은?

① 데이터 링크 계층

② 세션 계층

③ 응용 계층

④ 전송 계층

UDP(User Datagram Protocol)는 전송 계층 프로토콜로, 비연결형 통신을 제공한다.

## 22 디렉터리 구조 중 중앙에 마스터 디렉터리가 있고 하위에 사용자별 디렉터리가 있는 구조는?

① 1단계

② 2단계

③ 트리

④ 비순환 그래프

중앙에 하나의 마스터 디렉터리가 있고, 그 아래에 사용자별 디렉터리가 존재하는 구조는 전형적인 2단계(Two-Level) 디렉터리 구조이다.

**오답 피하기**

• ① : 모든 파일이 하나의 디렉터리에 존재

• ③ : 디렉터리 아래에 다시 하위 디렉터리를 둘 수 있는 계층적 구조

• ④ : 디렉터리를 여러 경로에서 공유 가능

## 23 라우팅(Routing) 프로토콜이 아닌 것은?

① BGP

② OSPF(OSRF)

③ SMTP

④ RIP

SMTP(Simple Mail Transfer Protocol)는 전자우편 전송 프로토콜이며, 라우팅과는 무관하다.

**24** 아키텍처 설계에서 뷰의 종류가 아닌 것은?

① 물리적 뷰　　② 논리적 뷰
③ 프로세스 뷰　　④ 배포 뷰

**4+1 아키텍처 뷰 구성**
• 논리적 뷰(Logical View)
• 프로세스 뷰(Process View)
• 개발 뷰(Development View)
• 물리적 뷰(Physical View)
(+ 시나리오/유스케이스 뷰)

**25** A → B, B → C일 때 A → C를 만족하는 종속을 제거하는 정규화 단계는?

① 1NF → 2NF
② 2NF → 3NF
③ 3NF → BCNF
④ 비정규 릴레이션 → 1NF

A → B, B → C일 때 A → C가 성립하는 경우는 이행적 종속(Transitive Dependency)이며, 2정규형(2NF) → 3정규형(3NF) 과정에서 이행적 종속을 제거한다.

**26** 다음 중 무결성 규정에 대한 설명으로 옳지 않은 것은?

① 무결성 규정은 데이터의 정확성과 일관성을 유지하기 위한 규칙이다.
② 무결성 규정의 제약 대상에는 도메인, 키, 종속성 등이 있다.
③ 무결성 규정은 불법적인 갱신을 방지하는 처리 과정이다.
④ 무결성 규정은 데이터에 허용되는 값의 범위를 제한한다.

무결성 규정(Integrity Constraint)은 데이터베이스에 저장되는 데이터의 정확성, 일관성, 신뢰성을 유지하기 위해 정의되는 규칙(제약 조건)이다. 이는 데이터에 허용되는 값이나 관계를 제한하는 논리적 규칙이지, 어떤 동작을 수행하는 처리 과정(process)은 아니다.

**27** 다음 중 제3정규형(3NF)의 조건을 만족시키기 위해 제거해야 하는 종속성은?

① 부분 함수 종속
② 다치 종속
③ 이행적 함수 종속
④ 결정자 종속

제3정규형(3NF)은 비주요 속성이 다른 비주요 속성에 종속되지 않도록 하는 정규형이다. 이를 위해 이행적 함수 종속(Transitive Dependency)을 제거해야 한다.

**28** 스택의 응용 분야로 거리가 먼 것은?

① 서브루틴 호출
② 인터럽트 처리
③ 수식 계산 및 표기 변환
④ 운영체제의 작업 스케줄링

스택(Stack)은 후입선출(LIFO) 구조를 가지며, 임시 데이터 저장 · 복귀 처리에 적합한 자료구조이다. 이를 기반으로 다양한 시스템 및 프로그램 기능에 활용된다.

**오답 피하기**
작업 스케줄링은 큐(Queue) 기반의 선입선출(FIFO) 구조를 주로 사용한다.

**29** 3, 5, 6, 8을 스택에 입력하였다가 출력한 결과가 될 수 없는 것은?

① 6, 5, 3, 8
② 6, 8, 3, 5
③ 5, 3, 8, 6
④ 5, 6, 8, 3

• 스택은 후입선출(LIFO)이므로 위에 있는 것부터 꺼낼 수 있다.
• ②는 8을 꺼낸 뒤 스택에 [3, 5]가 남는데, LIFO 때문에 3을 5보다 먼저 꺼낼 수 없어서 불가능하다.

**상 중 하**

## 30 초기 데이터 8, 3, 4, 9, 7을 삽입 정렬 시, Pass 2의 결과로 올바른 것은?

① 3 8 4 9 7
② 3 4 8 9 7
③ 3 4 7 9 8
④ 3 4 7 8 9

삽입 정렬(Insertion Sort)은 앞쪽 부분이 이미 정렬되어 있다고 가정하고, 다음 원소를 적절한 위치에 삽입하는 방식이다.

| 초기 | 8 3 4 9 7 |
|---|---|
| Pass 1 | 3 8 4 9 7 |
| Pass 2 | 3 4 8 9 7 |
| Pass 3 | 3 4 8 9 7 |
| Pass 4 | 3 4 7 8 9 |

**상 중 하**

## 31 초기 데이터 9, 6, 7, 3, 5를 버블 정렬 시, 3회전 후 결과로 올바른 것은?

① 3 5 6 7 9
② 6 3 5 7 9
③ 6 7 3 5 9
④ 9 7 6 5 3

버블 정렬(Bubble Sort)은 인접한 두 값을 비교해서 큰 값을 오른쪽으로 보내는 방식이다.

| 초기 | 9 6 7 3 5 |
|---|---|
| Pass 1 | 6 7 3 5 9 |
| Pass 2 | 6 3 5 7 9 |
| Pass 3 | 3 5 6 7 9 |

**상 중 하**

## 32 E-R 모델에서 개체 타입을 표시하는 기호는?

① 타원　　　　② 마름모
③ 선　　　　　④ 사각형

개체 타입은 사각형, 관계는 마름모, 속성은 타원으로 표현한다.

**상 중 하**

## 33 IPv6 설명 중 틀린 것은?

① IPv6 주소는 128비트
② 인증 및 보안 포함
③ 브로드캐스트 포함
④ 확장헤더로 기능 확장 용이

IPv6는 멀티캐스트, 애니캐스트, 유니캐스트를 지원한다.

**상 중 하**

## 34 통합 테스트에 대한 설명 중 틀린 것은?

① 상향식 통합 테스트에서는 드라이버를 사용한다.
② 하향식 통합 테스트에서는 스텁을 사용한다.
③ 통합 테스트는 모듈 간 상호작용 오류를 검출한다.
④ 통합 테스트는 기능성 테스트를 최우선으로 수행한다.

기능성 테스트는 단위 테스트나 시스템 테스트의 주요 목적이며, 통합 테스트에서는 모듈 간 상호작용이 우선이다.

**상 중 하**

## 35 한 모듈이 다른 모듈의 내부 자료를 직접 참조하는 경우의 결합도를 의미하는 것은?

① 내용 결합도
② 공통 결합도
③ 제어 결합도
④ 스탬프 결합도

내용 결합도(Content Coupling)는 한 모듈이 다른 모듈 내부의 자료나 기능을 직접 참조하는 것으로, 결합도 중 가장 강하며 바람직하지 않은 형태이다.

## 36 트랜잭션 ACID 중 Isolation은?

① 원자성
② 일관성
③ 격리성
④ 지속성

**ACID 구성요소**
- A(Atomicity, 원자성) : 트랜잭션의 모든 작업이 전부 수행되거나 전부 수행되지 않음
- C(Consistency, 일관성) : 트랜잭션 수행 전후에 데이터베이스가 일관된 상태 유지
- I(Isolation, 격리성) : 동시에 수행되는 트랜잭션들이 서로의 중간 결과에 영향을 주지 않음
- D(Durability, 지속성) : 트랜잭션이 완료되면 그 결과가 영구적으로 저장됨

## 37 SQL 정의어(DDL)에 해당하지 않는 것은?

① CREATE
② SELECT
③ ALTER
④ DROP

SELECT는 데이터 조회용 DML이며, DDL에는 CREATE, ALTER, DROP 등이 있다.

## 38 DB 설계의 물리적 설계에 대한 설명으로 옳지 않은 것은?

① E-R 모델을 이용해 스키마를 설계한다.
② 성능 향상을 위해 저장 구조와 접근 경로를 결정한다.
③ 논리적 설계 결과를 실제 저장 구조로 구현한다.
④ 응답 시간, 저장 공간, 트랜잭션 처리율 등을 고려한다.

DB 설계는 개념적 설계 → 논리적 설계 → 물리적 설계 순으로 진행된다. 이 중 물리적 설계(Physical Design)는 논리적 설계 결과를 바탕으로 실제 DBMS 환경에서의 저장 방법과 성능을 최적화하는 단계이다.

**오답 피하기**
E-R 모델을 사용하는 것은 개념적 설계 단계이다.

## 39 릴레이션의 속성 수와 튜플 수를 순서대로 나타낸 것은?

① Cardinality, Degree
② Domain, Degree
③ Degree, Cardinality
④ Degree, Domain

- 속성 수 : 차수(Degree)
- 튜플 수 : 카디널리티(Cardinality)

## 40 릴레이션의 기본키 속성이 NULL이거나 중복값을 가질 수 없다는 무결성은 무엇인가?

① 참조 무결성
② 정보 무결성
③ 개체 무결성
④ 주소 무결성

릴레이션에서 기본키(Primary Key)는 각 튜플을 유일하게 식별해야 하므로, NULL 값을 가질 수 없고 중복도 허용되지 않는다. 이러한 규칙을 보장하는 무결성이 개체 무결성(Entity Integrity)이다.

**오답 피하기**

**무결성(Integrity)의 종류**

| 개체 무결성<br>(Entity Integrity) | 기본키(Primary Key)에 대한 규칙 |
|---|---|
| 참조 무결성<br>(Referential Integrity) | 외래키(Foreign Key)에 대한 규칙 |
| 도메인 무결성<br>(Domain Integrity) | 속성(Attribute) 값의 허용 범위에 대한 규칙 |
| 사용자 정의 무결성<br>(User Defined Integrity) | 업무 규칙에 따라 사용자가 직접 정의한 규칙 |

## 41 두 릴레이션 합집합에서 중복 제거하는 연산은?

① UNION
② DIFFERENCE
③ INTERSECTION
④ CARTESIAN PRODUCT

**관계대수 연산**

| SELECT(σ) | 선택 | 조건에 맞는 튜플(행) 선택 |
|---|---|---|
| PROJECT(π) | 투영 | 원하는 속성(열)만 선택 |
| UNION(∪) | 합집합 | 두 릴레이션의 합집합, 중복 튜플 제거 |
| DIFFERENCE(−) | 차집합 | A에는 있고 B에는 없는 튜플 |
| CARTESIAN PRODUCT(×) | 카티션 곱 | 모든 튜플 조합 생성 |
| INTERSECTION(∩) | 교집합 | 두 릴레이션에 공통으로 존재하는 튜플 |
| JOIN(⋈) | 조인 | 공통 속성을 기준으로 릴레이션 결합 |
| DIVISION(÷) | 나눗셈 | ALL 조건 |

## 42 뷰(View)에 대한 설명으로 옳지 않은 것은?

① 기본 테이블로부터 유도되는 가상 테이블
② 삽입 · 삭제 · 갱신 제한 있음
③ 논리적 독립성 제공
④ MAKE로 생성

뷰 생성은 CREATE VIEW 문으로 한다.

## 43 DML에 해당하는 명령은?

① CREATE
② INSERT
③ ALTER
④ DROP

INSERT, UPDATE, DELETE, SELECT는 DML이다.

## 44 ACID 중 다른 트랜잭션이 끼어들 수 없다는 특성은?

① 원자성  ② 일관성
③ 격리성  ④ 지속성

**ACID 구성요소**

• A(Atomicity, 원자성) : 트랜잭션의 모든 작업이 전부 수행되거나 전부 수행되지 않음
• C(Consistency, 일관성) : 트랜잭션 수행 전후에 데이터베이스가 일관된 상태 유지
• I(Isolation, 격리성) : 동시에 수행되는 트랜잭션들이 서로의 중간 결과에 영향을 주지 않음
• D(Durability, 지속성) : 트랜잭션이 완료되면 그 결과가 영구적으로 저장됨

## 45 다음 SQL 실행 결과에 대한 설명 중 맞는 것은?

> SELECT * FROM STUDENT WHERE SNAME LIKE '홍%';

① '홍'으로 시작하는 튜플 삭제
② '홍'으로 시작하는 튜플 조회
③ '홍'으로 끝나는 튜플 조회
④ '홍'이 포함된 모든 튜플 조회

• '홍%' → 홍으로 시작
• '%홍' → 홍으로 끝남
• '%홍%' → 홍 포함

## 46 시스템 카탈로그에 대한 설명 중 틀린 것은?

① 시스템 운영에 필요한 스키마와 객체 정보를 포함한다.
② 데이터베이스의 메타데이터를 저장한다.
③ 데이터 사전(Data Dictionary)이라고도 불린다.
④ 일반 사용자는 시스템 카탈로그를 조회할 수 없다.

시스템 카탈로그(System Catalog)는 일반 사용자도 조회는 가능하지만, 삽입 · 삭제 · 갱신은 허용되지 않는다.

**47** 〈상〉**〈중〉**〈하〉 다음 중 DBMS(Database Management System)의 주요 기능에 해당하지 않는 것은?

① 데이터 정의
② 데이터 조작
③ 데이터 복구
④ 데이터 압축

DBMS(Database Management System)는 데이터베이스를 효율적으로 관리하기 위한 시스템으로, 정의 · 조작 · 제어 · 복구 등의 기능을 제공한다. 데이터 압축은 부가 기능이지 핵심 기능은 아니다.

**48** 〈상〉**〈중〉**〈하〉 다음 중 데이터베이스 인덱스에 대한 설명으로 올바른 것은?

① 데이터베이스의 데이터를 중복하여 저장하는 방식이다.
② 데이터 검색 속도를 향상시키기 위해 사용하는 구조이다.
③ 모든 데이터베이스에서 반드시 인덱스를 사용한다.
④ 인덱스는 데이터를 암호화하여 저장하는 기술이다.

인덱스는 데이터 검색 속도를 빠르게 하기 위해 사용하는 자료 구조로, 검색 성능을 향상시키는 데 사용된다.

**49** 〈상〉**〈중〉**〈하〉 EMP 테이블에서 급여(SAL)의 합계를 구하는 SQL문은?

① SELECT SUM(SAL) FROM EMP;
② SELECT ADD(SAL) FROM EMP;
③ SELECT TOTAL(SAL) FROM EMP;
④ SELECT SAL(*) FROM EMP;

EMP 테이블에서 급여(SAL)의 합계를 구하려면 SQL의 집계 함수(Aggregate Function)인 SUM()을 사용한다.

**50** 〈상〉**〈중〉**〈하〉 EMP 테이블에서 급여가 3000 이상인 사원을 검색하는 SQL문은?

① SELECT * FROM EMP WHERE SAL >= 3000;
② SELECT * FROM EMP WHERE SAL <= 3000;
③ SELECT * EMP WHERE SAL > 3000;
④ FIND * FROM EMP WHERE SAL >= 3000;

• SELECT * : 모든 컬럼 조회
• FROM EMP : EMP 테이블 대상
• WHERE SAL >= 3000 : 급여가 3000 이상인 조건

**51** **〈상〉**〈중〉〈하〉 100Base-T 네트워크 전송 매체는?

① Coaxial
② Optical
③ UTP
④ Microwave

100Base-T는 이더넷(Ethernet) 표준 중 하나로, UTP(Unshielded Twisted Pair, 비차폐 연선) 케이블을 전송 매체로 사용한다.

**52** 〈상〉**〈중〉**〈하〉 사용자 인터페이스에 대한 설명으로 틀린 것은?

① 사용자와 시스템 간 상호작용 장치
② 유지보수 편의를 위해 개발자 중심 설계
③ 배우기 쉽고 사용 용이
④ 요구사항 반영 가능

사용자 인터페이스(UI, User Interface)는 사용자와 시스템 간의 상호작용을 원활하게 하기 위한 요소로, 사용자 중심 설계(User Centered Design)가 기본 원칙이다.

정답 47 ④ 48 ② 49 ① 50 ① 51 ③ 52 ②

## 53 소프트웨어 변경사항 관리 활동을 무엇이라 하는가?

① 정규화
② 프로토타입
③ 통합 테스트
④ 형상관리

소프트웨어 개발 과정에서 발생하는 변경 사항(소스 코드, 문서, 버전 등)을 체계적으로 관리하는 활동을 형상관리(Configuration Management)라고 한다. 형상관리는 변경 이력 추적, 버전 관리, 변경 통제 등을 통해 소프트웨어의 일관성과 품질을 유지하는 것이 목적이다.

**오답 피하기**
- ① : 데이터베이스 설계에서 중복을 제거하는 과정
- ② : 요구사항을 명확히 하기 위한 시제품 제작 기법
- ③ : 모듈 간 결합 후 동작을 검증하는 테스트 단계

## 54 프로세스의 정의 중 틀린 것은?

① 동기적 행위 주체
② 실행 중인 프로그램
③ PCB를 가진 프로그램
④ 프로세서 할당 실체

프로세스는 프로세스 간 통신이나 실행 방식의 특성 등에 따라 비동기적으로 실행될 수 있다.

## 55 보안 요소를 고려하여 구현하는 코딩 기법은?

① SDLC
② Secure Coding
③ CLASP
④ OWASP

Secure Coding은 개발 단계에서부터 보안 취약점을 예방하도록 작성하는 보안 중심 코딩 기법이다.

**오답 피하기**
- ① : 소프트웨어 개발의 전체 생명주기 모델
- ③ : 보안 개발 프레임워크
- ④ : 웹 애플리케이션 보안 프로젝트

## 56 프레임워크에 대한 설명으로 틀린 것은?

① 모듈화로 유지보수 용이
② 재사용 모듈 제공으로 생산성 향상
③ 다양한 애플리케이션 개발 가능
④ 사용자가 객체를 직접 관리

프레임워크는 제어의 역전(IoC, Inversion of Control) 구조로, 프레임워크가 전체 흐름을 제어하고 사용자는 필요한 부분만 구현한다. 그러므로 라이브러리와 달리 사용자가 객체를 직접 관리하지 않아도 된다.

## 57 다음 중 빌드 자동화 도구가 아닌 것은?

① Zeplin
② Ant
③ Maven
④ Gradle

Zeplin은 디자이너와 개발자 간 협업을 위한 UI/UX 디자인 협업 툴이다.

## 58 모듈을 설계할 때 바람직한 관계는?

① 응집도 ↓, 결합도 ↑
② 응집도 ↑, 결합도 ↓
③ 응집도 ↓, 결합도 ↓
④ 응집도 ↑, 결합도 ↑

모듈 설계에서 가장 바람직한 관계는 응집도는 높고(High Cohesion), 결합도는 낮은(Low Coupling) 구조이다.

**오답 피하기**
- 응집도(Cohesion) : 모듈 내부의 기능적인 독립 정도
- 결합도(Coupling) : 모듈과 모듈 사이의 의존 정도

**59** 모듈 응집도에서 입력이나 에러 처리 등 유사한 기능을 묶는 것은?

① 기능적 응집도

② 순차적 응집도

③ 논리적 응집도

④ 절차적 응집도

모듈 응집도에서 입력 처리, 출력 처리, 오류 처리 등과 같이 성격이 유사한 기능들을 묶는 경우를 논리적 응집도(Logical Cohesion)라고 한다.

**오답 피하기**

• ① : 모듈이 하나의 명확한 기능만 수행(가장 바람직)

• ② : 한 기능의 출력이 다음 기능의 입력으로 이어지는 구조

• ④ : 기능 간 수행 순서만을 기준으로 묶음

**60** 정보보안 3대 요소에 해당하지 않는 것은?

① 휘발성

② 기밀성

③ 무결성

④ 가용성

**정보보안의 3대 요소(CIA)**

• 기밀성(Confidentiality) : 인가되지 않은 사용자의 정보 접근을 방지

• 무결성(Integrity) : 정보가 무단으로 변경·훼손되지 않도록 보장

• 가용성(Availability) : 필요한 시점에 정보와 시스템을 사용할 수 있도록 보장

상 **중** 하

## 01 다음 중 Java의 추상 클래스(Abstract class)에 대한 올바른 설명은?

① 객체를 직접 생성할 수 있다.
② 일부 메서드만 구현 또는 정의 가능하다.
③ 모든 필드는 반드시 초기화해야 한다.
④ 반드시 인터페이스를 상속받아야 한다.

추상 클래스(Abstract class)는 완전히 구현되지 않은 클래스로, 일부 메서드는 구현하고 일부는 추상 메서드로 선언할 수 있다.

상 중 **하**

## 02 Python의 튜플(tuple)에 대한 올바른 특징은?

① 값 변경 가능      ② 순서 없음
③ 값 변경 불가      ④ 키-값 쌍으로 저장

튜플(tuple)은 리스트와 유사하지만, 한 번 생성되면 값을 변경할 수 없는 (Immutable) 자료형이다.

**오답 피하기**
• ① : 리스트(list)의 특징
• ② : 튜플은 순서가 있는(sequence) 자료형
• ④ : 딕셔너리(dict)의 특징

상 **중** 하

## 03 C언어에서 구조체(struct)와 배열(array)의 차이점으로 옳은 것은?

① 구조체는 자료형이 서로 다름
② 구조체는 연산자 적용 가능
③ 배열은 자료형 혼합 가능
④ 배열의 요소는 메서드 지원

구조체(struct)와 배열(array)의 가장 큰 차이점은 저장되는 데이터의 자료형 구성이다. 구조체는 서로 다른 자료형의 변수들을 하나로 묶는 사용자 정의 자료형이고, 배열은 반드시 동일한 자료형의 요소만 저장 가능하다.

상 **중** 하

## 04 Java의 static 메서드의 특징은?

① 객체 생성 없이 호출 가능
② 필드 초기화만 담당
③ 오버라이딩만 가능
④ 반드시 public만 가능

static 메서드는 클래스에 소속되며, 객체 생성 없이 클래스명으로 바로 호출할 수 있다.

**오답 피하기**
• ② : 초기화 전용이 아님
• ③ : 오버라이딩 불가
• ④ : public, protected, default, private 모두 가능

상 **중** 하

## 05 다음 중 객체지향 언어의 4대 특징이 아닌 것은?

① 캡슐화      ② 상속
③ 다형성      ④ 집계

**객체지향 프로그래밍(OOP)의 4대 특징**
• 캡슐화(Encapsulation)
• 상속(Inheritance)
• 다형성(Polymorphism)
• 추상화(Abstraction)

**상** 중 하

## 06 JavaScript에서 콜백 함수(callback function)를 사용하는 목적은?

① 동기적 계산 처리
② 비동기 작업 완료 후 실행
③ 반복문 최적화
④ 변수 선언

콜백 함수(callback function)는 다른 함수의 인자로 전달되어, 특정 작업이 완료된 이후에 실행되도록 설계된 함수이다. 주로 비동기(asynchronous) 처리에서 사용된다.

## 07 아래 Python 코드의 결과는 무엇인가?

```
def foo(a,b=5) :
    return a*b
print(foo(2))
```

① 7
② 10
③ 0
④ 5

| def foo(a, b=5):<br>  return a * b | 함수 foo는 매개변수 b에 기본값(default value) 5가 설정 |
|---|---|
| print(foo(2)) | • a에는 2가 전달됨<br>• b는 전달되지 않았으므로 기본값 5 사용 → 2*5=10 |

## 08 다음 중 C언어의 포인터 선언으로 올바른 것은?

① int a *p;
② int *p;
③ int p;
④ int &p;

• 포인터 변수는 자료형 뒤에 *를 붙여 선언한다.
• C언어 포인터 선언 = 자료형 *변수명

## 09 Java에서 ArrayList의 특징은?

① 크기 변동 불가
② 크기 자동 증가
③ 오름차순 정렬 필수
④ 사전 자료구조

ArrayList는 가변 길이 배열로, 요소가 추가되거나 삭제될 때 크기가 자동으로 조절된다.

**오답 피하기**
• ① : 배열(Array)의 특징
• ③ : 기본적으로 입력 순서 유지. 정렬은 선택 사항
• ④ : Map 계열(HashMap 등)의 특징

## 10 Python에서 리스트 컴프리헨션(List Comprehension)의 이점은?

① 느린 실행 속도
② 간결한 코드
③ 값 변경 불가
④ 입력값 검증

리스트 컴프리헨션(List Comprehension)은 기존의 반복문과 조건문을 한 줄로 표현할 수 있어 코드를 간결하고 가독성 있게 작성할 수 있다.

## 11 C++에서 this 포인터의 역할은?

① 전역 변수에 접근
② 현재 객체 참조
③ 부모 클래스 참조
④ 클래스 함수 호출

this 포인터는 현재 객체(자기 자신)를 가리키는 포인터이다.

## 12 Java에서 오버라이딩(overriding)의 조건 중 틀린 것은?

① 메서드 이름 일치
② 매개변수 타입 동일
③ 리턴 타입 다르면 허용
④ 접근 제한자 변경 가능

**오버라이딩의 조건**
• 이름 동일
• 매개변수 동일
• 리턴 타입 동일
• 접근 제한자는 같거나 더 넓은 범위로만 변경 가능

## 13 다음 중 파이썬에서 def 키워드의 용도는?

① 클래스 정의
② 함수 정의
③ 변수 선언
④ 상수 정의

def 키워드는 함수(Function)를 정의할 때 사용한다.

**14** 객체지향 프로그래밍에서 상속(inheritance)의 주요 목적은?

① 코드 중복 최소화
② 모든 변수 보호
③ 실행속도 향상
④ 전역변수 생성

객체지향 프로그래밍(OOP)에서 상속(Inheritance)의 주요 목적은 기존 클래스의 기능을 재사용하여 코드 중복을 줄이는 것이다. 이를 통해 유지보수성 향상과 확장성 확보가 가능하다.

**15** 다음 중 고유 값 보장을 위한 Java 변수 선언은?

① int a;
② private int id;
③ final int code;
④ static int num;

Java에서 고유 값(변경 불가한 값)을 보장하려면 final 키워드를 사용해야 한다. final로 선언된 변수는 초기화 이후 값 변경이 불가능하다.

**16** OSI 7계층 중 데이터 압축 및 암호화 작업을 담당하는 계층은?

① 세션 계층
② 표현 계층
③ 네트워크 계층
④ 응용 계층

OSI 7계층에서 데이터의 표현 방식과 관련된 처리를 담당하는 계층은 표현 계층(Presentation Layer)이다.

**오답 피하기**
• ① : 통신 세션의 설정, 유지, 종료 담당
• ③ : 경로 설정, 라우팅, 논리 주소(IP) 담당
• ④ : 사용자와 가장 가까운 계층으로 응용 서비스 제공

**17** TCP 프로토콜의 특징으로 가장 알맞은 것은?

① 신뢰성 없는 전송
② 오류 검사 및 재전송 지원
③ 실시간 전송 지원
④ 연결 없는 프로토콜

• TCP : 신뢰성, 연결 지향, 오류 검사, 재전송 → 신뢰성과 정확성이 중요
• UDP : 비연결 지향, 빠름, 실시간 → 속도와 실시간성이 중요

**18** 방화벽(Firewall)의 주요 목적은?

① 네트워크 트래픽 증가
② 외부 접근 제어
③ 데이터 압축
④ 시스템 가속

방화벽(Firewall)은 네트워크의 경계에서 인가되지 않은 외부 접근을 차단하고, 허용된 트래픽만 통과시키기 위한 보안 장치이다.

**오답 피하기**
• ① : 방화벽은 트래픽을 늘리지 않으며, 오히려 필터링한다.
• ③ : 데이터 압축은 전송 효율 기술로, 방화벽 기능은 아니다.
• ④ : 방화벽은 성능 향상이 목적이 아니라 보안 강화가 목적이다.

**19** 유닉스(UNIX) OS의 특징으로 올바르지 않은 것은?

① 다중 사용자 지원
② 다중 작업 지원
③ 오픈 소스 배포
④ GUI 전용 지원

UNIX는 CLI(명령어 기반 인터페이스)가 기본이며, GUI는 선택적으로 제공된다.

**20** (상)**중**(하) VPN(Virtual Private Network)의 주된 목적은?

① 인터넷 속도 향상
② 네트워크 보안 및 프라이버시 보장
③ 하드웨어 업그레이드
④ 시스템 백업

VPN(Virtual Private Network)은 공용 인터넷망을 사용하면서도 전용 네트워크처럼 안전하게 통신할 수 있도록 하는 기술로, 데이터 보안 강화와 사용자 프라이버시 보호가 주된 목적이다.

**21** (상)**중**(하) 멀티플렉싱(Multiplexing)에 대한 설명으로 올바른 것은?

① 데이터를 압축하여 전송 효율을 높이는 기술이다.
② 여러 신호를 하나의 통신 채널로 결합하는 기술이다.
③ 하나의 신호를 여러 신호로 분리하는 기술이다.
④ 통신 채널의 전체 대역폭을 감소시키는 기술이다.

멀티플렉싱(Multiplexing)은 여러 개의 신호를 하나의 통신 채널에 결합하여 동시에 전송하는 기술이다. 주로 채널 자원의 효율적 사용을 목적으로 하며, 수신측에서는 디멀티플렉싱(Demultiplexing)을 통해 신호를 다시 분리한다.

**22** (상)**중**(하) OSI 7계층 중 세션(Session) 계층의 역할은?

① 데이터 암호화
② 데이터 전송 경로 설정
③ 연결의 생성 · 유지 · 종료 관리
④ 사용자 인터페이스 제공

세션(Session) 계층은 통신을 수행하는 두 시스템 간의 연결을 설정하고, 유지하며, 종료하는 역할을 담당한다. 또한 동기화(체크포인트)를 제공해 오류 발생 시 복구를 돕는다.

**오답 피하기**
- ① : 표현(Presentation) 계층
- ② : 네트워크(Network) 계층
- ④ : 응용(Application) 계층

**23** (상)**중**(하) 서버-클라이언트 모델에서 서버의 역할이 아닌 것은?

① 클라이언트 요청 수신
② 응답 데이터 생성
③ 클라이언트 연결 유지
④ 데이터 송수신 제어

서버-클라이언트(Client-Server) 모델에서 서버의 기본 역할은 요청을 받아 처리하고 응답을 제공하는 것이다. 다만, 연결을 지속적으로 유지하는 것은 서버의 필수적인 역할로 보지 않는다.

**24** (상)**중**(하) 정보보안과 관련된 용어 중, 취약점(Vulnerability)이란 무엇인가?

① 공격자의 의도
② 시스템의 결함
③ 암호화 기능
④ 네트워크 대역폭

정보보안에서 취약점(Vulnerability)이란 시스템, 네트워크, 프로그램, 절차 등에 존재하는 결함이나 약점으로, 공격자가 이를 악용하면 보안 사고로 이어질 수 있는 요소를 말한다.

**25** (상)(중)**하** 응용 SW 개발에서 상용 소프트웨어란 무엇을 의미하는가?

① 소스 코드 공개
② 무료 배포
③ 유료 구매
④ 자유로운 수정

상용 소프트웨어(Commercial Software)란 대가를 지불하고 구매하여 사용하는 소프트웨어를 의미한다.

**오답 피하기**
- ① : 오픈소스 소프트웨어
- ② : 프리웨어(Freeware)
- ④ : 오픈소스 소프트웨어

## 26 다음 중 워터폴(Waterfall) 개발 방법론의 특징으로 올바른 것은?

① 반복적 피드백
② 단계별 순차 진행
③ 동시 개발 허용
④ 즉시 배포 가능

폭포수(Waterfall) 모형은 소프트웨어 개발을 명확한 단계로 나누어 순차적으로 진행하는 전통적인 방식이다. 한 단계가 완료되어야 다음 단계로 넘어간다.

**오답 피하기**
- ① : 애자일(Agile)의 특징
- ③ : 병행 개발을 허용하지 않음
- ④ : 배포는 모든 단계가 완료된 후 수행

## 27 OSI 7계층과 관련 없는 용어는?

① 프레젠테이션
② 데이터 링크
③ 트랜잭션
④ 물리

**OSI 7계층 : 물-데-네-전-세-표-응**
7. 응용(Application)
6. 표현(Presentation)
5. 세션(Session)
4. 전송(Transport)
3. 네트워크(Network)
2. 데이터 링크(Data Link)
1. 물리(Physical)

**오답 피하기**
트랜잭션은 주로 DB나 OS에서 사용하는 개념이다.

## 28 정보보안에 사용되는 공개키 암호화 알고리즘의 종류는?

① DES          ② AES
③ RSA          ④ MD5

- 공개키(비대칭키) 암호화 : RSA
- 대칭키 암호화 : DES, AES
- 해시 함수 : MD5

## 29 웹 브라우저에서 SSL의 주요 목적은?

① 웹페이지 로딩 가속화
② 암호화된 통신 보장
③ 이미지 변환
④ DNS 설정

SSL(Secure Sockets Layer)의 주요 목적은 클라이언트(브라우저)와 서버 간 통신을 암호화하여 보안성을 보장하는 것이다.

## 30 PC BIOS의 역할로 올바르지 않은 것은?

① 하드웨어 초기화
② 운영체제 로딩
③ 응용 프로그램 실행
④ 시스템 설정 변경

BIOS(Basic Input/Output System)는 컴퓨터의 전원이 켜질 때 가장 먼저 실행되는 기본 펌웨어로, 하드웨어를 점검하고 운영체제를 실행할 준비를 하는 역할을 수행한다.

**오답 피하기**
응용 프로그램의 실행은 운영체제(OS)의 역할이며, BIOS는 응용 프로그램을 직접 실행하지 않는다.

## 31 IPv4와 IPv6의 주소체계(bit 길이)가 각각 올바르게 연결된 것은?

① 32bit, 128bit
② 128bit, 32bit
③ 64bit, 128bit
④ 32bit, 64bit

| IPv4 | • 32bit 주소체계<br>• 약 43억 개 주소 표현 가능<br>• 주소 부족 문제 발생 |
|------|------|
| IPv6 | • 128bit 주소체계<br>• 사실상 무한에 가까운 주소 공간 제공<br>• 주소 부족 문제 해결 및 보안·확장성 강화 |

## 32 네트워크 트래픽 관리를 위한 QoS(Quality of Service)의 의미로 올바른 것은?

① 서비스 중단
② 품질 보장된 네트워크 전송
③ 하드웨어 가속화
④ 소프트웨어 최적화

QoS(Quality of Service)란 네트워크에서 음성, 영상, 데이터 등 다양한 트래픽에 대해 우선순위를 부여하고 대역폭, 지연, 손실률 등을 관리하여 일정 수준의 품질을 보장하는 기술을 의미한다.

## 33 다음 중 소프트웨어 라이프사이클의 마지막 단계는?

① 테스트
② 유지보수
③ 설계
④ 분석

**소프트웨어 라이프사이클(Software Life Cycle)**
• 소프트웨어가 기획부터 폐기까지 거치는 전 과정을 단계별로 정의한 것이다.
• 일반적인 라이프사이클 순서 : 분석 → 설계 → 개발 → 테스트 → 유지보수

**오답 피하기**
테스트를 마지막 단계로 착각하기 쉬우므로 주의한다.

## 34 다음 중 오픈소스 소프트웨어(Open Source Software)의 단점으로 올바른 것은?

① 보안 취약점 노출
② 커뮤니티 미지원
③ 라이선스 비용 높음
④ 코드 수정 불가

오픈소스 소프트웨어는 소스 코드가 공개되어 있어 취약점이 쉽게 분석되고 노출될 가능성이 있다.

**오답 피하기**
• 오픈소스 장점 : 무료 사용, 소스 공개, 수정 · 재배포 가능
• 오픈소스 단점 : 보안 관리 책임, 기술 지원 불확실성

## 35 화이트박스 테스트에 대한 설명으로 잘못된 것은?

① 내부 구조 고려
② 모든 경로 실행
③ 논리 흐름도 활용
④ 내부 구조 무시

화이트박스 테스트는 프로그램의 내부 구조와 로직을 기반으로 수행하는 테스트 기법이다. 내부 구조를 무시하는 것은 블랙박스 테스트의 특징이다.

## 36 SQL에서 GROUP BY 절을 사용해야 하는 주된 목적으로 올바른 것은?

① 데이터 정렬
② 집계 함수 그룹화
③ 데이터 삽입
④ 데이터 삭제

GROUP BY 절은 SQL에서 특정 컬럼을 기준으로 데이터를 그룹화하여, 각 그룹에 대해 집계 함수(AVG, SUM, COUNT, MAX, MIN 등)를 적용하기 위해 사용된다.

**오답 피하기**
• ① : ORDER BY 절
• ③ : INSERT 문
• ④ : DELETE 문

## 37 ALTER TABLE 명령어의 기능에 해당하는 것은?

① 테이블 생성
② 컬럼 추가/수정/삭제
③ 데이터 조회
④ 인덱스 생성

ALTER TABLE은 이미 생성된 테이블의 구조를 변경할 때 사용하는 SQL 명령어이다. 주로 컬럼을 추가하거나 수정, 삭제하는 작업에 사용된다.

**오답 피하기**
• ① : CREATE TABLE
• ③ : SELECT
• ④ : CREATE INDEX

**38** SQL에서 NOT NULL 제약조건의 의미로 올바른 것은?

① 값 중복 허용
② 반드시 값 입력 필요
③ 입력값 자동 생성
④ 문자열만 허용

NOT NULL 제약조건은 테이블의 특정 컬럼에 대해 NULL 값(값이 없음)의 입력을 허용하지 않는 제약조건이다.

**39** SQL 문장에서 컬럼값이 NULL이 아닌 행만 조회할 때 사용하는 조건으로 올바른 것은?

① WHERE 컬럼 IS NOT NULL
② WHERE 컬럼 〈 〉 NULL
③ WHERE 컬럼 = 0
④ WHERE 컬럼 != ''

NULL 값은 비교 연산자(=, 〈 〉, != 등)로 비교할 수 없으며, 전용 연산자인 IS NULL과 IS NOT NULL을 사용해야 한다.

**40** 다음 중 SQL 집계 함수로서 평균값을 구하는 함수는?

① AVG()
② SUM()
③ COUNT()
④ MIN()

오답 피하기
• ② : 합계 계산
• ③ : 행의 개수 계산
• ④ : 최소값 반환

**41** SQL의 트랜잭션(Transaction) 상태에서 COMMIT의 의미로 올바른 것은?

① 작업 취소
② 작업 확정
③ 작업 일시중지
④ 오류 처리

• COMMIT : 변경 내용 확정
• ROLLBACK : 변경 내용 취소
• SAVEPOINT : 중간 복구 지점 설정

**42** SQL의 INNER JOIN에서 반환하는 결과로 올바른 것은?

① 공통 데이터만
② 왼쪽 테이블 전체 + 일치 데이터
③ 오른쪽 테이블 전체 + 일치 데이터
④ 양쪽 테이블 전체

INNER JOIN은 두 개 이상의 테이블을 조인할 때, 조인 조건을 만족하는 행만을 결과로 반환하는 방식이다.

오답 피하기
• ② : LEFT OUTER JOIN
• ③ : RIGHT OUTER JOIN
• ④ : FULL OUTER JOIN

**43** SQL에서 HAVING 절의 용도로 올바른 것은?

① WHERE 조건 지정
② GROUP BY 결과에 조건 추가
③ 테이블 생성
④ 인덱스 생성

HAVING 절은 GROUP BY로 그룹화된 결과에 대해 조건을 적용할 때 사용하는 절이다. 주로 집계 함수의 결과를 조건으로 걸 때 사용된다.

## 44 SQL에서 DEFAULT 제약조건이 의미하는 것은?

① 컬럼에 기본값 설정
② 자동 증가
③ 데이터 중복 허용
④ 컬럼 생략

DEFAULT 제약조건은 테이블에 데이터를 삽입할 때, 특정 컬럼에 대해 값을 명시하지 않으면 자동으로 기본값이 입력되도록 설정하는 제약조건이다.

## 45 SQL에서 다음 구문의 실행 결과로 올바른 것은?

> SELECT * FROM 테이블 LIMIT 10;

① 테이블 전체 조회
② 상위 10개 행 조회
③ 하위 10개 행 조회
④ 테이블 일부 열 조회

LIMIT 절은 SQL에서 조회 결과의 행(Row) 수를 제한하기 위해 사용된다. LIMIT 10은 조회 결과 중 앞에서부터 최대 10개의 행만 반환한다.

## 46 SQL에서 DROP TABLE 명령어 사용 시 주의할 점으로 올바른 것은?

① 테이블 내 데이터만 삭제
② 테이블 구조와 데이터 모두 삭제
③ 조회 쿼리만 삭제
④ 인덱스만 삭제

DROP TABLE은 데이터베이스에서 테이블 자체를 제거하는 명령어로, 테이블의 구조(스키마)와 그 안의 모든 데이터가 함께 삭제된다.

## 47 서브쿼리(Subquery)에 대한 설명으로 올바른 것은?

① 쿼리 내에 또 다른 쿼리 포함
② 단일 쿼리로만 실행
③ 인덱스 생성
④ 트랜잭션 처리

서브쿼리(Subquery)란 하나의 SQL 문장 안에 또 다른 SQL 문장이 포함된 형태를 의미하며, 주로 조건 비교, 값 계산, 결과 집합 생성 등에 사용된다.

**오답 피하기**
• ② : 서브쿼리는 단일 쿼리가 아니라 중첩된 쿼리 구조
• ③ : CREATE INDEX 명령어의 역할
• ④ : 트랜잭션 처리는 COMMIT, ROLLBACK

## 48 SQL에서 PRIMARY KEY(기본키) 제약조건의 특성으로 올바른 것은?

① 값 중복 허용
② NULL 허용
③ 유일함과 NOT NULL
④ 값 자동 증가 필수

PRIMARY KEY(기본키)는 테이블에서 각 행을 유일하게 식별하기 위한 제약조건으로, 다음 두 가지 특성을 동시에 만족해야 한다.
• 유일성(UNIQUE) : 중복 값 불가
• NOT NULL : NULL 값 불가

## 49 SQL에서 UPDATE 문의 기본 구조로 올바른 것은?

① UPDATE 테이블명 SET 컬럼 = 값 WHERE 조건
② INSERT INTO 테이블명
③ DELETE FROM 테이블명
④ CREATE TABLE 테이블명

• UPDATE 문은 데이터베이스 테이블에 저장된 기존 데이터의 값을 수정할 때 사용하는 SQL 명령어이다.
• 기본 형식

```
UPDATE 테이블명
SET 컬럼명 = 값
WHERE 조건;
```

**50** 테이블 간 데이터를 연결하여 특정 조건을 만족하는 경우에만 값을 조회하려면 사용하는 방법으로 올바른 것은?

① JOIN 사용
② 컬럼 추가
③ 인덱스 생성
④ LIMIT 지정

JOIN은 여러 테이블에 분산된 데이터를 공통 컬럼(키)을 기준으로 연결하고, 조인 조건을 만족하는 데이터만 조회하기 위해 사용하는 SQL 기법이다.

**51** ERP(전사적 자원 관리) 시스템의 도입 효과는?

① 업무 부서별 데이터 단절
② 업무 데이터 통합 관리
③ 데이터베이스 분리
④ 네트워크 투입량 증가

ERP(전사적 자원 관리, Enterprise Resource Planning) 시스템은 기업 내 각 부서의 업무 데이터를 하나의 통합 시스템으로 관리하여 업무 효율성과 의사결정의 정확성을 높이는 것을 목적으로 한다.

**52** 운영체제에서 메모리 단편화(Fragmentation)에 대한 설명으로 올바른 것은?

① 파일 저장 중 일부 데이터 손실
② 불필요한 메모리 공간 분할 · 비효율
③ 프로세스 과다로 인한 CPU 사용률 증가
④ 네트워크 지연으로 인한 처리 속도 저하

메모리 단편화(Fragmentation)란 메모리를 여러 프로세스에 할당 · 해제하는 과정에서 연속되지 않은 작은 빈 공간들이 발생하여 메모리를 효율적으로 사용하지 못하는 현상을 의미한다.
• 외부 단편화 : 연속 공간 부족
• 내부 단편화 : 할당 후 남는 공간 발생

**53** 분산처리 시스템의 장점으로 올바른 것은?

① 중앙 집중 장애 발생
② 데이터 처리 부하 분산
③ 시스템 단일화
④ 모든 장치 직접 연결

분산처리 시스템은 여러 컴퓨터나 노드에 작업을 나누어 처리하므로 처리 부하가 분산되고 성능이 향상된다.

**54** 정보 시스템에서 백업의 주요 목적은?

① 데이터 손실 대비 복구
② 데이터 용량 증가
③ 시스템 가속화
④ 저장소 단축

백업(Backup)은 장애, 오류, 해킹, 자연재해 등으로 인해 데이터가 손실될 경우를 대비하여 원본 데이터를 안전하게 복사 · 보관하고, 필요시 복구하기 위한 목적으로 수행된다.

**55** 운영체제에서 인터럽트의 주요 역할로 올바른 것은?

① 하드웨어 초기화
② 외부 이벤트에 즉각 응답
③ 데이터 순차 저장
④ 네트워크 느려짐

인터럽트(Interrupt)는 실행 중인 작업을 잠시 중단시키고, 외부 또는 내부 이벤트에 즉시 대응하도록 하는 메커니즘이다.

**56** 정보 시스템 구현 단계에서 가장 먼저 수행해야 하는 일로 올바른 것은?

① 요구사항 분석
② 테스트 계획
③ 유지보수 문서 작성
④ 프로그램 작성

정보 시스템 구현은 사용자의 요구를 반영하여 시스템을 개발하는 과정으로, '요구사항 분석 → 설계 → 구현 → 테스트 → 유지보수' 순서로 개발된다.

**57** 클라우드 컴퓨팅의 주요 장점으로 올바른 것은?

① 자원 탄력적 확장
② 오프라인 사용 제한
③ 데이터 복호화
④ 개별 서버 직접 관리

클라우드 컴퓨팅은 인터넷을 통해 서버, 스토리지, 네트워크 등의 IT 자원을 필요에 따라 제공받는 방식으로, 자원을 유연하게 확장 및 축소할 수 있는 탄력성이 특징이다.

**58** ITSM의 도입 효과로 올바른 것은?

① IT 서비스 품질 향상
② 서비스 표준화 미흡
③ 프로세스 혼재
④ 업무 연속성 저하

ITSM(IT Service Management)은 IT 서비스를 체계적으로 관리하여 서비스 품질과 고객 만족도를 향상시키는 관리 체계이다. 도입 시 서비스 품질 향상, 프로세스 표준화, 업무 연속성 강화 등의 효과가 있다.

**59** 정보 시스템에서 스키마(Schema)의 의미로 올바른 것은?

① 실제 데이터 값
② 데이터 구조, 규칙, 제약조건 집합
③ 사용자 계정 정보
④ 시스템 복구 도구

스키마(Schema)란 데이터베이스에서 데이터의 구조(테이블, 속성), 관계, 제약조건 등을 정의한 논리적 설계 정보의 집합을 의미한다.

**60** 다음 중 데이터베이스의 참조 무결성 규칙(Referential Integrity)을 위반한 사례로 올바른 것은?

① 외래 키에 기본 테이블에 없는 값을 입력
② 중복 키 값 입력
③ 모든 데이터에 NULL 값 입력
④ 인덱스 삭제

참조 무결성(Referential Integrity)이란 외래키(Foreign Key)는 반드시 참조하는 기본키(Primary Key)의 값과 일치하거나 NULL이어야 한다는 규칙이다.

해설과 따로 보는
# 기출 예상문제

## CBT 온라인 문제집

1. 핸드폰 카메라 어플로 QR 코드 스캔

2. 이기적 CBT 온라인 문제집 서비스 접속

3. 랜덤 모의고사 무료 응시

4. 모든 문제 정답 체크 후 자동 채점

5. 해설을 바로 확인하면서 문제 복습

언제 어디에서나
이기적 CBT
온라인 문제집

(상) 중 (하)

**01** JavaScript에서 변수를 선언하는 키워드가 아닌 것은?

① var
② let
③ const
④ int

(상) 중 (하)

**02** 다음 중 JavaScript 함수 선언 방식으로 올바른 것은?

① func add(a,b) { return a+b; }
② function add(a,b) { return a+b; }
③ declare add(a,b) { return a+b; }
④ add(a,b) : { return a+b; }

(상) 중 (하)

**03** CSS에서 여러 요소에 동일한 스타일을 적용할 때 사용하는 선택자로 올바른 것은?

① 태그 선택자
② 아이디 선택자
③ 클래스 선택자
④ 속성 선택자

(상) 중 (하)

**04** HTML에서 웹문서의 제목을 정의하는 태그는?

① ⟨head⟩
② ⟨title⟩
③ ⟨body⟩
④ ⟨meta⟩

(상) 중 (하)

**05** DevOps의 주요 목표는 무엇인가?

① 개발과 운영 분리 강화
② 협업과 자동화를 통한 빠른 배포와 안정성 확보
③ 수동 배포 프로세스 향상
④ 하드웨어 비용 절감

(상) 중 (하)

**06** CI/CD에서 CI의 역할은?

① 코드 자동 배포
② 코드 자주 통합 · 자동 빌드 · 테스트
③ 수동 코드 제출
④ 사용자 문서 작성

(상) 중 (하)

**07** JavaScript에서 배열의 정의로 올바른 것은?

① 여러 값을 하나의 변수에 순서대로 저장하는 구조
② 기능을 묶어서 만드는 코드
③ 조건에 따라 실행되는 코드 블록
④ 서버와 통신 프로토콜

(상) 중 (하)

**08** 함수 선언 시 'return'의 역할은?

① 입력값을 받는다.
② 값을 반환한다.
③ 함수를 중지시킨다.
④ 함수를 호출한다.

(상) 중 (하)

**09** CSS에서 배경색을 초록색으로 지정하는 올바른 문장은?

① background : green;
② bg : green;
③ color : green;
④ background-color : green;

10 HTML에서 링크를 만드는 태그는?

① ⟨h1⟩
② ⟨a⟩
③ ⟨p⟩
④ ⟨img⟩

15 CSS에서 id 선택자를 표시하는 문자는?

① #idName      ② .idName
③ @idName      ④ *idName

16 프로세스(Process)의 정의로 올바른 것은 무엇인가?

① 저장된 프로그램      ② 실행 중인 프로그램
③ 메모리 영역      ④ 사용자 계정

11 JavaScript if 조건문으로 올바른 구문은?

① if score ⟩= 60 { pass = true; }
② if (score ⟩= 60) { pass = true; }
③ if score ⟩= 60 then pass = true;
④ pass = score ? true : false

17 운영체제 내 여러 작업을 동시에 실행하는 기능은?

① 멀티스레드      ② 멀티태스킹
③ 멀티프로세서      ④ 멀티미디어

12 JavaScript에서 '함수'를 올바르게 선언하는 방법은?

① func add(a, b) { return a+b; }
② function add(a, b) { return a+b; }
③ declare add(a, b) { return a+b; }
④ add(a, b) : { return a+b; }

18 운영체제의 핵심 구성요소인 커널(Kernel)의 역할은?

① 사용자 인터페이스 제공
② 자원 관리 및 시스템 제어
③ 소프트웨어 개발
④ 하드웨어 제조

13 HTML 문서에서 실제 화면에 보이는 부분을 감싸는 태그는?

① ⟨head⟩
② ⟨title⟩
③ ⟨body⟩
④ ⟨meta⟩

19 운영체제에서 데드락(Deadlock)이란?

① CPU 과부하 상태
② 자원 요청 간 무한 대기 상태
③ 파일 시스템 손상
④ 메모리 부족

14 JavaScript에서 console.log( )의 기능은 무엇인가?

① 사용자 입력 받기
② 화면에 입력 출력
③ 콘솔창에 메시지 출력
④ 함수 선언

20 TCP/IP 모델에서 신뢰성 있는 데이터 전송을 담당하는 계층은?

① 응용 계층      ② 전송 계층
③ 네트워크 계층      ④ 물리 계층

**21** 디버깅(Debugging)이란 무엇인가?

① 프로그램 설계
② 프로그램 오류 찾기 및 수정
③ 프로그램 작성
④ 프로그램 배포

**26** 운영체제의 주요 목적이 아닌 것은?

① 하드웨어 자원 관리
② 데이터베이스 설계
③ 사용자와 하드웨어 사이 중재
④ 여러 작업의 동시 처리

**22** 디버깅 도구에서 '브레이크포인트'의 기능은?

① 프로그램 자동 실행
② 특정 코드 실행 잠시 중단
③ 코드 자동 수정
④ 변수 초기화

**27** 멀티스레드(Multi-thread)란 무엇인가?

① 하나의 프로세스 내 경량 작업 단위
② 하나의 CPU 코어
③ 프로세스 우선 순위
④ 스케줄러 종류

**23** 운영체제에서 파일 시스템의 예로 올바른 것은?

① HTTP
② NTFS
③ FTP
④ TCP

**28** 컴퓨터에서 버그(Bug)의 의미는?

① 프로그램 오류나 결함
② 컴파일러
③ 하드웨어 장치
④ 디버깅 도구

**24** 멀티태스킹의 선점형(preemptive) 방식의 특징은 무엇인가?

① CPU 사용자가 직접 제어
② CPU가 작업을 강제로 점유
③ 작업이 종료될 때까지 기다림
④ 작업별 CPU 비중 고정

**29** 프로그램 디버깅 중 '스텝 실행' 기능에 대한 설명으로 올바른 것은?

① 여러 줄 동시에 실행
② 한 줄씩 실행하면서 상태 확인
③ 자동 코드 작성
④ 결과 로그 생성

**25** 가상 메모리(Virtual Memory)의 주요 역할은?

① 주기억장치 크기 제한
② 디스크를 메모리처럼 사용
③ CPU 속도 향상
④ 저장장치 오류 판단

**30** 운영체제에서 '프로세스 스케줄링'의 주 목적은?

① 네트워크 관리
② CPU 효율적 분배
③ 데이터 저장
④ 화면 출력

**31** Windows 운영체제에서 작업 표시줄의 앱을 순환하는 단축키는?

① `Ctrl` + `Esc`　　② `⊞` + `T`
③ `Alt` + `Tab`　　④ `Shift` + `F10`

**32** Windows에서 '핫 스와핑' 기능의 의미는?

① 시스템 재부팅 없이 장치 연결/분리
② 자동 파일 백업
③ 다중 사용자 로그인
④ 작업 관리자 호출

**33** 운영체제에서 커널(Kernel)이 직접 수행하는 기능으로 가장 적절한 것은 무엇인가?

① 사용자 인터페이스 제공
② 메모리 및 프로세스 자원 관리
③ 응용 프로그램 실행 화면 출력
④ 인터넷 파일 전송 처리

**34** 선점형 멀티태스킹과 비선점형 멀티태스킹 중, CPU 제어권을 운영체제가 강제로 빼앗는 방식은 무엇인가?

① 선점형 멀티태스킹
② 비선점형 멀티태스킹
③ 선점형, 비선점형 모두 가능
④ 선점형, 비선점형 모두 불가능

**35** 운영체제에서 '입출력 장치 관리'의 역할로 올바른 것은 무엇인가?

① 네트워크 연결
② 하드웨어와 사용자 간 데이터 송수신 제어
③ 데이터 암호화
④ 시스템 복원

**36** SQL의 SELECT 구문의 주 목적은?

① 데이터 구조 생성
② 데이터 삭제
③ 데이터 조회
④ 데이터 수정

**37** 다음 중 점수가 80 이상인 학생 이름만 조회하는 SQL은?

① SELECT * FROM 학생 WHERE score <= 80;
② SELECT 이름 FROM 학생 WHERE score >= 80;
③ SELECT 이름 FROM 학생 ORDER BY 80;
④ SELECT 이름, score FROM 학생;

**38** SQL에서 결과를 내림차순으로 정렬하는 키워드는?

① ORDER BY … ASC
② ORDER BY … DESC
③ GROUP BY
④ DISTINCT

**39** 집합 연산자 중 중복 없이 결과를 합치는 것은?

① UNION ALL
② UNION
③ INTERSECT
④ EXCEPT

**40** SQL에서 특정 테이블을 완전히 삭제하는 명령어는?

① DELETE TABLE 학생;
② DROP TABLE 학생;
③ TRUNCATE TABLE 학생;
④ ALTER TABLE 학생;

**41** 시스템 카탈로그의 주요 역할은?

① 실제 데이터 저장
② 데이터베이스 구조 및 객체 정보 저장
③ 사용자 파일 관리
④ 네트워크 설정

**42** DML에 해당하지 않는 SQL 명령어는?

① INSERT      ② DELETE
③ SELECT      ④ CREATE

**43** DCL(Data Control Language)에서 권한을 부여하는 명령어는 무엇인가?

① GRANT      ② REVOKE
③ COMMIT      ④ ROLLBACK

**44** 트랜잭션의 ACID 특성 중 '일관성(Consistency)'의 의미로 올바른 것은 무엇인가?

① 모든 작업 전후 데이터베이스 상태가 일관되어야 한다.
② 작업은 원자적으로 수행되어야 한다.
③ 장애 시 복구가 보장되어야 한다.
④ 동시에 실행 시 독립성이 유지되어야 한다.

**45** SQL에서 컬럼에 별칭을 지정하는 키워드는?

① WITH
② AS
③ DISTINCT
④ GROUP BY

**46** 테이블 이름을 변경하는 SQL 명령어는 무엇인가?

① RENAME      ② ALTER COLUMN
③ UPDATE      ④ MODIFY

**47** DELETE와 TRUNCATE의 차이점은?

① DELETE는 조건 삭제, TRUNCATE는 전체 데이터 삭제
② DELETE는 테이블 단위 삭제, TRUNCATE는 행 단위 삭제
③ DELETE는 WHERE 절 불가능, TRUNCATE는 WHERE 절 가능
④ DELETE는 롤백 불가능, TRUNCATE는 롤백 가능

**48** SQL의 INNER JOIN 수행 결과로 올바른 것은 무엇인가?

① 조건에 맞는 데이터만 반환
② 왼쪽 테이블의 전체 데이터
③ 오른쪽 테이블의 전체 데이터
④ 두 테이블의 모든 조합

**49** 뷰(View)에 대한 설명으로 잘못된 것은 무엇인가?

① 기본 테이블로부터 파생
② 논리적 독립성 제공
③ 쿼리 단순화 가능
④ 항상 삽입 · 삭제 · 갱신 가능

**50** BETWEEN 키워드의 기능은?

① 한 값만 조회      ② 시작~끝 범위 조회
③ NULL 값 검색      ④ 값 중복 여부 확인

**51** 상중하 소스코드 형상관리에서 충돌(conflict)이 발생하면 어떻게 해야 하는가?

① 일단 충돌 부분을 무시하고 커밋
② 충돌 부분을 수동 수정 후 재커밋
③ 브랜치 삭제
④ 다시 클론

**52** 상중하 백업 시스템 중 '미러 백업'의 특징은?

① 변경분만 저장
② 원본 데이터 실시간 복제
③ 저장 공간 절약
④ 클라우드 백업

**53** 상중하 백업 용량 산정 시 주요 고려사항이 아닌 것은?

① 전체 데이터 크기
② 데이터 성장률
③ 백업 주기
④ 사용자 수

**54** 상중하 운영체제가 존재하는 주된 이유로 가장 적절한 것은 무엇인가?

① 응용 프로그램 직접 실행
② 컴퓨터 자원의 효율적 관리
③ 인터넷 접속 속도 향상
④ 하드웨어 성능 자체 개선

**55** 상중하 UI/UX에서 '접근성(Accessibility)'의 의미는?

① 장애인도 불편 없이 사용 가능하게 설계
② UI 디자인의 색상 배치
③ 메뉴 위치 조정
④ 반응 속도 향상

**56** 상중하 DevOps의 주요 구성요소가 아닌 것은?

① CI/CD 파이프라인
② 협업 도구
③ 자동화 스크립트
④ 전용 컴파일러

**57** 상중하 통합 테스트(Integration Test)의 목적은 무엇인가?

① 개별 모듈의 기능이 정상 동작하는지 확인
② 모듈 간 인터페이스와 데이터 흐름을 검증
③ 전체 시스템의 성능과 처리 속도를 측정
④ 사용자 요구사항을 분석하고 정의

**58** 상중하 블랙박스 테스트의 주요 특징은?

① 내부 코드 분석
② 사용자 요구사항 기준 테스트
③ 코드 커버리지 측정
④ 코드 최적화

**59** 상중하 화이트박스 테스트에서 중요한 것은?

① 모든 코드 분기와 경로의 실행 여부
② UI 만족도
③ 사용자 요구 분석
④ 데이터베이스 쿼리

**60** 상중하 프로그램 디버깅 시 로그(Log)의 역할은?

① 코드 작성
② 상태 및 오류 정보 기록
③ UI 설계
④ 배포 자동화

상⑤하
**01** C언어에서 상수를 정의하는 전처리기 예약어는?

① #include
② #define
③ #valuable
④ #function

⑤중하
**02** Java의 추상 클래스에 대한 설명으로 옳은 것은?

① 객체 생성 가능
② 모든 메서드 구현 필수
③ 일부 메서드만 구현 가능
④ 인터페이스만 상속

상⑤하
**03** Python에서 리스트 일부를 추출하는 기능은?

① Range        ② Goto
③ Slicing      ④ Set

상⑤하
**04** JavaScript에서 사용자 입력창을 띄우는 메서드는?

① alert        ② prompt
③ confirm      ④ input

상⑤하
**05** C언어에서 문자 하나를 입력받는 함수는?

① gets         ② getchar
③ scanf        ④ input

상⑤하
**06** JavaScript 배열 끝에 원소를 추가하는 메서드는?

① push         ② pop
③ shift        ④ unshift

⑤중하
**07** C++에서 private 멤버를 외부 접근 허용하는 지정자는?

① static       ② public
③ friend       ④ package

상⑤하
**08** 커서를 왼쪽으로 한 칸 이동하는 제어문자는?

① \n           ② \b
③ \t           ④ \a

상⑤하
**09** JavaScript의 '===' 연산자의 의미는?

① 값만 비교
② 값과 타입 모두 비교
③ 항상 false
④ 값 무시

상⑤하
**10** C언어에서 수학 함수 사용을 위한 헤더 파일은?

① stdio.h
② math.h
③ stdlib.h
④ time.h

## 11 Java에서 2차원 배열의 행 개수를 반환하는 방법은?

① arr.length

② size( )

③ len

④ length( )

## 12 C언어에서 변수의 주소를 반환하는 연산자는?

① *                              ② &

③ ->                             ④ [ ]

## 13 다음 C언어 코드의 출력 결과로 올바른 것은?

```c
#include <stdio.h>

int main( ) {
    int a = 5;
    int b = 3;
    printf("%d", a / b);
    return 0;
}
```

① 1                              ② 2

③ 1.6666                        ④ 1.667

## 14 다음 C언어 코드의 출력 결과로 올바른 것은?

```c
#include <stdio.h>

int main( ) {
    int a = 5;
    printf("%d", a++);
    return 0;
}
```

① 5                              ② 6

③ 4                              ④ 0

## 15 다음 C언어 코드의 출력 결과로 올바른 것은?

```c
#include <stdio.h>

void test(int a) {
    a++;
    printf("%d ", a);
}

int main( ) {
    int x = 5;
    test(x);
    printf("%d", x);
    return 0;
}
```

① 5 6                            ② 6 5

③ 5 5                            ④ 6 6

## 16 논리적 응집도의 의미는?

① 전혀 관련 없는 기능 묶음

② 처리 순서에 따른 묶음

③ 유사 기능들의 논리적 묶음

④ 입력−출력 순서 묶음

## 17 프레임워크 설명 중 틀린 것은?

① 모듈화로 유지보수 용이

② 재사용성 향상

③ 객체 직접 관리 필요

④ 기능 확장 가능

## 18 IPv6 설명 중 틀린 것은?

① 주소 길이가 128비트이다.

② 인증 및 보안 기능이 포함되어 있다.

③ 브로드캐스트 방식이 포함되어 있다.

④ 확장 헤더를 통해 기능 확대가 용이하다.

**19** OSI 7계층 중 UDP가 속한 계층은?

① 데이터 링크 계층     ② 세션 계층
③ 응용 계층          ④ 전송 계층

**20** 100Base-T 네트워크에서 사용하는 전송 매체는?

① 동축 케이블      ② 광케이블
③ UTP 케이블      ④ 마이크로파

**21** 사용자 인터페이스(UI) 설계에 대해 틀린 것은?

① 사용자와 시스템 간 상호작용을 지원하는 장치이다.
② 유지보수 편의성을 위해 개발자 중심으로 설계해야 한다.
③ 배우기 쉽고 사용하기 쉬워야 한다.
④ 사용자 요구사항이 반영될 수 있어야 한다.

**22** 형상관리의 주된 목적은?

① 변경 사항 및 버전 관리
② 시스템 성능 향상
③ 데이터 암호화
④ 빌드 자동화

**23** UML의 일반화(Generalization) 관계에 대한 설명으로 틀린 것은 무엇인가?

① 상위 클래스와 하위 클래스 간의 상속 관계를 의미한다.
② 객체 간의 일시적인 사용 관계를 표현한다.
③ 빈 삼각형 화살표가 상위 클래스를 향하는 형태로 표현된다.
④ "is-a" 관계를 표현하는 구조이다.

**24** SOA(Service Oriented Architecture)란?

① 인증 서비스
② MEMS
③ SaaS
④ 서비스 지향 아키텍처

**25** 통합 테스트에 관한 설명 중 틀린 것은?

① 상향식 테스트는 드라이버를 사용한다.
② 하향식 테스트는 스텁을 사용한다.
③ 모듈 간 상호작용 오류를 검출한다.
④ 기능성 테스트에 가장 중점을 둔다.

**26** Secure Coding의 의미로 올바른 것은 무엇인가?

① 보안 취약점을 사전에 고려하여 안전하게 코딩하는 기법
② 코드 품질 향상을 위해 단계별로 검토하는 과정
③ 외부 개발자를 위한 API 사용 방법 문서화
④ 프로그램 이해를 돕기 위한 주석 작성 기법

**27** 다음 보기에서 내용 결합도의 정의로 올바른 것은?

① 한 모듈이 다른 모듈 내부 자료를 직접 참조하는 경우
② 여러 모듈이 공통 데이터를 공유하는 경우
③ 제어정보를 전달하는 결합
④ 데이터를 전달하여 결합하는 양상

**28** 다음 중 빌드 도구가 아닌 것은?

① Zeplin
② Ant
③ Maven
④ Gradle

**29** 모듈 설계에 있어 이상적인 응집도와 결합도의 관계는 무엇인가?

① 응집도는 낮고 결합도는 높아야 한다.
② 응집도는 높고 결합도는 낮아야 한다.
③ 응집도와 결합도 모두 높아야 한다.
④ 응집도와 결합도 모두 낮아야 한다.

**30** 정보 보안 3요소 중 포함되지 않는 것은?

① 기밀성　　　　② 무결성
③ 가용성　　　　④ 휘발성

**31** 스택 자료구조의 특징은?

① FIFO　　　　② LIFO
③ 무순서　　　　④ 양방향

**32** 함수 종속성에서 이행적 함수 종속이 제거되는 정규화 단계는?

① 1NF → 2NF
② 2NF → 3NF
③ 3NF → BCNF
④ 비정규 릴레이션 → 1NF

**33** 자료 (5, 7, 2, 1, 3)을 버블 정렬(Bubble Sort)로 정렬할 때, 3회전(pass) 후의 결과로 올바른 것은 무엇인가?

① 1, 2, 3, 5, 7
② 2, 1, 3, 5, 7
③ 5, 2, 1, 3, 7
④ 5, 7, 2, 1, 3

**34** 다음 중 모듈화(Modularity)의 장점으로 옳은 것은?

① 코드를 하나의 함수로만 작성한다.
② 코드를 작은 단위로 나누어 관리하기 용이하다.
③ 프로그램의 실행 속도가 느려진다.
④ 모든 기능을 하나의 파일에 작성해야 한다.

**35** 다음 중 버퍼(Buffer)의 목적은 무엇인가?

① 데이터를 빠르게 전송할 수 있도록 한다.
② 데이터를 암호화하는 데 사용된다.
③ 데이터를 압축하는 데 사용된다.
④ 데이터를 실시간으로 처리하는 데 사용된다.

**36** DDL에 포함되지 않는 명령어는?

① CREATE　　　　② SELECT
③ ALTER　　　　④ DROP

**37** 릴레이션의 속성의 수와 튜플의 수를 의미하는 것은?

① Cardinality, Degree
② Domain, Degree
③ Degree, Cardinality
④ Degree, Domain

**38** 개체 무결성 제약조건 의미는?

① 외래키 NULL 허용
② 기본키 NULL 금지 및 중복 금지
③ 속성 값 범위 제한
④ 사용자 정의 규칙

**39** UNION 연산자의 특징은?

① 중복 포함
② 중복 제거
③ 교집합
④ 차집합

**40** 데이터베이스의 뷰(View)에 대한 설명으로 틀린 것은 무엇인가?

① 뷰는 하나 이상의 기본 테이블을 기반으로 생성된 가상 테이블이다.
② 뷰는 모든 경우에 삽입 · 삭제 · 갱신 연산이 자유롭게 가능하다.
③ 뷰는 사용자에게 필요한 데이터만 제공하여 보안성을 높인다.
④ 뷰는 복잡한 질의를 단순화하여 사용 편의성을 향상시킨다.

**41** 데이터 무결성(Data Integrity) 규정에 대한 설명으로 틀린 것은 무엇인가?

① 데이터 무결성 규정은 제약조건과 식별자를 포함한다.
② 데이터 무결성 규정은 도메인, 키, 종속성 등을 대상으로 한다.
③ 데이터 무결성 규정은 성능 향상을 위한 인덱스 설계를 포함한다.
④ 데이터 무결성 규정은 데이터의 정확성과 일관성 유지를 목적으로 한다.

**42** 데이터 조작어(DML)에 해당하는 명령어는?

① CREATE
② INSERT
③ ALTER
④ DROP

**43** 시스템 카탈로그(System Catalog)에 관한 설명으로 틀린 것은 무엇인가?

① DBMS가 생성하고 관리하는 내부 테이블들의 집합이다.
② 데이터베이스 객체에 대한 메타데이터를 저장한다.
③ 데이터 사전(Data Dictionary)이라고도 불린다.
④ 일반 사용자는 시스템 테이블의 내용을 자유롭게 갱신할 수 있다.

**44** DISTINCT 키워드의 기능은?

① 중복 제거
② 정렬
③ 합계 계산
④ 결과 제한

**45** LEFT JOIN의 특징으로 올바른 것은 무엇인가?

① 왼쪽 테이블의 모든 행과 조건에 일치하는 오른쪽 행을 반환한다.
② 두 테이블에서 조건에 모두 일치하는 행만 반환한다.
③ 오른쪽 테이블의 모든 행과 조건에 일치하는 왼쪽 행을 반환한다.
④ 조인 조건이 없을 경우 결과를 반환하지 않는다.

**46** SQL에서 COUNT( ) 함수의 역할은?

① 행의 개수 반환
② 평균 반환
③ 최대값 반환
④ 최소값 반환

**47** BETWEEN 조건의 의미는?

① 특정 값
② 범위에 포함되는 값
③ 중복 제거
④ 집계 함수 조건

**48** 데이터베이스 정규화 목적에 포함되지 않는 것은?

① 데이터 중복 최소화　② 이상 현상 제거
③ 구조 단순화　　　④ 재구성 필요성 증가

**49** 다음 중 데이터베이스 무결성(Integrity)에 해당하는 것은?

① 중복된 데이터가 존재하면 안 된다.
② 데이터베이스의 크기가 일정해야 한다.
③ 데이터를 삭제한 후 복구할 수 있어야 한다.
④ 각 테이블은 하나의 기본키를 가져야 한다.

**50** EMP 테이블에서 사원 이름(ENAME)과 급여(SAL)를 급여의 내림차순으로 검색하려면?

① SELECT ENAME, SAL FROM EMP ORDER BY SAL ASC;
② SELECT ENAME, SAL FROM EMP ORDER BY SAL DESC;
③ SELECT ENAME, SAL FROM EMP SORT BY SAL HIGH;
④ SELECT ENAME, SAL FROM EMP DESC BY SAL;

**51** 교착상태 발생 조건에 포함되지 않는 것은?

① 상호 배제　　　② 점유 및 대기
③ 순환 대기　　　④ 선점 허용

**52** OSI 모델에서 Presentation 계층의 주요 기능은?

① 데이터 암호화, 압축, 변환
② 네트워크 경로 선택
③ 흐름 제어
④ 세션 생성 및 관리

**53** 다음 중 '디지털 서명(Digital Signature)'의 주된 목적은 무엇인가?

① 데이터 암호화를 통해 정보의 기밀성을 보호한다.
② 메시지의 출처와 무결성을 증명한다.
③ 데이터를 압축하여 저장 공간을 절약한다.
④ 데이터 전송 속도를 향상시킨다.

**54** 스택(Stack) 자료구조에서 데이터의 삽입과 삭제가 이루어지는 위치에 대한 설명으로 올바른 것은 무엇인가?

① 앞(front)과 뒤(rear)에서 삽입과 삭제가 이루어진다.
② 하나의 끝(top)에서만 삽입과 삭제가 이루어진다.
③ 양쪽 끝에서 자유롭게 삽입과 삭제가 가능하다.
④ 임의의 위치에서 데이터 접근과 삭제가 가능하다.

**55** Singleton 디자인 패턴의 특징은?

① 단일 인스턴스 생성 및 전역 접근
② 다중 인스턴스 생성
③ 기능 분리
④ 객체 복제

**56** 화이트박스 테스트(White-box Test)에 대한 설명으로 틀린 것은 무엇인가?

① 프로그램의 내부 로직과 구조를 기반으로 테스트를 수행한다.
② 조건문, 반복문 등 제어 구조를 중심으로 테스트 케이스를 설계한다.
③ 코드 커버리지(문장·분기·경로 등)를 기준으로 테스트 범위를 판단한다.
④ 프로그램의 기능 요구사항만을 기준으로 테스트를 수행한다.

**57** **상 중 하** CLI(명령어 인터페이스)의 특징은?

① 명령어를 직접 입력하는 방식
② 그래픽 사용자 인터페이스
③ 자연어 처리 방식
④ 음성 인식 이용

**58** **상 중 하** 방화벽(Firewall)의 주요 기능은?

① 네트워크 접근 규제 및 통제
② 데이터 압축
③ 로드 밸런싱
④ 파일 저장

**59** **상 중 하** IT 서비스 관리(ITSM)의 기대 효과로 적절하지 않은 것은?

① 서비스 품질 향상
② 업무 혼선 증가
③ 서비스 표준화
④ 고객 지원 체계 강화

**60** **상 중 하** 다음 중 '클라우드 컴퓨팅'의 특징으로 옳은 것은?

① 하드웨어 자원을 물리적으로 소유해야 한다.
② 소프트웨어 및 서비스를 인터넷을 통해 제공한다.
③ 서버를 직접 관리해야 한다.
④ 데이터는 반드시 기업 내에 보관해야 한다.

**상** 중 하
## 01 Java에서 메서드 시그니처(Method Signature)란?
① 메서드의 반환형만을 의미한다.
② 메서드 이름과 매개변수 타입 및 개수의 조합이다.
③ 클래스 내부에 선언된 모든 변수의 집합이다.
④ 상속 관계에 있는 클래스들의 목록이다.

**상** 중 하
## 02 Python에서 dict 객체의 모든 키를 순회하려면?
① for i in keys:
② for i in dict.keys():
③ for i in dict.values():
④ for i in dict.items():

상 **중** 하
## 03 C언어에서 포인터 연산이 허용되는 자료형으로 옳지 않은 것은?
① int           ② char
③ float         ④ void

**상** 중 하
## 04 Java에서 Overriding을 불가능하게 하는 키워드는?
① static        ② private
③ final         ④ public

상 **중** 하
## 05 Python에서 리스트의 길이를 구하는 내장 함수는?
① size()        ② len()
③ count()       ④ sum()

**상** 중 하
## 06 Java에서 생성자(Constructor)의 특징은?
① 직접 호출 가능        ② 반환형 없음
③ 반드시 public 선언    ④ 메서드 오버로딩 불가

**상** 중 하
## 07 C++에서 friend 키워드의 역할은?
① 상속 구현
② 클래스 외부 함수가 private 멤버 접근 허용
③ 오버로딩 제한
④ 추상 클래스 생성

**상** 중 하
## 08 JavaScript에서 이벤트 처리 시 e.preventDefault( )의 역할은?
① 디버그            ② 기본 동작 차단
③ 변수 정리         ④ 화면 새로고침

상 **중** 하
## 09 Python에서 튜플(tuple)의 특징은?
① 값 변경 가능
② 읽기 전용, 인덱스 접근 가능
③ 키 · 값 방식
④ 정렬 필수

**상** 중 하
## 10 C언어의 함수 선언에서 'extern'의 역할은?
① 외부 파일 함수 호출   ② static 변수 생성
③ 함수 오버로딩         ④ 자동 타입 변환

**11** 상 중 하 Java에서 'private' 접근제어자의 특징은?

① 상속 가능한 멤버로 지정
② 클래스 외부 접근 불가
③ 메서드 오버라이딩 제한
④ 패키지 단위 공개

**12** 상 중 하 Python에서 'with open("a.txt","r") as f:' 구문의 장점은?

① 파일 자동 닫기
② 변수 재사용
③ 파일 읽기 불가능
④ 파일 쓰기만 허용

**13** 상 중 하 C++에서 'namespace'의 용도는?

① 변수 초기화
② 이름 충돌 방지
③ 멤버 변수 숨김
④ 상속 제한

**14** 상 중 하 JavaScript 배열의 요소 추가에 사용하는 메서드는?

① push()        ② add()
③ concat()      ④ slice()

**15** 상 중 하 Python의 'try~except' 문에서 except 문이 실행되는 경우는?

① 항상 실행
② 예외 발생 때만 except 코드 실행
③ 함수 오버로딩
④ 반복문 내부에서만 사용

**16** 상 중 하 Windows에서 '시스템 복원'의 역할은?

① PC 성능 향상
② 이전 설정/파일로 시스템 복구
③ 사용 환경 변경
④ 사용자 권한 삭제

**17** 상 중 하 SRAM, DRAM과 관련된 설명 중 올바른 내용은?

① SRAM은 직접 재충전 필요
② DRAM은 느리고 값이 비쌈
③ SRAM은 빠르고 캐시로 쓰임
④ DRAM은 ROM의 한 종류

**18** 상 중 하 UNIX OS의 기본 인터페이스는?

① GUI          ② CLI
③ 바이오스       ④ 스마트 패널

**19** 상 중 하 OSI 7계층에서 '세션 계층'의 주기능은?

① 응용 프로그램 실행
② 연결 생성/유지/종료 관리
③ 데이터 암호화
④ 하드웨어 동작 제어

**20** 상 중 하 IPv4와 IPv6의 차이로 올바른 것은?

① IPv6는 128비트, IPv4는 32비트
② IPv6는 클래스 구분
③ IPv4는 콜론으로 구분
④ IPv4가 더 많은 주소 공간

**21** 상ⓒ하 모바일 운영체제 예시로 올바른 것은?

① Android, iOS
② Linux, Windows
③ BIOS, UNIX
④ macOS, UnixWare

**22** 상중ⓗ 백신 프로그램의 역할로 올바른 것은?

① 컴퓨터 성능 개선
② 악성코드 진단 · 치료
③ 메모리 용량 증대
④ 운영체제 설치

**23** 상ⓒ하 정보보안 3요소 중 '무결성(Integrity)'에 대한 내용으로 올바른 것은?

① 데이터 완전성 유지
② 접근제어
③ 네트워크 확장
④ 사용성 향상

**24** 상ⓒ하 클라우드 컴퓨팅의 특징이 아닌 것은?

① 필요할 때 자원 할당
② 사용량 기반 과금
③ 서버 관리 직접 수행
④ 액세스 유연성

**25** 상ⓒ하 소프트웨어 개발 생명주기의 단계 구분이 아닌 것은?

① 요구분석
② 설계
③ 유지보수
④ 실행 파일 분리

**26** 상ⓒ하 OSI 7계층 중 데이터의 오류 제어 및 흐름 제어를 담당하는 계층은?

① 데이터링크 계층
② 네트워크 계층
③ 세션 계층
④ 물리 계층

**27** 상ⓒ하 다음 USB 버전 중 최대 전송속도가 가장 높은 것은?

① USB 2.0
② USB 3.0
③ USB 1.1
④ USB Type-A

**28** 상ⓒ하 전자우편(Email)에 사용되는 전송 프로토콜은?

① TCP
② SMTP
③ SNMP
④ FTP

**29** 상ⓒ하 운영체제에서 멀티스레드를 도입할 때의 이점이 아닌 것은?

① 자원 공유
② 응답성 향상
③ 프로세스 메모리 절약
④ 보안 취약성 증가

**30** ⓢ중하 파일 시스템 중 NTFS가 제공하지 않는 기능은?

① 대용량 파일 지원
② 사용자 권한 관리
③ RAID 완전 자동화
④ 빠른 검색

**31** 상ⓒ하 네트워크 장치 중 스위치(Switch)의 주된 기능은?

① 네트워크 트래픽 증대
② LAN 내 패킷 분배 및 연결
③ 인터넷계층 라우팅
④ 외부 공격 차단

**32** 클라이언트/서버 방식에서 서버의 고장 시 흔히 발생하는 현상은?

① 전체 네트워크 중단
② 각 클라이언트 독립 동작
③ 데이터 분산 자동화
④ 서버 재부팅 없이 해결

**33** 정보보호에서 바이러스(Virus)의 특징이 아닌 것은?

① 자가 복제 가능
② 정상 파일에 감염·전파
③ 네트워크 연결 시 자동 치료
④ 파괴 및 정보 유출 가능

**34** Windows에서 바로가기 아이콘의 특징으로 틀린 것은?

① 실제 파일의 위치와 상관없이 생성 가능
② 삭제 시 원본 파일도 함께 삭제됨
③ 여러 개를 하나의 파일에 생성 가능
④ 실행하면 연결된 원본이 실행됨

**35** 정보 시스템 구현 시 가장 먼저 수행해야 하는 단계는?

① 유지보수
② 요구분석
③ 테스트
④ 데이터베이스 설계

**36** SQL에서 데이터를 중복 없이 합치기 위해 사용하는 연산자는?

① UNION
② UNION ALL
③ INTERSECT
④ EXCEPT

**37** SQL에서 UPDATE 문 사용 시 중요한 점은?

① WHERE 절 생략 시 전체 행이 변경됨
② SELECT로 조건 설정 필요
③ 자동 COMMIT 실행
④ PRIMARY KEY 값만 변경

**38** 아래 중 부서별 평균 급여가 3000 이상인 부서명을 출력하는 SQL문은?

① SELECT 부서명, AVG(급여) FROM 사원 WHERE AVG(급여) >= 3000;
② SELECT 부서명, AVG(급여) FROM 사원 GROUP BY 부서명 HAVING AVG(급여) >= 3000;
③ SELECT 부서명, AVG(급여) FROM 사원 GROUP BY 부서명 WHERE AVG(급여) >= 3000;
④ SELECT 부서명, AVG(급여) FROM 사원 HAV-ING AVG(급여) >= 3000;

**39** 다음은 고객 계좌에서 잔고가 100만 원 이상, 300만 원 이하인 고객 등급을 '우대고객'으로 변경하는 SQL문이다. 빈칸 (가), (나)에 들어갈 말은?

> UPDATE 고객계좌 ( 가 ) 등급='우대고객' ( 나 ) 잔고 BETWEEN 1000000 AND 3000000;

① ( 가 ) : SET, ( 나 ) : WHERE
② ( 가 ) : WHERE, ( 나 ) : SET
③ ( 가 ) : FROM, ( 나 ) : WHERE
④ ( 가 ) : WHERE, ( 나 ) : FROM

**40** 뷰(View)의 특징으로 틀린 것은?

① 가상의 테이블
② 실제 데이터 저장
③ 보안·편의성 향상
④ SELECT로 생성

**41** SQL에서 INDEX의 주된 목적은?

① 검색 속도 향상　　　② 데이터 암호화
③ 데이터 삭제　　　　④ 컬럼명 변경

**42** SQL에서 SELECT ~ FROM ~ WHERE ~ ORDER BY 구문의 실행 순서는?

① FROM → WHERE → SELECT → ORDER BY
② SELECT → FROM → WHERE → ORDER BY
③ FROM → SELECT → WHERE → ORDER BY
④ WHERE → FROM → SELECT → ORDER BY

**43** SQL에서 특정 컬럼의 값이 NULL일 때, SUM 집계 함수의 결과는?

① 오류 발생　　　　　② 계산에서 제외
③ 0으로 처리　　　　④ 항상 포함

**44** SQL에서 LEFT JOIN 수행 결과 중 조인 조건이 일치하지 않는 경우에 대한 설명으로 옳은 것은?

① 결과 집합에서 해당 행은 제외된다.
② 오른쪽 테이블의 컬럼 값이 NULL로 출력된다.
③ 왼쪽 테이블의 컬럼 값이 NULL로 출력된다.
④ 조인 오류가 발생한다.

**45** SQL에서 BETWEEN 연산자를 사용할 때의 특징으로 올바른 것은?

① 하나의 값과 정확히 일치하는 데이터만 조회한다.
② 시작값과 끝값을 모두 포함하여 범위 조건을 지정한다.
③ 집계 결과를 그룹화하는 데 사용된다.
④ 테이블의 컬럼 이름을 변경할 때 사용된다.

**46** SQL에서 DELETE와 DROP 차이점은?

① DELETE는 테이블 자체 삭제, DROP은 데이터만 삭제
② DELETE는 데이터만 삭제, DROP은 테이블 자체 삭제
③ DELETE는 컬럼만 삭제, DROP은 데이터만 삭제
④ DELETE는 데이터만 삭제, DROP은 컬럼만 삭제

**47** SQL에서 HAVING 절은 보통 어떤 구문과 함께 쓰는가?

① SELECT　　　　　② GROUP BY
③ WHERE　　　　　④ INSERT

**48** SQL LIMIT 구문의 주요 기능은?

① 행 제한　　　　　② 데이터 암호화
③ 컬럼 선택　　　　④ 테이블 생성

**49** SQL에서 서브쿼리(Subquery) 사용이 불가능한 곳은?

① SELECT
② UPDATE SET
③ FROM
④ 컬럼 정의

**50** SQL에서 DEFAULT 제약조건이 의미하는 것은?

① 컬럼 옵션 중 복제
② 컬럼값 없을 때 자동 지정
③ 자동 데이터 삭제
④ 명령어 실행 제한

**51** 상 중 **하** 컴퓨터의 보조 기억장치에 해당하는 것은?

① HDD　　　　　② 레지스터
③ 캐시 메모리　　④ ALU

**52** 상 중 **하** 운영체제(OS)에서 분산처리 시스템의 대표적인 장점은?

① 성능 저하
② 장애/부하분산
③ 보안 약화
④ 중앙집중 처리

**53** 상 **중** 하 시스템 개발 생명주기(SDLC) 순서로 알맞은 것은?

① 요구분석 → 설계 → 구현 → 시험 → 이행 → 유지
보수
② 요구분석 → 설계 → 구현 → 시험 → 유지보수 →
이행
③ 설계 → 요구분석 → 구현 → 이행 → 시험 → 유지
보수
④ 설계 → 구현 → 이행 → 요구분석 → 시험 → 유지
보수

**54** **상** 중 하 ITSM 도입 시 조직에 부정적인 영향을 줄 수 있는 요소로
가장 적절한 것은?

① 서비스 수준(SLA) 관리 어려움
② 프로세스 기반 업무 혼란
③ 초기 도입 단계의 업무 부담 증가
④ 장애 대응 절차의 부정확화

**55** 상 중 **하** 백업의 목적 중 틀린 것은?

① 데이터 복구　　② 장애 대비
③ 서버 가속　　　④ 안정성 확보

**56** 상 중 **하** 스케줄러(Scheduler)의 역할로 알맞은 것은?

① CPU 작업 순서 · 우선순위 관리
② 데이터 암호화
③ 물리주소 계산
④ 네트워크 트래픽 증대

**57** 상 중 **하** 데이터 무결성의 정의로 옳은 것은?

① 데이터 중복
② 데이터의 정확성 · 일관성 보장
③ 네트워크 접속성
④ 암호화 수준

**58** **상** 중 하 클라우드 서비스 모델 중 PaaS에 대한 설명으로 옳은 것은?

① 사용자가 운영체제부터 애플리케이션까지 모두 관리
하는 모델이다.
② 개발 환경과 실행 플랫폼을 제공하여 애플리케이션
개발에 집중할 수 있다.
③ 완성된 소프트웨어를 설치 없이 바로 제공하는 모델
이다.
④ 서버 · 스토리지를 물리적으로 직접 구축해 사용하는
방식이다.

**59** 상 중 **하** 시스템 복원 시 중요한 점은?

① 원본 파일 삭제　　② 복원 지점 정확성
③ 네트워크 품질　　　④ 권한 검증

**60** 상 **중** 하 분산처리 환경에서 데이터 백업을 적용할 때 위험요소는?

① 네트워크 장애 발생 시 데이터 동기화 실패
② 데이터 접근 속도 향상
③ 중앙서버 장애에도 전체 복구 불가
④ 암호화 자동 적용

**상 중 하**

## 01 Java에서 추상 클래스의 특징은?

① 객체 생성 가능
② 일부 메서드만 구현 가능
③ 모든 필드를 초기화해야 함
④ 반드시 인터페이스 상속 필요

**상 중 하**

## 02 C언어의 포인터 연산에 대해 올바른 설명은?

① 포인터는 변수의 값 저장
② 주소 연산자는 &
③ void형 포인터는 연산 가능
④ 포인터 값이 변수 값과 동일함

**상 중 하**

## 03 Python에서 list comprehension의 장점은?

① 코드 간결함          ② 실행 속도 저하
③ 데이터 불변성        ④ 반드시 반복문 사용

**상 중 하**

## 04 JavaScript에서 콜백 함수의 목적은?

① 동기 실행
② 비동기 작업 완료 후 실행
③ 함수 중복 방지
④ 변수 선언

**상 중 하**

## 05 OOP 4대 특징에 속하지 않는 것은?

① 캡슐화          ② 상속
③ 다형성          ④ 집계

**상 중 하**

## 06 Java에서 private 접근제어자의 의미는?

① 외부 접근 가능
② 클래스 내부에서만 접근 가능
③ 상속 가능
④ 전역 변수

**상 중 하**

## 07 Python에서 튜플의 특징은?

① 값 변경 가능
② 불변 자료형
③ 키-값 쌍
④ 정렬 필수

**상 중 하**

## 08 C언어에서 구조체의 멤버 접근 연산자는?

① .                    ② ->
③ ::                   ④ *

**상 중 하**

## 09 다음 C언어로 작성된 코드의 출력 결과로 올바른 것은?

```c
#include <stdio.h>

int main( ) {
    int x = 5;
    int *ptr = &x;
    *ptr = 10;
    printf("%d", x);
    return 0;
}
```

① 5                    ② 10
③ 15                   ④ 0

**10** Python에서 with 문을 사용하는 이유는?

① 자동으로 파일 닫기　② 반복문 자동 실행
③ 변수 재사용　④ 메모리 해제

**11** C++에서 friend 키워드의 의미는?

① 클래스 상속
② 외부 함수에 private 접근 허용
③ 메서드 오버라이딩
④ 객체 생성

**12** Java 생성자의 특징은?

① 반환형 없음　② 반드시 public이어야 함
③ 직접 호출 가능　④ 마지막에만 실행

**13** 다음 JAVA언어로 작성된 코드의 출력 결과로 올바른 것은?

```
public class Main {
    public static void main(String[ ] args) {
        int a = 5;
        int b = 2;
        System.out.println(a++ * - -b);
    }
}
```

① 5　② 6
③ 7　④ 8

**14** C언어에서 malloc 함수의 역할은?

① 정적 메모리 할당　② 동적 메모리 할당
③ 파일 처리　④ 연산 수행

**15** 프로그램 디버깅 시 '브레이크포인트'의 용도는?

① 프로그램 자동 실행
② 특정 지점에서 실행 일시 중지
③ 변수 초기화
④ 프로그램 종료

**16** OSI 7계층 중 데이터 암호화 및 변환을 담당하는 계층은?

① 네트워크 계층
② 표현 계층
③ 세션 계층
④ 물리 계층

**17** TCP 프로토콜의 주요 특징은?

① 무연결 서비스
② 신뢰성 있는 전송 보장
③ 실시간 지원
④ 비연결성

**18** VPN의 주요 기능은?

① 빠른 인터넷 속도
② 보안 강화 및 사설 네트워크 구축
③ 서버 무중단 운영
④ 데이터 암호 해독

**19** 클라우드 서비스의 유형이 아닌 것은?

① IaaS
② SaaS
③ PaaS
④ HaaS

**20** OSI 7계층 중 MAC 주소를 이용해 동일 네트워크 내에서 데이터 전송을 담당하는 계층은?

① 전송 계층
② 데이터링크 계층
③ 네트워크 계층
④ 물리 계층

**21** 컴퓨터 시스템에서 '인터럽트'의 역할은 무엇인가?

① CPU가 주기적으로 작업을 분배하기 위함
② 사용자의 입력을 실시간으로 처리하기 위함
③ 외부 장치의 요청에 즉시 응답하기 위함
④ 운영체제가 멀티태스킹을 효율적으로 관리하기 위함

**22** IPv6 주소의 길이는?

① 32비트
② 64비트
③ 128비트
④ 256비트

**23** 정보보안 3요소 중 '가용성(Availability)'에 대한 설명으로 옳은 것은?

① 인가된 사용자가 필요할 때 언제든지 시스템과 데이터에 접근할 수 있도록 보장한다.
② 데이터가 허가 없이 변경되지 않도록 보호한다.
③ 사용자 신원을 확인하는 절차를 의미한다.
④ 데이터 내용을 암호화하여 외부 노출을 방지한다.

**24** 데이터 전송 방식 중 '패킷 교환'의 특징이 아닌 것은?

① 데이터그램과 가상회선 방식이 있음
② 빠른 전송, 오버헤드 적음
③ 장애 발생 시 대체 경로 선택 가능
④ 아날로그 데이터 전송에 최적화됨

**25** 정보 시스템에서 ERP(Enterprise Resource Planning)를 도입하는 주된 이유로 가장 적절한 것은?

① 기업 내 부서별 업무 정보를 하나의 시스템으로 연계·관리하기 위함
② 네트워크 장비를 확장하여 통신 속도를 향상시키기 위함
③ 외부 해킹을 방지하기 위한 보안 시스템을 구축하기 위함
④ 특정 업무만을 위한 독립적인 하드웨어를 운용하기 위함

**26** OSI 7계층 중 통신 세션의 설정, 동기화, 종료를 담당하는 계층은?

① 세션 계층
② 표현 계층
③ 네트워크 계층
④ 응용 계층

**27** 정보 시스템 개발 과정 중 요구사항 분석 단계에서 수행하는 활동으로 가장 적절한 것은?

① 사용자의 요구를 수집·정리하여 시스템 기능과 범위를 정의한다.
② 프로그램 소스코드를 실제로 구현한다.
③ 테스트 데이터를 이용해 오류를 검증한다.
④ 서버와 네트워크 장비를 물리적으로 설치한다.

**28** 네트워크 토폴로지 중 중앙 장치(허브 또는 스위치)를 중심으로 각 노드가 개별적으로 연결되는 구조는 무엇인가?

① 링(Ring)
② 별(Star)
③ 버스(Bus)
④ 트리(Tree)

**29** 정보보안에서 방화벽(Firewall)이 수행하는 기능으로 가장 적절한 것은?

① 사전에 정의된 보안 정책에 따라 네트워크 트래픽을 허용·차단한다.
② 저장된 데이터를 암호화하여 외부 노출을 방지한다.
③ 악성코드를 탐지하고 치료한다.
④ 웹 서버의 콘텐츠를 사용자에게 제공한다.

**30** 클라우드 컴퓨팅의 특징이 아닌 것은?

① 자원 탄력적 확장
② 사용량 기반 과금
③ 서버 직접 관리 필요
④ 원격 액세스 가능

**31** 멀티프로세싱과 멀티스레딩의 차이에 대한 설명으로 옳은 것은?

① 멀티프로세싱은 여러 프로세스를 병렬 실행하고, 멀티스레딩은 하나의 프로세스 내에서 여러 스레드를 실행한다
② 멀티프로세싱과 멀티스레딩은 실행 구조와 자원 관리 방식이 동일하다.
③ 멀티스레딩은 각 스레드마다 독립적인 CPU와 메모리를 필요로 한다.
④ 멀티프로세싱은 스레드보다 가벼운 작업 단위로 처리된다.

**32** 네트워크 주소 변환(NAT)의 주요 기능은?

① 내부 네트워크 IP 변경 및 보안 향상
② 트래픽 차단
③ 데이터 압축
④ DNS 서버

**33** IPv4 주소 클래스 A의 범위는?

① 0.0.0.0~127.255.255.255
② 128.0.0.0~191.255.255.255
③ 192.0.0.0~223.255.255.255
④ 224.0.0.0~239.255.255.255

**34** 모듈의 결합도 중 가장 강한 것은?

① 내용 결합도      ② 스탬프 결합도
③ 제어 결합도      ④ 자료 결합도

**35** S/W 설계 시 응집도와 결합도의 바람직한 특징은?

① 강한 응집과 약한 결합
② 약한 응집과 강한 결합
③ 약한 응집과 약한 결합
④ 강한 응집과 강한 결합

**36** SQL에서 DISTINCT의 역할은?

① 중복 제거
② 오름차순 정렬
③ 데이터 삽입
④ 컬럼 이름 변경

**37** SQL에서 트랜잭션 처리 명령어가 아닌 것은?

① COMMIT
② ROLLBACK
③ SAVEPOINT
④ SELECT

**38** SQL JOIN 중 오른쪽 테이블을 모두 포함하는 것은?

① INNER JOIN
② LEFT JOIN
③ RIGHT JOIN
④ FULL OUTER JOIN

**43** SQL에서 집계 결과에 조건을 적용할 때 사용하는 절은?

① WHERE
② HAVING
③ ORDER BY
④ DISTINCT

**39** SQL의 PRIMARY KEY 제약조건은?

① 중복 가능
② NULL 값 허용
③ 유일성과 NOT NULL 보장
④ 중복과 NULL 허용

**44** SQL에서 LIKE 연산자 사용 시 '%' 기호의 역할로 올바른 것은?

① 임의의 한 글자를 대체한다.
② 길이에 제한 없이 여러 문자를 대체한다.
③ 숫자 한 자리를 의미한다.
④ 특정 문자열만 정확히 일치시킨다.

**40** SQL에서 VIEW의 특징은?

① 실제 데이터 저장
② 가상 테이블
③ 인덱스가 반드시 필요
④ 데이터 중복 저장

**45** SQL문에서 테이블의 모든 데이터를 제거하되 구조는 유지하는 키워드는?

① DELETE        ② DROP
③ TRUNCATE        ④ ALTER

**41** SQL 집합 연산자 중에서 결과에 중복을 포함하는 것은?

① UNION
② UNION ALL
③ INTERSECT
④ EXCEPT

**46** SQL에서 인덱스(Index)가 하는 역할은?

① 저장 공간 절약
② 검색 속도 개선
③ 데이터 암호화
④ 트랜잭션 수행

**42** SQL에서 WHERE 절을 사용하는 주된 목적으로 가장 적절한 것은?

① 테이블에 저장된 모든 데이터를 조회하기 위해
② 특정 조건을 만족하는 행만 선택하기 위해
③ 새로운 데이터를 테이블에 추가하기 위해
④ 테이블 구조에 새로운 컬럼을 정의하기 위해

**47** SQL에서 외래키(Foreign Key)의 목적은?

① 전체 데이터 복제
② 참조 무결성 유지
③ 중복 허용
④ 컬럼명 변경

**48** 상 중 하 SQL에서 테이블의 이름을 변경하는 명령어로 올바른 것은?

① RENAME TABLE
② ALTER INDEX
③ UPDATE TABLE
④ CHANGE DATA

**49** 상 중 하 SQL에서 집계 함수 AVG( )의 용도는?

① 최대값 찾기
② 평균값 계산
③ 레코드 개수 세기
④ 최소값 찾기

**50** 상 중 하 데이터베이스 정규화의 주요 목적은?

① 데이터 중복 감소 및 이상현상 방지
② 데이터베이스 크기 증가
③ 응용 프로그램 분리
④ 네트워크 최적화

**51** 상 중 하 정보 시스템 유지보수 유형 중 '적응 유지보수'의 의미는?

① 오류 수정
② 변화된 환경 적응
③ 사용법 교육
④ 소프트웨어 재설계

**52** 상 중 하 시스템 개발 생명주기 중 설계 단계에서 하는 작업은?

① 사용자 요구사항 정의
② 구조 및 데이터 모델 구체화
③ 프로그램 소스 코드 작성
④ 기능 및 성능 검증 수행

**53** 상 중 하 정보 시스템에서 백업을 수행하는 가장 중요한 이유로 올바른 것은?

① 장애 · 사고 발생 시 데이터를 복원하기 위해
② 시스템 처리 속도를 높이기 위해
③ 장비 구매 비용을 줄이기 위해
④ 화면 구성과 사용성을 개선하기 위해

**54** 상 중 하 ITSM(IT Service Management)을 도입했을 때 조직이 기대할 수 있는 효과로 가장 적절한 것은?

① IT 서비스의 일관성과 품질을 체계적으로 향상시킨다.
② IT 서비스 운영 효율이 전반적으로 감소한다.
③ 업무 절차가 복잡해져 관리 부담이 커진다.
④ 시스템 자원이 비효율적으로 사용된다.

**55** 상 중 하 애자일(Agile) 개발 방법론의 특징은?

① 단계별 고정 진행
② 반복적 개발과 빠른 피드백
③ 실무보다 문서 중심
④ 한 번에 전체 완성

**56** 상 중 하 정보 시스템 유지보수 중 장애를 사전에 방지하기 위해 수행하는 활동은 무엇인가?

① 이미 발생한 오류를 수정하는 작업
② 운영 환경 변화에 맞추어 시스템을 조정하는 작업
③ 문제 발생 가능성을 줄이기 위한 점검 · 개선 작업
④ 시스템 사용을 종료하고 자원을 회수하는 작업

**57** 디지털 서명의 주요 목적은?

① 데이터 암호화

② 인증 및 부인방지

③ 데이터 압축

④ 무결성 검증 불가

**58** 소프트웨어 설계 목적이 아닌 것은?

① 유지보수 용이성

② 개발 생산성 향상

③ 코드 중복 증가

④ 품질 향상

**59** 지속적 통합(Continuous Integration, CI)와 지속적 배포 (Continuous Delivery, CD)의 설명으로 옳은 것은?

① CI는 개발된 소스코드를 주기적으로 통합하는 것을 말한다.

② CD는 통합된 코드를 개발 서버에만 배포하는 것을 의미한다.

③ CI와 CD는 서로 독립된 개발 방식이다.

④ CI/CD는 소프트웨어 유지보수에 도움이 되지 않는다.

**60** 다음 중 DevOps 문화에서 CI/CD 도구로 활용되는 것은?

① Jenkins

② Eclipse

③ MySQL

④ Windows Explorer

**상** 중 하
## 01 C언어에서 주소 연산자(&)가 의미하는 것은?

① 덧셈 수행
② 변수의 값을 반환
③ 변수의 메모리 주소 반환
④ 포인터 참조

**상** 중 하
## 02 Java에서 생성자(Constructor) 함수의 특징이 아닌 것은?

① 클래스명과 동일
② void 타입 선언
③ 객체 생성 시 자동 실행
④ 오버로딩 가능

**상** 중 하
## 03 Python에서 리스트의 모든 요소에 2를 곱한 새 리스트를 만드는 가장 간단한 방법은?

① for문으로 반복
② map과 lambda 사용
③ 리스트 컴프리헨션 사용
④ append 반복

상 **중** 하
## 04 JavaScript에서 'window.alert( )'의 역할은?

① 콘솔에 로그 출력
② 문자열 연결
③ 팝업 경고창 표시
④ 페이지 이동

**상** 중 하
## 05 C++에서 이미 생성된 객체를 기반으로 새로운 객체를 생성할 때 호출되는 생성자는 무엇과 관련있는가?

① 객체가 메모리에서 해제될 때의 처리
② 객체가 다른 객체로부터 복사될 때의 처리
③ 객체의 멤버 변수를 처음 설정하는 처리
④ 클래스 간 상속 구조를 구현하는 처리

**상** 중 하
## 06 Python에서 'enumerate' 함수 사용의 장점은?

① 인덱스와 값 동시 반환
② 리스트 오름차순 정렬
③ 값만 반환
④ 중복 삭제

**상** 중 하
## 07 Java의 메서드 오버라이딩(overriding)과 비교해 오버로딩(overloading)이 바르게 설명된 것은?

① 이름 동일, 매개변수 타입 · 수 다름
② 반환값만 다르면 됨
③ 상위 클래스에서만 정의
④ static 메서드만 적용

상 **중** 하
## 08 C언어에서 헤더 파일(.h)의 목적은?

① 함수 원형 · 상수 · 구조체 등 선언
② 실행파일 생성
③ 주석 처리
④ 프로그램 오류 표시

**09** C++의 접근 제한자(Access Modifier)에 대한 설명으로 가장 적절한 것은?

① public : 클래스 외부 및 상속 관계 등 어디서나 접근이 가능하다.
② private : 오직 해당 클래스의 인스턴스를 통해서만 외부 접근이 가능하다.
③ protected : private과 동일하게 클래스 내부와 외부 모두 접근이 불가능하다.
④ 접근 제한자를 생략할 경우 기본적으로 모든 멤버는 public으로 설정된다.

**10** Java에서 'instanceof' 키워드의 용도는?

① 인스턴스 생성
② 타입 검사
③ 데이터 입력
④ 오류 처리

**11** C언어에서 'const' 변수의 특징은?

① 값 변경 가능
② 선언 후 값 변경 불가
③ 모든 함수에서 전역 접근 가능
④ 포인터 변수만 적용

**12** JavaScript에서 arrow function(화살표 함수)의 주요 특징은?

① this 바인딩 없음
② function 키워드 필요
③ 클래스 내에서만 사용
④ 값을 반환하지 않음

**13** 다음 Python 코드의 실행 결과로 올바른 것은?

```
x = {"a" : 1, "b" : 2}
print(x['a'])
```

① 1          ② 2
③ a          ④ b

**14** 다음 JAVA 코드의 출력 결과로 올바른 것은?

```
public class Main {
    public static void main(String[ ] args) {
        int a = 10;
        int b = 3;
        System.out.println(a % b);
    }
}
```

① 0          ② 1
③ 3          ④ NULL

**15** 다음 Python 코드의 실행 결과로 올바른 것은?

```
x = 5
y = 3
print(x ** y)
```

① 25          ② 125
③ 8           ④ 2

**16** 아날로그-디지털 변환장치에서 코덱(CODEC)의 정의로 옳은 것은?

① 이미지 압축 장치
② 신호 변환(AD · DA 변환기)
③ 데이터 스트리밍 서버
④ 코드 자동 분석기

## 17 IPv6 주소의 표기 방법으로 옳은 것은?

① 점(.)으로 분리
② 콜론(:)으로 분리
③ 하이픈(–)으로 분리
④ 세미콜론(;)으로 분리

## 18 SRAM과 DRAM의 차이로 알맞은 것은?

① SRAM은 재충전 필요 있음
② DRAM은 트랜지스터로만 구성
③ SRAM은 빠르며 재충전 불필요
④ DRAM은 캐시 메모리로 사용

## 19 모니터 화면 크기 단위와 측정 기준은?

① cm, 가로 길이
② 인치, 대각선 길이
③ px, 높이
④ mm, 두께

## 20 USB 3.0 최고 속도로 올바른 것은?

① 12Mbps        ② 5Gbps
③ 1Gbps         ④ 480Mbps

## 21 OSI 7계층에서 데이터의 흐름을 제어하고 오류 검출을 담당하는 계층은?

① 응용 계층
② 데이터링크 계층
③ 전송 계층
④ 네트워크 계층

## 22 네트워크 스니핑 공격(Sniffing) 설명으로 옳은 것은?

① 네트워크 트래픽을 무단 감청
② 데이터 암호화 수행
③ 서버 백업
④ 네트워크 교환기 설치

## 23 ROM(Read Only Memory)의 특성으로 올바른 것은?

① 전원이 꺼지면 저장된 내용이 사라진다.
② 전원이 꺼져도 데이터가 유지되며 읽기 위주로 사용된다.
③ 프로그램 실행 중 자유롭게 내용 변경이 가능하다.
④ CPU의 캐시 메모리로 활용된다.

## 24 정보 시스템에서 'ERP'의 정의로 옳은 것은?

① 데이터베이스 관리
② 전사적 자원 통합 관리
③ 네트워크 관리 프로그램
④ 하드웨어 제어

## 25 TCP/IP의 링크 계층(Link Layer)에서 담당하는 주요 기능은?

① 경로 지정        ② 패킷 송수신
③ 암호화          ④ 응용 프로그램 실행

## 26 바이러스 형태 중 '웜(Worm)'의 특징은?

① 사용자가 실행하지 않아도 전파
② 정상 파일로 위장 감염
③ 바이러스 백신으로 제거 불가
④ 프로그램 설치 필요

**27** OSI 7계층 응용 계층(Application Layer)이 담당하는 기능은?

① 데이터 변환 및 표준화
② 사용자 및 응용 프로그램 직접 연결
③ 네트워크 경로 지정
④ 물리적 신호제어

**28** 클라우드 컴퓨팅의 대표적인 장점이 아닌 것은?

① 자원 탄력적 확장
② 고정된 자원 설치
③ 서비스 형태로 제공
④ 비용 절감

**29** 정보보안 적정성 평가의 목적은?

① 네트워크 데이터 흐름 증대
② 시스템 취약점, 위험 진단
③ 외부 침입자 감시
④ 암호화 기술 분석

**30** OSI 7계층 중 암호화 및 데이터 표준화 담당은?

① 응용 계층
② 표현 계층
③ 전송 계층
④ 데이터링크 계층

**31** 네트워크 등급별(클래스별) 주소에서, B클래스의 IP 첫 옥텟(Octet) 범위는?

① 128 ~ 191
② 192 ~ 223
③ 224 ~ 239
④ 240 ~ 255

**32** 웹 브라우저에서 SSL 인증의 결과로 옳은 것은?

① 암호화된 통신
② 더 빠른 렌더링
③ 이미지 자동 변환
④ 파일 압축

**33** 개발 방법론 중 애자일(Agile) 방식의 핵심 개념으로 가장 적절한 것은?

① 초기에 모든 요구사항을 확정한 뒤 변경을 허용하지 않는다.
② 짧은 주기로 개발하고 사용자 피드백을 즉시 반영한다.
③ 문서 작성을 최우선 목표로 삼는다.
④ 개발 완료 후에만 테스트를 수행한다.

**34** 파일 시스템에서 NTFS의 주요 장점은?

① 대용량 파일 지원
② 파일명 길이 제한
③ FAT32보다 낮은 보안
④ DOS에서 사용

**35** 정보 시스템의 구성요소에 대한 설명으로 옳지 않은 것은?

① 하드웨어, 소프트웨어, 데이터, 사람, 프로세스가 정보 시스템의 구성요소이다.
② 하드웨어는 정보 시스템의 물리적 자원으로, 컴퓨터, 저장장치, 입출력 장치 등을 포함한다.
③ 소프트웨어는 정보 시스템의 운영과 관련된 모든 프로그램을 포함한다.
④ 사람은 정보 시스템의 설계 및 운영을 담당하며, 소프트웨어 개발, 시스템 유지보수 등을 한다.

**36** SQL에서 'CHECK' 제약조건 활용 예로 올바른 것은?

① CHECK (age)>=0)
② CHECK age;
③ NOT CHECK (age>0)
④ ADD CHECK age

**37** SQL의 'VIEW' 생성 목적은?

① 테이블 전체 삭제
② 특정 쿼리 결과를 가상 테이블로 재사용
③ 데이터 암호화
④ 인덱스 생성

**38** SQL에서 'ORDER BY'의 기본 정렬 방식은?

① 내림차순
② 오름차순
③ 그룹별
④ 무작위

**39** SQL 'ALTER TABLE' 명령으로 수행할 수 없는 작업은?

① 컬럼 추가
② 컬럼 삭제
③ 테이블 삭제
④ 컬럼 데이터 타입 변경

**40** SQL의 'JOIN'에서 두 테이블 모두 일치하는 행만 반환하는 방식은?

① LEFT JOIN
② FULL JOIN
③ INNER JOIN
④ CROSS JOIN

**41** SQL에서 'ROLLBACK' 명령의 결과는?

① 변경 사항 취소 · 원상복구
② 변경 사항 저장
③ 데이터 삭제
④ 트랜잭션 생성

**42** SQL에서 'MINUS' 연산자의 결과는?

① 합집합
② 교집합
③ 차집합
④ 중복 포함

**43** SQL에서 'PRIMARY KEY' 조건에 해당하지 않는 것은?

① 중복 허용
② NULL 불허
③ 컬럼 유일
④ 테이블 내 단일 지정

**44** SQL에서 'GROUP BY' 없이 집계함수 사용 시 반환 결과는?

① 그룹별 기준
② 전체 행 기준
③ 특정 컬럼 기준
④ NULL

**45** SQL에서 데이터 정렬을 내림차순으로 하려면 어떤 키워드를 사용해야 하는가?

① ORDER BY ... DESC
② GROUP BY ... ASC
③ ORDER ... MINUS
④ SELECT DESC

**46** SQL에서 서브쿼리(Subquery) 사용이 불가능한 구문은?

① SELECT      ② FROM
③ WHERE      ④ UPDATE

**47** 테이블의 모든 행을 한 번에 삭제하는 명령은?

① DELETE FROM 테이블명
② DROP TABLE 테이블명
③ ALTER TABLE 테이블명
④ SELECT * FROM 테이블명

**48** SQL에서 컬럼의 기본값을 지정할 때 사용하는 키워드는?

① DEFAULT
② VALUE
③ SET
④ INIT

**49** SQL에서 인덱스를 생성하는 기본 명령어는?

① CREATE INDEX
② CREATE KEY
③ ALTER TABLE
④ NEW INDEX

**50** SQL 집합 연산자 중 'EXCEPT'에 대한 설명으로 올바른 것은?

① 첫 SELECT에서 둘째 SELECT 포함된 행 제외
② 두 결과 전체 조회
③ 중복 데이터만 조회
④ 집계함수 결과 반환

**51** 컴퓨터에서 데이터 버스(Data Bus)의 기능은?

① 데이터 전송 경로
② 명령어 저장
③ 주소 지정
④ 연산 결과 계산

**52** 정보 시스템의 백업 방안 중 완전 백업(Full Backup) 특징은?

① 저장 공간 최소
② 전체 데이터 모두 복사
③ 데이터 변경분만 복사
④ 암호화 전송만 허용

**53** 운영체제(OS)의 역할 중 하나가 아닌 것은?

① 자원 관리
② 사용자와 하드웨어 중재
③ 응용 프로그램 실행 보조
④ 데이터 암호 불가

**54** 분산처리 시스템의 대표적인 특징은?

① 중앙집중 방식
② 자원 · 처리 부하 분산
③ 데이터 복구 불가
④ 사용자 수 제한

**55** 시스템 개발 생명주기(SDLC)의 마지막 단계는?

① 설계
② 구현
③ 유지보수
④ 테스트

**56** 백업 데이터의 복원 과정에서 고려할 점은?

① 저장공간 축소
② 데이터의 무결성 · 정확성
③ 암호화 불가
④ 사용자 계정 생성

**57** 운영체제의 '멀티스레드'의 효과로 옳은 것은?

① 데이터 처리 단일화
② CPU 자원 활용 극대화
③ 응용 프로그램 오류 감소
④ 하드웨어 직접 제어

**58** 시스템 개발 사업에서 '테스트 계획'의 주요 목적은?

① 예산 산정
② 품질 확보 및 오류 예방
③ 유지보수 용이성
④ 데이터 백업

**59** 클라우드 서비스 모델 중 PaaS의 정의로 올바른 것은?

① 인프라만 제공
② 플랫폼 서비스 제공
③ 소프트웨어만 제공
④ 물리 서버 직접 설치

**60** ITSM(IT 서비스 관리) 도입의 기대효과로 맞지 않는 것은?

① 서비스 품질 향상
② 업무 혼선 방지
③ 표준화 촉진
④ 시스템 부하 증가

# 정답 & 해설

| | | | | |
|---|---|---|---|---|
| 01 ④ | 02 ② | 03 ③ | 04 ② | 05 ② |
| 06 ② | 07 ① | 08 ② | 09 ④ | 10 ② |
| 11 ② | 12 ② | 13 ② | 14 ③ | 15 ① |
| 16 ② | 17 ② | 18 ② | 19 ② | 20 ② |
| 21 ② | 22 ② | 23 ② | 24 ② | 25 ② |
| 26 ② | 27 ① | 28 ① | 29 ② | 30 ② |
| 31 ② | 32 ① | 33 ② | 34 ① | 35 ② |
| 36 ③ | 37 ② | 38 ② | 39 ② | 40 ② |
| 41 ② | 42 ④ | 43 ① | 44 ① | 45 ② |
| 46 ① | 47 ① | 48 ① | 49 ④ | 50 ② |
| 51 ② | 52 ② | 53 ④ | 54 ② | 55 ① |
| 56 ④ | 57 ② | 58 ② | 59 ① | 60 ② |

## 01 ④

JavaScript에서 변수를 선언할 때 사용하는 키워드는 var, let, const이다.

오답 피하기

int는 JavaScript에 존재하지 않는 키워드로, C/Java 계열 언어의 정수형 자료형 선언에서 사용된다.

## 02 ②

• JavaScript에서 함수를 선언할 때는 function 키워드를 사용한다.

• 기본적인 함수 선언 형식

```
function 함수명(매개변수) {
    실행문;
    return 값;
}
```

## 03 ③

CSS에서 클래스 선택자(Class Selector)는 여러 HTML 요소에 같은 스타일을 반복 적용할 수 있도록 설계된 선택자이다. .(점) 기호를 사용해 지정한다.

## 04 ②

HTML 문서에서 제목(Title)은 브라우저의 탭 제목이나 즐겨찾기 이름으로 표시되며, 〈head〉 영역 안에 위치한 〈title〉 태그로 정의한다.

오답 피하기

• ① : 문서의 메타데이터를 담는 영역
• ③ : 화면에 표시되는 실제 콘텐츠(본문) 영역
• ④ : 인코딩, 키워드, 설명 등 문서의 부가 정보를 설정하는 태그

## 05 ②

DevOps는 Development(개발)와 Operations(운영)의 합성어로, 개발과 운영 간의 장벽을 제거하고 협업과 자동화를 통해 소프트웨어를 빠르고 안정적으로 제공하는 것을 핵심 목표로 한다.

## 06 ②

CI(Continuous Integration, 지속적 통합)는 여러 개발자가 작성한 코드를 자주 통합하고, 통합된 코드에 대해 자동 빌드와 테스트를 수행함으로써 오류를 조기에 발견하고 코드 품질을 유지하는 것이 핵심 역할이다.

오답 피하기

코드 자동 배포는 CD(Continuous Deployment/Delivery)의 역할이다.

## 07 ①

배열(Array)은 하나의 변수에 여러 개의 데이터를 순서(index)를 기준으로 저장하는 자료구조이다. JavaScript에서는 배열의 각 요소에 0부터 시작하는 인덱스가 자동으로 부여된다.

오답 피하기

• ② : 함수(Function)
• ③ : 조건문(if, switch 등)
• ④ : 네트워크(HTTP, TCP/IP 등)

## 08 ②

return 문은 함수의 실행 결과를 호출한 곳으로 되돌려주는 역할을 한다. 즉, 함수 내부에서 처리한 결과값을 외부에서 사용할 수 있도록 반환(Return)한다.

## 09 ④

CSS에서 요소의 배경색을 지정할 때 사용하는 속성은 background-color 이다.

오답 피하기

color는 글자색(text color)을 지정하는 속성이다.

## 10 ②

HTML에서 하이퍼링크(hyperlink)를 생성할 때 사용하는 태그는 〈a〉(anchor) 태그이다.

오답 피하기

• ① : 제목(Heading)을 표시하는 태그
• ③ : 문단(Paragraph)을 나타내는 태그
• ④ : 이미지를 삽입하는 태그

## 11 ②

JavaScript의 if 조건문은 조건식을 괄호 ( )로 감싸고, 실행할 코드 블록을 중괄호 { }로 묶는 형식을 사용한다.

```
if (조건) {...}
```

## 12 ②

JavaScript에서 함수(Function)는 function 키워드를 사용하여 선언한다.

```
function 함수명(매개변수) { ... }
```

## 13 ③

HTML 문서는 크게 〈head〉 영역과 〈body〉 영역으로 구성된다. 이 중 웹 브라우저 화면에 실제로 표시되는 모든 콘텐츠는 〈body〉 태그 안에 작성한다.

**오답 피하기**
- ① : 문서의 메타데이터, 스타일, 스크립트 정보 등을 정의하며, 화면에 직접 표시되지 않음
- ② : 브라우저 탭 제목에 표시되며, 본문 화면에는 나타나지 않음
- ④ : 문자 인코딩, 설명, 키워드 등 문서 정보 설정용 태그로, 화면 출력과 무관함

## 14 ③

console.log( )는 JavaScript에서 개발자 도구(Console)에 메시지나 변수 값을 출력하는 함수이다. 주로 코드 실행 흐름 확인, 값 검증, 오류 추적(디버깅)을 위해 사용된다.

## 15 ①

CSS에서 id 선택자(id selector)는 # 기호를 사용하여 표시한다. HTML 요소의 id 속성과 1:1로 연결되어 특정 요소 하나만 선택할 때 사용한다.

**오답 피하기**
.은 class 선택자를 의미한다.

## 16 ②

프로세스(Process)란 메모리에 적재되어 CPU에 의해 실행 중인 프로그램을 의미한다. 즉, 하드디스크 등에 저장만 되어 있는 프로그램은 프로세스가 아니며, 실제로 실행되어 자원을 할당받아 동작하는 상태가 되어야 프로세스가 된다.

## 17 ②

멀티태스킹(Multi-tasking)은 하나의 운영체제에서 여러 작업(Task, Process)을 동시에 실행하는 기능을 의미한다.

**오답 피하기**
- ① : 하나의 프로세스 내에서 여러 스레드가 동시 실행되는 구조
- ③ : CPU가 여러 개 있는 하드웨어 구조
- ④ : 영상 · 음성 등의 콘텐츠 형태

## 18 ②

**커널(Kernel)**
- 운영체제의 핵심(Core)으로, 하드웨어와 응용 프로그램 사이에서 시스템 자원을 관리하고 제어하는 역할을 수행한다.
- 프로세스 관리(생성, 종료, 스케줄링), 메모리 관리, 파일 시스템 관리, 입출력(I/O) 및 장치 제어, 시스템 호출(System Call) 제공 등의 기능을 한다.

## 19 ②

데드락(Deadlock, 교착 상태)이란 둘 이상의 프로세스가 서로 자원을 점유한 상태에서 상대방이 가진 자원을 기다리며 무한히 대기하는 상태를 말한다.

## 20 ②

TCP/IP 모델의 전송 계층(Transport Layer)은 종단 간(end-to-end) 데이터 전송의 신뢰성을 보장하는 역할을 담당한다.

**오답 피하기**
- ① : 사용자와 가장 가까운 계층으로, 응용 서비스 제공 역할
- ③ : IP 주소 기반의 경로 설정 및 패킷 전달 담당
- ④ : 비트 단위의 물리적 신호 전송 담당

## 21 ②

디버깅(Debugging)이란 프로그램 실행 과정에서 발생하는 오류(Bug)를 찾아 원인을 분석하고 이를 수정하는 과정을 의미한다.

## 22 ②

브레이크포인트(Breakpoint)는 프로그램 실행 중 개발자가 지정한 특정 지점에서 실행을 일시적으로 중단시키는 기능이다. 이를 통해 해당 시점의 변수 값, 메모리 상태, 실행 흐름 등을 확인할 수 있어서 오류 원인 분석(디버깅)에 매우 유용하다.

## 23 ②

파일 시스템(File System)은 운영체제가 저장 장치에 파일과 디렉터리를 저장하고 관리하는 방식을 의미한다. NTFS(New Technology File System)는 Windows 운영체제에서 사용하는 대표적인 파일 시스템이다.

**오답 피하기**
- ① : 웹에서 데이터를 주고받는 응용 계층 통신 프로토콜
- ③ : 파일 전송을 위한 네트워크 프로토콜
- ④ : 신뢰성 있는 전송을 제공하는 전송 계층 프로토콜

## 24 ②

**선점형(preemptive) 멀티태스킹**
- 운영체제가 CPU 사용 권한을 강제로 회수(선점)하여 다른 작업에 할당할 수 있는 방식이다.
- 어떤 프로세스가 실행 중이더라도 우선순위가 높은 작업이 발생하거나 할당된 시간(Time Slice)이 만료되면 운영체제가 CPU를 강제로 빼앗아 다른 프로세스에 할당한다.

## 25 ②

가상 메모리(Virtual Memory)는 실제 물리 메모리(RAM)가 부족할 때, 보조기억장치(디스크)의 일부를 주기억장치처럼 사용하도록 하는 메모리 관리 기법이다. 대표적인 구현 방식으로는 페이징(Paging)과 세그먼테이션(Segmentation)이 있다.

## 26 ②

**운영체제(OS)의 주요 목적**
- CPU, 메모리, 입출력 장치 등 자원 관리
- 사용자와 하드웨어 간 인터페이스 제공
- 멀티태스킹을 통한 작업의 동시 처리
- 시스템 안정성 및 효율성 향상

**오답 피하기**
데이터베이스 설계는 DBMS 및 응용 소프트웨어 영역의 업무로, 운영체제의 목적에 해당하지 않는다.

**27 ①**

- 스레드(Thread)는 프로세스 내에서 실행되는 가장 작은 실행 단위(경량 프로세스)이다.
- 멀티스레드(Multi-thread)는 하나의 프로세스 안에서 여러 개의 스레드가 동시에 실행되는 구조를 의미한다.

**28 ①**

버그(Bug)란 프로그램이 의도한 대로 동작하지 않게 만드는 오류나 결함을 의미한다. 이는 논리 오류, 문법 오류, 실행 오류 등 다양한 형태로 발생할 수 있으며, 프로그램의 기능 수행이나 안정성에 문제를 일으킨다. 이러한 버그를 찾아 수정하는 과정을 디버깅(Debugging)이라고 한다.

**29 ②**

스텝 실행(Step Execution)은 프로그램을 한 줄씩 순차적으로 실행하면서, 각 단계마다 변수 값, 메모리 상태, 실행 흐름을 확인할 수 있는 디버깅 기능이다.

**30 ②**

프로세스 스케줄링(Process Scheduling)은 여러 프로세스가 동시에 실행 요청을 할 때, CPU 사용 순서를 결정하여 CPU 자원을 효율적으로 분배하는 것이 주 목적이다.

**31 ②**

■+T는 작업 표시줄(Taskbar)에 고정되거나 실행 중인 앱을 차례대로 선택(순환)하는 단축키이다.

오답 피하기
- ① : 시작 메뉴를 여는 단축키
- ③ : 실행 중인 모든 창(앱) 간 전환 단축키
- ④ : 선택 항목에 대한 바로가기 메뉴(우클릭 메뉴) 표시

**32 ①**

핫 스와핑(Hot Swapping)이란 시스템을 종료하거나 재부팅하지 않고도 하드웨어 장치를 연결하거나 분리할 수 있는 기능을 의미한다.

**33 ②**

커널은 메모리·프로세스 등 시스템 자원을 직접 관리하는 운영체제의 핵심이다.

오답 피하기
- ① : 쉘(Shell) 또는 GUI의 역할
- ③ : 응용 프로그램 및 그래픽 시스템의 기능
- ④ : 네트워크 프로토콜 및 응용 소프트웨어 영역의 기능

**34 ①**

- 선점형 멀티태스킹(Preemptive Multitasking)은 운영체제(OS)가 실행 중인 프로세스로부터 CPU 제어권을 강제로 회수(선점)하여 다른 프로세스에 할당할 수 있는 방식이다.
- 비선점형 멀티태스킹(Non-preemptive Multitasking)은 현재 작업이 자발적으로 CPU를 반납하거나 종료될 때까지 OS가 개입하지 않는다.

**35 ②**

운영체제의 입출력 장치 관리는 키보드, 마우스, 디스크, 프린터 등 다양한 입출력 장치와 응용 프로그램 간의 데이터 송수신을 제어하고 조정하는 역할을 한다.

**36 ③**

SELECT 문은 데이터베이스에 저장된 테이블의 데이터를 조회(검색)하기 위해 사용하는 SQL 구문이다. 조건에 맞는 데이터 검색, 특정 컬럼 선택, 정렬, 집계 등의 작업을 수행할 수 있다.

오답 피하기
- ① : CREATE 문
- ② : DELETE 문
- ④ : UPDATE 문

**37 ②**

- SELECT 이름 : 이름 컬럼만 조회
- WHERE score >= 80 : 점수가 80 이상인 행만 선택

**38 ②**

SQL에서 조회 결과를 정렬(Sort)할 때는 ORDER BY 절을 사용하며, 정렬 방향은 다음 키워드로 지정한다.
- ASC(Ascending) : 오름차순(기본값)
- DESC(Descending) : 내림차순

**39 ②**

SQL의 집합 연산자(Set Operator)는 둘 이상의 SELECT 결과를 하나의 결과 집합으로 결합할 때 사용한다. 이 중 UNION은 중복 행을 제거하고 결과를 합치는 연산자이다.

오답 피하기
- ① : 결과를 합치되 중복을 제거하지 않음
- ③ : 두 결과에 공통으로 존재하는 데이터만 조회
- ④ : 첫 번째 결과에서 두 번째 결과를 제외한 데이터만 조회

**40 ②**

DROP TABLE 문은 테이블 자체를 데이터베이스에서 완전히 제거하는 명령어이다. 즉, 테이블 구조(스키마)와 데이터가 모두 삭제된다.

오답 피하기
TRUNCATE는 테이블 구조는 유지한 채 데이터만 모두 삭제한다.

**41 ②**

시스템 카탈로그(System Catalog)는 데이터베이스에 대한 메타데이터(Metadata)를 저장하는 영역으로 테이블, 컬럼, 인덱스, 뷰, 사용자 권한 등 데이터베이스 객체의 구조와 정의 정보를 관리한다. DBMS는 이 정보를 바탕으로 SQL 처리, 무결성 검사, 권한 관리 등을 수행한다.

## 42 ④

### DML(Data Manipulation Language)

- 데이터베이스에 저장된 데이터를 조회 · 삽입 · 수정 · 삭제하는 데 사용하는 SQL 명령어이다.
- 대표적인 DML 명령어
  - SELECT : 데이터 조회
  - INSERT : 데이터 삽입
  - UPDATE : 데이터 수정
  - DELETE : 데이터 삭제

**오답 피하기**

CREATE는 테이블, 뷰, 인덱스 등 데이터베이스 구조(객체)를 생성하는 명령어로, DDL(Data Definition Language)에 해당한다.

## 43 ①

DCL(Data Control Language)은 데이터베이스의 접근 권한과 보안을 관리하기 위한 SQL 명령어이다. 이 중 GRANT는 사용자(User) 또는 역할(Role)에 권한을 부여할 때 사용하는 명령어이다.

**오답 피하기**

- ② : 이미 부여된 권한을 회수하는 DCL 명령어
- ③ : 트랜잭션의 변경 내용을 확정하는 TCL 명령어
- ④ : 트랜잭션을 이전 상태로 되돌리는 TCL 명령어

## 44 ①

일관성(Consistency)이란 트랜잭션 수행 전과 후에 데이터베이스가 항상 무결성 제약조건을 만족하는 상태를 유지해야 함을 의미한다. 즉, 트랜잭션이 정상적으로 완료되면 데이터베이스는 하나의 일관된 상태에서 또 다른 일관된 상태로 전이되어야 한다.

**오답 피하기**

- ② : 원자성(Atomicity)
- ③ : 지속성(Durability)
- ④ : 고립성(Isolation)

## 45 ②

SQL에서 컬럼이나 테이블에 임시 이름(별칭, Alias)을 지정할 때 사용하는 키워드는 AS이다. 별칭을 사용하면 조회 결과의 컬럼명을 변경하여 가독성을 높일 수 있다.

**오답 피하기**

- ① : 공통 테이블 표현식(CTE)을 정의
- ③ : 중복 데이터를 제거
- ④ : 데이터를 그룹화

## 46 ①

**오답 피하기**

- ② : 컬럼(열) 속성(타입/길이 등) 변경
- ③ : 데이터(행 값) 수정
- ④ : 컬럼 속성 변경(일부 DBMS)

## 47 ①

| DELETE | • WHERE 절 사용 가능<br>• 조건에 맞는 행(Row)만 선택적으로 삭제<br>• 행 단위 삭제<br>• 트랜잭션 처리 가능(ROLLBACK 가능) |
|---|---|
| TRUNCATE | • WHERE 절 사용 불가<br>• 테이블의 모든 데이터를 한 번에 삭제<br>• 테이블 구조 유지<br>• 트랜잭션 처리 불가(ROLLBACK 불가능) |

## 48 ①

INNER JOIN은 두 테이블을 조인할 때 조인 조건(ON 절)을 만족하는 행(Row)만을 결과로 반환하는 방식이다.

**오답 피하기**

- ② : LEFT OUTER JOIN
- ③ : RIGHT OUTER JOIN
- ④ : CROSS JOIN

## 49 ④

뷰(View)는 하나 이상의 기본 테이블(Base Table)로부터 정의되는 가상의 테이블로, 실제 데이터는 저장하지 않고 SELECT 결과를 논리적으로 표현한다.

**오답 피하기**

집계 함수, GROUP BY, DISTINCT, 조인 등이 포함된 뷰는 데이터 변경이 제한된다.

## 50 ②

### BETWEEN 키워드

- 지정한 두 값 사이의 범위에 포함되는 데이터를 조회할 때 사용한다.
- 시작 값과 끝 값이 모두 포함(이상~이하)되는 것이 특징이다.
- BETWEEN a AND b는 a 이상 b 이하의 값을 반환한다.

## 51 ②

충돌(conflict)은 두 명 이상의 개발자가 같은 파일의 동일한 부분을 서로 다르게 수정했을 때 발생한다. 형상관리 도구(Git 등)는 자동 병합이 불가능한 경우 충돌을 표시하며, 이때 개발자는 충돌이 난 부분을 직접 확인하고 올바르게 수정해야 한다.

## 52 ②

미러 백업(Mirror Backup)은 원본 데이터와 동일한 데이터를 실시간 또는 즉시 동일하게 복제하는 방식이다. 원본 데이터가 변경되면 백업 데이터도 동시에 동일하게 반영된다.

## 53 ④

백업 용량 산정은 얼마나 많은 데이터를, 얼마나 자주, 얼마나 오래 보관할 것인가를 기준으로 계산한다.

**오답 피하기**

사용자 수는 시스템 이용 규모를 나타내는 지표일 뿐, 백업 용량을 직접적으로 결정하는 요소는 아니다.

## 54 ②

운영체제(OS)는 컴퓨터 시스템에서 CPU, 메모리, 저장장치, 입출력 장치와 같은 자원을 효율적으로 관리하고, 여러 프로그램이 안정적으로 실행될 수 있도록 중재 역할을 수행한다.

## 55 ①

접근성(Accessibility)이란 장애 여부, 연령, 신체적·인지적 능력과 관계없이 모든 사용자가 제품이나 서비스를 이용할 수 있도록 설계하는 것을 의미한다.

## 56 ④

**DevOps의 구성요소**

| 협업(Collaboration) | • 개발팀(Dev)과 운영팀(Ops) 간 장벽 제거<br>• 빠른 피드백, 공동 책임 문화<br>• 사일로(Silo) 구조 제거 |
|---|---|
| CI/CD 파이프라인 | • CI(지속적 통합) : 코드 변경 → 자동 빌드 → 자동 테스트<br>• CD(지속적 배포/전달) : 검증된 코드를 자동으로 배포 |
| 자동화(Automation) | • 반복적인 작업을 스크립트, 도구로 자동 처리<br>• 사람 개입 최소화 → 오류 감소 |
| 모니터링(Monitoring) 및 피드백(Feedback) | • 서비스 상태를 실시간으로 감시<br>• 장애 및 성능 이슈를 빠르게 감지 |

## 57 ②

통합 테스트(Integration Test)는 단위 테스트를 완료한 여러 모듈을 결합하여, 모듈 간 인터페이스와 데이터 흐름이 올바르게 동작하는지 검증하는 단계이다.

**오답 피하기**
- ① : 단위 테스트(Unit Test)
- ③ : 성능 테스트(Performance Test)
- ④ : 요구사항 분석 단계

## 58 ②

블랙박스 테스트(Black-box Test)는 프로그램의 내부 구조나 소스 코드를 고려하지 않고, 입력(Input)과 출력(Output)을 중심으로 기능이 요구사항 명세대로 동작하는지 검증하는 테스트 기법이다.

## 59 ①

화이트박스 테스트(White-box Test)는 프로그램의 내부 구조와 소스 코드를 기반으로 수행하는 테스트 기법이다. 따라서 테스트의 핵심은 코드가 얼마나 충분히 실행되었는지, 즉 코드 커버리지(Coverage)이다.

## 60 ②

로그(Log)는 프로그램 실행 중 발생하는 상태 정보, 처리 과정, 오류 메시지 등을 기록하는 수단이다. 디버깅 과정에서 로그를 활용하면 프로그램의 실행 흐름을 추적하고, 오류 발생 시점과 원인을 분석하는 데 큰 도움이 된다.

| 01 ② | 02 ③ | 03 ③ | 04 ② | 05 ② |
|---|---|---|---|---|
| 06 ① | 07 ③ | 08 ② | 09 ② | 10 ② |
| 11 ① | 12 ② | 13 ① | 14 ① | 15 ③ |
| 16 ③ | 17 ③ | 18 ③ | 19 ④ | 20 ③ |
| 21 ② | 22 ① | 23 ② | 24 ④ | 25 ④ |
| 26 ① | 27 ③ | 28 ① | 29 ② | 30 ④ |
| 31 ② | 32 ② | 33 ① | 34 ② | 35 ① |
| 36 ② | 37 ③ | 38 ② | 39 ② | 40 ④ |
| 41 ③ | 42 ② | 43 ④ | 44 ① | 45 ① |
| 46 ① | 47 ② | 48 ④ | 49 ① | 50 ② |
| 51 ④ | 52 ① | 53 ② | 54 ② | 55 ① |
| 56 ④ | 57 ① | 58 ① | 59 ② | 60 ② |

## 01 ②

C언어에서 상수(Constant)를 정의할 때는 전처리기 지시자인 #define을 사용한다. #define으로 정의된 상수는 컴파일 전에 해당 값으로 치환된다.

## 02 ③

추상 클래스(Abstract Class)는 일반 메서드와 추상 메서드(구현되지 않은 메서드)를 함께 가질 수 있는 클래스이다. 즉, 모든 메서드를 구현할 필요는 없고 일부 메서드만 구현한 후 나머지는 하위 클래스에서 구현하도록 강제할 수 있다.

**오답 피하기**
- ① : 추상 클래스는 객체 생성 불가능
- ② : 일반 클래스의 특징
- ④ : 추상 클래스는 다른 클래스 상속 및 인터페이스 구현 가능

## 03 ③

Python에서는 슬라이싱(Slicing)을 사용하여 리스트의 일부 구간 요소를 추출할 수 있다. 슬라이싱은 [시작인덱스:끝인덱스] 형식으로 작성하며, 끝 인덱스는 포함되지 않는다.

## 04 ②

prompt( ) 메서드는 사용자에게 입력을 받을 수 있는 창을 표시하며, 사용자가 입력한 값은 문자열(String) 형태로 반환된다.

**오답 피하기**
- ① : 메시지를 표시하기만 하는 알림창으로, 입력은 받을 수 없다.
- ③ : 확인/취소 버튼이 있는 창을 띄우며, true/false를 반환한다.
- ④ : JavaScript에 존재하지 않는 메서드이다.

## 05 ②

getchar( ) 함수는 표준 입력(stdin)으로부터 문자 하나(char)를 입력받는 함수이다. 주로 키보드로 입력된 단일 문자를 읽을 때 사용한다.

## 06 ①

push( ) 메서드는 배열의 마지막(끝)에 새로운 요소를 추가하며, 추가 후 배열의 길이(length)를 반환한다.

**오답 피하기**
- ② : 배열 끝의 요소를 제거
- ③ : 배열 앞의 요소를 제거
- ④ : 배열 앞에 요소를 추가

## 07 ③

friend는 클래스의 private 또는 protected 멤버에 대해 특정 함수나 다른 클래스에 한해 접근을 허용하는 지정자이다. 즉, friend로 선언된 함수나 클래스는 해당 클래스의 접근 제어자(private/protected)에 관계없이 멤버 접근이 가능하다.

## 08 ②

\b(backspace)는 커서를 왼쪽으로 한 칸 이동시키는 제어문자이다.

**오답 피하기**
- ① newline : 줄 바꿈(다음 줄로 이동)
- ③ tab : 탭 간격만큼 오른쪽으로 이동
- ④ alert : 경고음(Beep) 발생

## 09 ②

===(일치 연산자, Strict Equality)는 두 피연산자의 값과 자료형(Type)을 모두 비교하는 연산자이다. 형 변환(Type Coercion)을 수행하지 않기 때문에 비교 결과가 더 엄격하다.

## 10 ②

- C언어에서 수학 관련 함수를 사용하기 위해서는 math.h 헤더 파일을 포함해야 한다.
- math.h에는 다음과 같은 함수들이 정의되어 있다.
  - sqrt( ) : 제곱근
  - pow( ) : 거듭제곱
  - sin( ), cos( ), tan( ) : 삼각함수
  - fabs( ) : 실수 절댓값

**오답 피하기**
- ① : 표준 입출력 함수(printf, scanf) 관련 헤더
- ③ : 동적 메모리 할당, 난수, 형 변환 함수 관련 헤더
- ④ : 시간 및 날짜 관련 함수 제공

## 11 ①

- Java에서 배열은 객체(Object)이며, 배열의 길이는 필드(field)인 length로 확인한다.
- 2차원 배열은 '배열의 배열' 구조이다.
  - arr.length : 행(row) 개수
  - arr[0].length : 열(column) 개수

**오답 피하기**
length( )는 Java의 문자열(String)에서 사용하는 메서드이다.

## 12 ②

주소 연산자(Address-of Operator)인 &는 변수가 저장된 메모리 주소를 반환한다.

**오답 피하기**
- ① : 포인터가 가리키는 값을 참조(역참조)하는 연산자
- ③ : 구조체 포인터에서 멤버에 접근할 때 사용하는 연산자
- ④ : 배열의 요소에 접근할 때 사용하는 연산자

## 13 ①

- 문제에서 a와 b는 모두 int형 정수이다. 정수형끼리의 나눗셈은 소수점 이하를 버리고 몫만 계산한다.
- 5 / 3 = 1.666... → 정수 나눗셈이므로 소수점 이하를 제거한 결과인 1만 반환된다.

## 14 ①

- a++는 후위 증가 연산자(Post-increment)로, 현재 값을 먼저 사용한 뒤에 변수 값을 1 증가시킨다.
- printf("%d", a++); → 출력 시점에는 증가 전 값인 5 출력, 출력 이후에 a의 값이 6으로 증가(출력값에 영향 없음)

## 15 ③

C언어의 함수 호출 방식은 값에 의한 전달(Call by Value)이다. 즉, 함수에 전달되는 인자는 원본 변수의 값이 복사되어 전달된다.

| int x = 5; | x의 초기값은 5 |
| --- | --- |
| test(x) 호출 | x의 값 5가 매개변수 a로 복사 |
| a++;<br>    printf("%d ", a); | • a++ 실행 → a는 6<br>• printf("%d ", a); → 6 출력 |
| 함수 종료 후 main으로 복귀 | x는 영향을 받지 않으므로 여전히 5 |
| printf("%d", x); | 5 출력 |

## 16 ③

논리적 응집도(Logical Cohesion)란 기능적으로 유사한 작업들을 논리적인 기준에 따라 하나의 모듈로 묶은 형태를 의미한다.

**오답 피하기**
- ① : 우연적 응집도(Coincidental Cohesion)
- ② : 절차적 응집도(Procedural Cohesion)
- ④ : 순차적 응집도(Sequential Cohesion)

## 17 ③

프레임워크(Framework)는 제어의 흐름을 프레임워크가 담당하는 제어의 역전(IoC, Inversion of Control) 구조로, 개발자는 정해진 규칙에 따라 필요한 기능만 구현하면 된다.

## 18 ③

IPv6는 IPv4의 브로드캐스트를 대체하여 멀티캐스트(Multicast)와 애니캐스트(Anycast) 방식을 사용한다.

## 19 ④

UDP(User Datagram Protocol)는 OSI 7계층 중 전송 계층(Transport Layer)에 속하는 비연결형(Connectionless) 통신 프로토콜이다. 전송 계층은 종단 간(End-to-End) 데이터 전송을 담당하며, 대표적인 프로토콜로 TCP와 UDP가 있다.

## 20 ③

100Base-T는 이더넷(Ethernet) 표준 중 하나로, 전송 속도 100Mbps를 지원하며 UTP(Unshielded Twisted Pair) 케이블을 전송 매체로 사용한다.

## 21 ②

사용자 인터페이스(UI)는 사용자와 시스템 간의 상호작용을 원활하게 지원하기 위한 요소로, 설계의 핵심 원칙은 사용자 중심(User-Centered Design)이다.

## 22 ①

형상관리는 소프트웨어 개발 과정에서 발생하는 소스 코드, 문서, 설정 파일 등의 변경 이력을 체계적으로 관리하는 활동이다.

## 23 ②

UML의 일반화(Generalization) 관계는 상위 클래스(부모)와 하위 클래스(자식) 간의 상속 관계를 나타내며, 하위 클래스가 상위 클래스의 속성과 연산을 물려받는 "is-a 관계"를 표현한다.

**오답 피하기**

객체 간의 일시적인 사용 관계는 UML에서 의존 관계(Dependency)에 대한 설명이다.

## 24 ④

SOA(Service Oriented Architecture)는 시스템의 기능을 독립적인 서비스(Service) 단위로 구성하고, 이들 서비스를 표준 인터페이스를 통해 조합 및 재사용할 수 있도록 설계하는 아키텍처 방식이다.

## 25 ④

**통합 테스트(Integration Test)**
- 개별 모듈을 결합한 후 모듈 간 인터페이스, 데이터 전달, 호출 관계가 올바르게 동작하는지를 검증하는 테스트 단계이다.
- 모듈 간 상호작용 오류 검출이 주 목적이다.
- 상향식(Bottom-up) 테스트는 드라이버(Driver)를 사용하고, 하향식(Top-down) 테스트는 스텁(Stub)을 사용한다.

**오답 피하기**

기능성 테스트(Function Test)는 주로 시스템 테스트 또는 인수 테스트 단계에서 중점적으로 수행된다.

## 26 ①

**Secure Coding(보안 코딩)**
- 소프트웨어 개발 과정에서 발생할 수 있는 보안 취약점을 사전에 예방하기 위해 입력값 검증, 오류 처리, 권한 관리 등을 고려하여 안전하게 코드를 작성하는 기법이다.
- 이를 통해 SQL Injection, XSS, 버퍼 오버플로우와 같은 보안 취약점을 줄이고 시스템의 안정성과 신뢰성을 향상시킬 수 있다.

## 27 ①

내용 결합도(Content Coupling)란 한 모듈이 다른 모듈의 내부 구현(내부 자료 구조나 내부 처리 로직)을 직접 참조하거나 수정하는, 가장 강한 형태(낮은 품질)의 결합도이다.

**오답 피하기**
- ② : 공통 결합도(Common Coupling)
- ③ : 제어 결합도(Control Coupling)
- ④ : 자료 결합도(Data Coupling)

## 28 ①

Zeplin은 디자이너와 개발자 간의 협업을 돕는 UI/UX 디자인 협업 도구로, 빌드 도구와는 관련이 없다.

## 29 ②

- 응집도(Cohesion)는 모듈 내부 요소들이 얼마나 밀접하게 관련되어 있는지를 나타내며, 결합도(Coupling)는 모듈 간의 의존 정도를 의미한다.
- 이상적인 모듈 설계의 목표는 '응집도는 높게(모듈이 하나의 명확한 책임을 수행), 결합도는 낮게(모듈 간 의존성을 최소화하여 변경 영향 감소)'이다.

## 30 ④

**정보 보안의 3요소(CIA)**

| 기밀성(Confidentiality) | 인가되지 않은 사용자가 정보에 접근하지 못하도록 보호 |
|---|---|
| 무결성(Integrity) | 정보가 임의로 변경 · 훼손되지 않도록 보장 |
| 가용성(Availability) | 인가된 사용자가 필요할 때 언제든지 정보에 접근 가능하도록 보장 |

## 31 ②

스택(Stack)은 후입선출(LIFO, Last In First Out) 구조의 자료구조로, 나중에 저장된 데이터가 먼저 제거된다는 특징을 가진다.

**오답 피하기**
- ① : 큐(Queue)
- ④ : 데크(Deque)

## 32 ②

이행적 함수 종속(Transitive Dependency)이란 기본키가 아닌 속성이 다른 비기본키 속성에 종속되는 경우를 말한다. 이러한 이행적 함수 종속은 제2정규형 → 제3정규형(3NF) 단계에서 제거된다.

**오답 피하기**
- ① : 부분 함수 종속 제거 단계
- ③ : 결정자 문제 해결 단계
- ④ : 원자값(Atomic Value) 확보 단계

## 33 ①

버블 정렬(Bubble Sort)은 인접한 두 값을 비교해서 큰 값을 오른쪽으로 보내는 방식이다. 1회전(pass)이 끝날 때마다 가장 큰 값 하나가 맨 뒤에 확정된다.

| 초기 | 5, 7, 2, 1, 3 |
|---|---|
| pass 1 | 5, 2, 1, 3, 7 |
| pass 2 | 2, 1, 3, 5, 7 |
| pass 3 | 1, 2, 3, 5, 7 |

## 34 ②

### 모듈화(Modularity)

- 프로그램을 기능별로 독립된 작은 단위(모듈)로 분리하여 설계 · 구현하는 기법이다.
- 모듈화의 주요 장점
  - 유지보수 용이성 향상
  - 코드 재사용성 증가
  - 오류 발생 시 문제 범위 축소
  - 협업 개발에 유리

## 35 ①

버퍼(Buffer)는 데이터가 이동하거나 처리될 때 일시적으로 데이터를 저장하는 임시 공간이다. 주된 목적은 서로 다른 장치나 프로세스 간 처리 속도 차이를 완화하여 데이터 전송과 처리를 효율적으로 수행하는 데 있다. 즉, 속도가 다른 구성요소 사이에서 버퍼를 사용하면 데이터 손실을 방지하고 전송 효율을 높일 수 있다.

## 36 ②

### DDL(Data Definition Language)

- 데이터베이스의 구조(스키마, 테이블, 객체)를 정의, 변경, 삭제하는 명령어 집합이다.
- 대표적인 DDL 명령어
  - CREATE : 데이터베이스 객체 생성
  - ALTER : 객체 구조 변경
  - DROP : 객체 삭제

오답 피하기

SELECT는 테이블에 저장된 데이터를 조회하는 명령어로, DML(Data Manipulation Language)에 해당한다.

## 37 ③

- Degree(디그리, 차수) : 릴레이션을 구성하는 속성(Attribute, 열)의 개수
- Cardinality(카디널리티, 기수) : 릴레이션에 포함된 튜플(Tuple, 행)의 개수

## 38 ②

### 개체 무결성(Entity Integrity)

- 릴레이션에서 각 튜플을 유일하게 식별하기 위한 기본키(Primary Key)에 관한 제약조건이다.
- 개체 무결성의 핵심 내용
  - 기본키 값은 중복될 수 없다.
  - 기본키는 NULL 값을 가질 수 없다.
- 이를 통해 각 튜플(행)은 반드시 고유하게 식별될 수 있어야 한다.

오답 피하기

### 무결성(Integrity)의 종류

| 개체 무결성(Entity Integrity) | 기본키(Primary Key)에 대한 규칙 |
|---|---|
| 참조 무결성(Referential Integrity) | 외래키(Foreign Key)에 대한 규칙 |
| 도메인 무결성(Domain Integrity) | 속성(Attribute) 값의 허용 범위에 대한 규칙 |
| 사용자 정의 무결성 (User Defined Integrity) | 업무 규칙에 따라 사용자가 직접 정의한 규칙 |

## 39 ②

UNION 연산자는 두 개 이상의 SELECT 결과를 하나의 결과 집합으로 결합할 때 사용하며, 중복된 행(Row)을 자동으로 제거한다.

오답 피하기

- ① : UNION ALL
- ③ : INTERSECT
- ④ : EXCEPT 또는 MINUS

## 40 ②

뷰(View)는 집계 함수, GROUP BY, JOIN 등을 포함한 경우 또는 DISTINCT 사용 등의 상황에서는 삽입 · 삭제 · 갱신에 제약이 발생한다.

## 41 ③

### 데이터 무결성(Data Integrity)

- 데이터베이스에 저장된 데이터가 정확하고, 일관되며, 신뢰할 수 있도록 유지하기 위한 규칙과 제약조건을 의미한다.
- 데이터 무결성 규정의 주요 내용
  - 도메인 무결성, 개체 무결성, 참조 무결성 등 제약조건 정의
  - 키와 종속성 등을 통한 데이터 구조적 일관성 유지
  - 잘못된 삽입 · 삭제 · 갱신을 방지하여 불법 데이터 발생 방지

오답 피하기

인덱스(Index) 설계는 데이터 검색 성능을 향상시키기 위한 물리적 설계 요소로, 데이터 무결성 규정의 범위에는 포함되지 않는다.

## 42 ②

### DML(Data Manipulation Language)

- 데이터베이스에 저장된 데이터를 조회 · 삽입 · 수정 · 삭제하는 데 사용되는 명령어이다.
- 대표적인 DML 명령어
  - SELECT : 데이터 조회
  - INSERT : 데이터 삽입
  - UPDATE : 데이터 수정
  - DELETE : 데이터 삭제

오답 피하기

CREATE, ALTER, DROP은 데이터베이스 구조(테이블, 스키마 등)를 정의 · 변경 · 삭제하는 명령어로 DDL(Data Definition Language)에 해당한다.

## 43 ④

### 시스템 카탈로그(System Catalog)

- DBMS가 데이터베이스의 구조와 관리 정보를 저장하기 위해 생성 · 유지하는 내부 테이블들의 집합으로, 데이터 사전(Data Dictionary)이라고도 불린다.
- 테이블, 뷰, 인덱스, 사용자 권한 등과 같은 메타데이터(metadata)를 관리한다.
- DBMS에 의해 자동으로 생성 · 관리된다.
- 데이터베이스의 일관성과 무결성 유지를 위해 사용된다.
- 일반 사용자는 시스템 테이블의 내용을 직접 수정하거나 갱신할 수 없다.

**44** ①

DISTINCT 키워드는 SELECT 문에서 사용되며, 조회 결과 중 중복된 행(또는 값)을 제거하고 고유한 값만 반환하는 기능을 한다.

**오답 피하기**

- ② : ORDER BY의 기능
- ③ : SUM, COUNT, AVG 등의 집계 함수 기능
- ④ : LIMIT, TOP 등의 기능

**45** ①

LEFT JOIN(LEFT OUTER JOIN)은 조인 대상 중 왼쪽(LEFT) 테이블의 모든 행을 항상 포함하고, 조인 조건에 일치하는 오른쪽(RIGHT) 테이블의 행이 있으면 함께 반환한다. 만약 오른쪽 테이블에 일치하는 행이 없으면, 오른쪽 테이블의 컬럼 값은 NULL로 채워져 반환된다.

**오답 피하기**

- ② : INNER JOIN
- ③ : RIGHT JOIN

**46** ①

COUNT( ) 함수는 SELECT 문에서 사용되며, 조건에 맞는 행(Row)의 개수를 계산하여 반환하는 집계 함수이다.

**47** ②

BETWEEN 조건은 SQL에서 지정한 두 값 사이의 범위에 포함되는 데이터를 조회할 때 사용된다. 이때 시작값과 끝값을 모두 포함(이상~이하)하는 것이 특징이다.

**48** ④

정규화(Normalization)는 데이터베이스 설계 과정에서 데이터의 중복을 줄이고, 이상 현상(삽입·삭제·갱신 이상)을 제거하여 논리적으로 일관된 구조를 만드는 것이 목적이다.

**오답 피하기**

정규화를 통해 재구성 필요성을 줄이는 것이 목표이다.

**49** ①

무결성의 대표적인 유형 중 하나가 개체 무결성(Entity Integrity)으로, 이는 각 테이블은 반드시 기본키(Primary Key)를 가져야 하며 기본키는 NULL 값이나 중복 값을 가질 수 없도록 규정한다는 내용이다.

**50** ②

SQL에서 정렬은 ORDER BY 절을 사용하며, 정렬 방향은 다음과 같이 지정한다.

- ASC : 오름차순(기본값)
- DESC : 내림차순

**51** ④

**교착상태(Deadlock)**

- 여러 프로세스가 서로 자원을 점유한 채 상대방의 자원을 기다리며 무한 대기 상태에 빠지는 현상이다.
- 교착상태가 발생하기 위해서는 다음 4가지 조건이 동시에 만족되어야 한다.

| 상호 배제(Mutual Exclusion) | 자원은 한 번에 하나의 프로세스만 사용할 수 있다. |
| --- | --- |
| 점유 및 대기(Hold and Wait) | 자원을 점유한 상태에서 다른 자원을 추가로 요청한다. |
| 비선점(No Preemption) | 할당된 자원을 강제로 빼앗을 수 없다. |
| 순환 대기(Circular Wait) | 프로세스들이 원형으로 서로의 자원을 기다린다. |

**52** ①

Presentation 계층(표현 계층)은 응용 계층과 전송 계층 사이에서 데이터의 표현 형식을 변환하는 역할을 담당한다. 즉, 서로 다른 시스템 간에 데이터를 올바르게 해석할 수 있도록 중간에서 변환하고 보정해주는 계층이다.

**오답 피하기**

- ② : 네트워크 계층(Network Layer)
- ③ : 전송 계층(Transport Layer)
- ④ : 세션 계층(Session Layer)

**53** ②

**디지털 서명(Digital Signature)**

- 공개키 암호 방식을 이용하여 전자 문서나 메시지를 누가 작성했는지(송신자 인증)와 전송 중에 내용이 변경되지 않았는지(무결성)를 검증하기 위한 기술이다.
- 디지털 서명의 주요 목적
  - 인증(Authentication) : 메시지의 작성자(출처) 확인
  - 무결성(Integrity) : 데이터가 변경되지 않았음을 보장
  - 부인 방지(Non-repudiation) : 송신자가 사실을 부인할 수 없도록 함

**오답 피하기**

기밀성 보호는 데이터 암호화의 목적이며 디지털 서명의 주된 목적은 아니다.

**54** ②

**스택(Stack)**

- 후입선출(LIFO, Last In First Out) 구조의 자료구조이다.
- 데이터의 삽입(push)과 삭제(pop)가 하나의 끝(top)에서만 이루어진다.
- 중간이나 임의의 위치에서 데이터에 접근할 수 없으며, 항상 top 위치를 기준으로만 연산이 수행된다.

**오답 피하기**

- ① : 큐(Queue)
- ③ : 데크(Deque, Double Ended Queue)
- ④ : 리스트(List) 또는 배열(Array)

## 55 ①

### Singleton 패턴
- 클래스의 인스턴스를 오직 하나만 생성하도록 제한하는 디자인 패턴이다.
- 생성된 인스턴스는 전역적으로 접근 가능하도록 제공된다.
- 객체 생성 비용이 크거나, 하나의 공유 자원이 필요한 경우에 주로 사용된다.
- 설정 정보 관리, 로그 객체, 커넥션 풀 등에 활용된다.

**오답 피하기**

### 디자인 패턴(Design Pattern)
- 소프트웨어 설계 과정에서 자주 발생하는 문제에 대한 검증된 해결 방법을 정리한 설계 기법이다.
- 코드의 재사용성, 유지보수성, 확장성을 향상시키는 것이 목적이다.
- 특정 언어나 기술이 아닌 설계 관점의 공통된 해결 전략이다.
- 대표적으로 생성(Creational), 구조(Structural), 행위(Behavioral) 패턴으로 분류된다.

| | |
|---|---|
| 생성 패턴<br>(Creational Pattern) | • Singleton : 인스턴스를 하나만 생성하여 전역으로 공유<br>• Factory Method : 객체 생성을 서브클래스에 위임<br>• Abstract Factory : 관련 객체들을 묶어 생성하는 인터페이스 제공<br>• Builder : 복잡한 객체를 단계적으로 생성<br>• Prototype : 기존 객체를 복제하여 새 객체 생성 |
| 구조 패턴<br>(Structural Pattern) | • Adapter : 인터페이스가 다른 클래스를 호환 가능하게 변환<br>• Bridge : 구현과 추상을 분리하여 독립적으로 확장<br>• Composite : 객체들을 트리 구조로 구성하여 단일 객체처럼 사용<br>• Decorator : 객체에 기능을 동적으로 추가<br>• Facade : 복잡한 서브시스템을 단순한 인터페이스로 제공<br>• Flyweight : 공유를 통해 객체 수를 최소화<br>• Proxy : 객체 접근을 제어하는 대리 객체 제공 |
| 행위 패턴<br>(Behavioral Pattern) | • Observer : 객체 상태 변화를 관련 객체에 자동 통지<br>• Strategy : 알고리즘을 캡슐화하여 교체 가능하게 함<br>• Command : 요청을 객체로 캡슐화<br>• State : 상태에 따라 객체의 행위 변경<br>• Template Method : 알고리즘의 골격 정의, 일부 단계는 서브클래스에서 구현<br>• Iterator : 내부 구조를 노출하지 않고 순차 접근<br>• Mediator : 객체 간 상호작용을 중재자로 집중<br>• Memento : 객체 상태를 저장 · 복원<br>• Chain of Responsibility : 요청을 처리할 객체를 체인으로 연결<br>• Visitor : 객체 구조와 연산을 분리<br>• Interpreter : 언어 문법을 표현하고 해석 |

## 56 ④

### 화이트박스 테스트(White-box Test)
- 프로그램의 내부 구조, 로직, 제어 흐름을 기반으로 테스트하는 기법이다.
- 조건문, 반복문 등 코드의 제어 구조를 분석하여 테스트 케이스를 설계한다.
- 문장 커버리지, 분기 커버리지, 경로 커버리지 등 코드 커버리지 기준을 사용한다.
- 개발 단계에서 논리 오류 및 구현 오류를 발견하는 데 효과적이다.

**오답 피하기**

기능 요구사항만을 기준으로 테스트하는 것은 블랙박스 테스트의 특징이다.

## 57 ①

### CLI(Command Line Interface)
- 사용자가 키보드를 통해 명령어를 직접 입력하여 시스템을 제어하는 인터페이스이다.
- 텍스트 기반 환경으로, 빠른 작업 처리와 자동화에 유리하다.
- 서버 관리, 개발 환경, 스크립트 실행 등에 주로 사용된다.
- GUI에 비해 학습 난이도는 높지만 자원 사용이 적다.

**오답 피하기**
- ② : GUI(Graphical User Interface)
- ③ : 자연어 인터페이스(NLI)
- ④ : 음성 사용자 인터페이스(VUI)

## 58 ①

### 방화벽(Firewall)
- 내부 네트워크와 외부 네트워크 사이에서 접근을 감시 · 제어하는 보안 시스템이다.
- 사전에 정의된 보안 정책(규칙)에 따라 허용된 트래픽만 통과시킨다.
- 비인가 접근, 공격 트래픽을 차단하여 네트워크 보안 강화에 기여한다.
- 패킷 필터링, 상태 기반 검사 등의 방식으로 동작한다.

## 59 ②

### IT 서비스 관리(ITSM)
- IT 서비스를 표준화된 프로세스로 관리하여 일관성과 효율성을 높이는 관리 체계이다.
- 장애 · 변경 · 요청 관리 등을 체계화하여 서비스 품질 향상을 기대할 수 있다.
- 업무 절차가 명확해져 조직 내 혼선을 줄이고 협업을 강화한다.
- 고객 요청 대응 속도와 품질이 개선되어 고객 지원 체계가 강화된다.

## 60 ②

### 클라우드 컴퓨팅(Cloud Computing)
- 인터넷을 통해 서버, 스토리지, 소프트웨어 등 IT 자원을 서비스 형태로 제공하는 컴퓨팅 방식이다.
- 사용자는 필요에 따라 자원을 유연하게 사용하고 비용을 절감할 수 있다.
- 물리적 인프라 관리 부담이 줄어들며 확장성과 접근성이 우수하다.
- 대표 서비스 형태로 IaaS, PaaS, SaaS가 있다.

**오답 피하기**
- ① : 온프레미스(On-Premise) 환경의 특징
- ③ : 클라우드에서는 서버 관리가 서비스 제공자 측에서 이루어짐
- ④ : 클라우드는 데이터가 외부 데이터 센터에 저장될 수 있음

| 01 ② | 02 ② | 03 ④ | 04 ③ | 05 ② |
|---|---|---|---|---|
| 06 ② | 07 ② | 08 ② | 09 ② | 10 ① |
| 11 ② | 12 ① | 13 ② | 14 ① | 15 ② |
| 16 ② | 17 ③ | 18 ② | 19 ② | 20 ① |
| 21 ① | 22 ② | 23 ① | 24 ③ | 25 ④ |
| 26 ① | 27 ② | 28 ② | 29 ④ | 30 ③ |
| 31 ② | 32 ① | 33 ③ | 34 ② | 35 ② |
| 36 ① | 37 ① | 38 ② | 39 ① | 40 ② |
| 41 ① | 42 ① | 43 ② | 44 ② | 45 ② |
| 46 ② | 47 ② | 48 ① | 49 ④ | 50 ② |
| 51 ① | 52 ② | 53 ① | 54 ③ | 55 ③ |
| 56 ① | 57 ② | 58 ② | 59 ② | 60 ① |

## 01 ②

**메서드 시그니처(Method Signature)**

• Java에서 메서드를 구분하기 위한 식별 정보이다.
• 메서드 이름 + 매개변수의 타입과 개수(순서 포함)로 구성된다.
• 메서드 오버로딩 판단 기준으로 사용된다.

## 02 ②

dict.keys( )는 딕셔너리에 저장된 모든 키(key)를 반환한다.

**오답 피하기**

• ① : 정의되지 않은 변수이므로 오류 발생
• ③ : 딕셔너리의 값(value) 순회
• ④ : (key, value) 형태의 튜플 순회

## 03 ④

void는 자료형의 크기가 정의되지 않으므로, void*에 대해서는 포인터 연산이 허용되지 않는다.

**오답 피하기**

int*, char*, float* 포인터는 각각 자료형 크기를 알고 있으므로 연산이 가능하다.

## 04 ③

오버라이딩(Overriding)은 상위 클래스의 메서드를 하위 클래스에서 재정의하는 것이다. final 키워드가 선언된 메서드는 상속은 가능하지만 재정의는 불가능하다. 따라서 final 메서드는 오버라이딩을 명시적으로 금지한다.

## 05 ②

리스트(List)의 길이는 내장 함수 len( )을 사용하여 구한다. len( ) 함수는 리스트에 포함된 요소의 개수를 반환한다.

**오답 피하기**

• ① : Python에 존재하지 않는 내장 함수
• ③ : 특정 값의 개수를 세는 메서드
• ④ : 리스트 요소의 합계를 구하는 함수

## 06 ②

**생성자(Constructor)**

• 객체 생성 시 자동으로 호출되는 특별한 메서드이다.
• 반환형을 가지지 않으며, 클래스 이름과 동일한 이름을 사용한다.
• 객체 초기화를 목적으로 사용된다.

## 07 ②

friend 키워드는 클래스 외부의 함수나 다른 클래스가 해당 클래스의 private · protected 멤버에 접근할 수 있도록 허용한다. 이를 통해 특정 함수나 클래스에 한해 접근 권한을 예외적으로 부여할 수 있다.

## 08 ②

e.preventDefault( )는 이벤트에 연결된 브라우저의 기본 동작을 막는 메서드이다. 폼 제출, 링크 이동, 체크박스 기본 동작 등 자동으로 수행되는 동작을 차단하고, 개발자가 정의한 로직만 실행되도록 제어할 때 사용된다.

## 09 ②

튜플(tuple)은 값 변경이 불가능한(immutable) 자료구조이다. 생성 후 요소를 수정할 수 없으며, 인덱스를 이용한 접근은 가능하다. 리스트보다 안정성이 필요하거나 상수 데이터 표현에 주로 사용된다.

**오답 피하기**

• ① : 리스트(list)의 특징
• ③ : 딕셔너리(dict)의 특징
• ④ : 튜플은 정렬이 필수가 아님

## 10 ①

extern 키워드는 다른 소스 파일에 정의된 함수나 변수가 외부에 존재함을 선언할 때 사용된다. 이를 통해 여러 파일로 분리된 프로그램에서 외부 파일에 정의된 함수를 호출할 수 있다.

## 11 ②

private 접근제어자는 선언된 클래스 내부에서만 접근 가능하도록 제한한다. 같은 패키지나 하위 클래스에서도 접근할 수 없으며, 캡슐화(encapsulation)를 강화하는 데 사용된다. 외부로부터 직접 접근을 차단하고, 메서드를 통해서만 간접 접근하도록 설계할 때 활용된다.

## 12 ①

with 문은 컨텍스트 매니저(Context Manager)를 사용하여 파일을 연다. 블록 실행이 끝나면 예외 발생 여부와 관계없이 파일을 자동으로 닫아주어 자원 누수를 방지한다. 따라서 파일 관리가 안전하고 코드가 간결해진다.

## 13 ②

namespace는 같은 이름의 식별자(함수, 변수, 클래스 등)가 서로 충돌하는 것을 방지하기 위해 사용된다. 대규모 프로젝트나 라이브러리 사용 시 이름 공간을 분리하여 코드의 가독성과 안정성을 높인다.

## 14 ①

push( ) 메서드는 배열의 끝에 새로운 요소를 추가한다.

**오답 피하기**

• ② : JavaScript 배열 메서드가 아님
• ③ : 배열을 병합하여 새 배열을 반환(원본 변경 없음)
• ④ : 배열의 일부를 추출하여 새 배열을 반환

## 15 ②

try~except 문에서 except 블록은 try 블록 실행 중 예외(Exception)가 발생했을 때만 실행된다. 예외가 발생하지 않으면 except 블록은 건너뛰고, 정상 흐름으로 다음 코드가 실행된다. 이를 통해 프로그램이 중단되지 않고 예외 상황을 안전하게 처리할 수 있다.

## 16 ②

시스템 복원(System Restore)은 특정 시점의 시스템 상태(설정, 레지스트리, 시스템 파일 등)로 되돌리는 기능이다. 드라이버 설치, 업데이트, 프로그램 설치 후 문제가 발생했을 때 복원 지점으로 복구하여 안정성을 회복한다. 시스템 복원 시, 개인 문서 파일에는 영향을 주지 않는다.

## 17 ③

SRAM(Static RAM)은 재충전이 필요 없고 접근 속도가 매우 빠른 메모리이다. 속도가 빠른 대신 가격이 비싸고 집적도가 낮아, 주로 CPU 캐시 메모리로 사용된다.

**오답 피하기**
- ① : 재충전(refresh)이 필요한 것은 DRAM
- ② : DRAM은 SRAM보다 느리지만 가격이 저렴
- ④ : DRAM은 RAM의 한 종류

## 18 ②

UNIX 운영체제의 기본 인터페이스는 커맨드라인 인터페이스(CLI)로, 사용자는 셸(shell)을 통해 명령어를 직접 입력하여 시스템을 제어한다. 스크립트 작성과 자동화에 유리하며, 서버 또는 개발 환경에서 널리 사용된다.

## 19 ②

**세션 계층(Session Layer)**
- 통신을 수행하는 두 시스템 간의 세션을 설정 · 유지 · 종료하는 역할을 담당한다.
- 데이터 교환의 동기화 지점(Synchronization Point)을 제공하여 통신 중단 시 재개를 가능하게 한다.
- 응용 계층과 전송 계층 사이에서 연결 관리를 수행한다.

**오답 피하기**
- ① : 응용 계층(Application Layer)
- ③ : 표현 계층(Presentation Layer)
- ④ : 물리 계층(Physical Layer)

## 20 ①

**오답 피하기**
- ② : 클래스 구분(Class A/B/C)은 IPv4
- ③ : IPv4는 점(.) 구분
- ④ : 주소 공간은 IPv6가 IPv4보다 훨씬 큼

## 21 ①

모바일 운영체제는 스마트폰 · 태블릿 등 모바일 기기에서 동작하는 운영체제이다. Android와 iOS가 대표적인 모바일 운영체제로, 앱 실행과 터치 기반 인터페이스를 지원한다.

**오답 피하기**
- ② : 데스크톱 · 서버용 운영체제
- ③ : BIOS는 펌웨어, UNIX는 범용 운영체제 계열
- ④ : 데스크톱 · 서버용 운영체제

## 22 ②

백신 프로그램은 컴퓨터 시스템을 위협하는 악성코드(바이러스, 웜, 트로이 목마 등)를 탐지 · 차단 · 치료하는 보안 소프트웨어이다. 실시간 감시와 정기 검사 기능을 통해 시스템 보안과 안정성을 유지한다.

## 23 ①

무결성(Integrity)은 데이터가 인가되지 않은 변경 없이 정확하고 일관되게 유지되는 것을 의미한다. 전송 · 저장 과정에서 변조나 훼손이 발생하지 않았음을 보장하는 것이 핵심으로 해시, 디지털 서명, 접근 통제 등이 무결성 보장에 활용된다.

## 24 ③

클라우드 컴퓨팅은 필요한 시점에 자원을 유연하게 할당받아 사용하고, 사용한 만큼 비용을 지불하는 방식을 제공한다. 인터넷을 통해 어디서나 접근 가능해 접근성과 확장성이 뛰어나다.

**오답 피하기**
서버의 물리적 관리와 유지보수는 서비스 제공자가 담당한다.

## 25 ④

**소프트웨어 개발 생명주기(SDLC)**
- 소프트웨어를 체계적으로 개발 · 운영하기 위한 단계적 절차이다.
- 요구분석 → 설계 → 구현 → 테스트 → 유지보수 단계로 구성된다.

## 26 ①

**데이터링크 계층(Data Link Layer)**
- 프레임 단위로 데이터 전송의 신뢰성을 보장한다.
- 전송 중 발생하는 오류 검출 및 재전송(오류 제어)과 송신 · 수신 속도를 조절하는 흐름 제어를 담당한다.
- 물리 계층에서 전달된 비트들을 프레임으로 구성하여 안정적으로 전달한다.

## 27 ②

USB 3.0은 최대 5Gbps의 전송 속도를 지원하여 대용량 데이터 전송과 고속 주변기기 연결에 적합하다.

**오답 피하기**
**USB 버전별 최대 전송속도**
- USB 1.1 : 최대 12Mbps
- USB 2.0 : 최대 480Mbps
- USB 3.0 : 최대 5Gbps

## 28 ②

SMTP는 메일 서버 간 또는 클라이언트에서 메일 서버로 이메일을 전송하는 역할을 담당한다.

## 29 ④

**멀티스레드(Multi-thread)**
- 하나의 프로세스 내에서 여러 스레드가 실행되는 구조이다.
- 스레드들은 코드 · 데이터 · 힙 영역을 공유하므로 자원 활용 효율이 높다.
- 동시에 작업을 처리할 수 있으므로 응답성이 향상된다.
- 스레드는 프로세스보다 생성 및 전환 비용이 적어 메모리 사용을 절약할 수 있다.

**30 ③**

NTFS(New Technology File System)는 Windows에서 사용하는 고급 파일 시스템이다. 대용량 파일과 디스크를 지원하며, 파일·폴더 단위의 접근 권한 관리가 가능하다. 또한 인덱싱 기능을 통해 파일 검색 속도를 향상시킨다.

오답 피하기
RAID 구성 및 자동화는 디스크/스토리지 관리 영역에 해당한다.

**31 ②**

스위치(Switch)는 LAN(Local Area Network) 환경에서 장치들을 연결하고, MAC 주소를 기반으로 프레임을 목적지 포트로 정확히 전달하는 장치이다. 불필요한 트래픽을 줄이고 통신 효율을 높이는 역할을 한다.

오답 피하기
• ③ : 라우터(Router)
• ④ : 방화벽(Firewall)

**32 ①**

클라이언트/서버 구조에서는 중앙 서버가 서비스와 자원을 제공한다. 즉, 서버가 고장나면 해당 서버에 의존하는 서비스 이용이 중단되어, 클라이언트들은 정상적인 요청 및 응답을 수행할 수 없다. 따라서 서버 장애는 전체 서비스 중단으로 이어지기 쉽다.

**33 ③**

바이러스(Virus)는 정상 프로그램이나 파일에 기생하여 감염·전파되는 악성 코드이다. 실행을 통해 자가 복제가 가능하며, 시스템 파괴나 정보 유출을 일으킬 수 있다.

오답 피하기
네트워크에 연결된다고 해서 자동으로 치료되는 기능은 없다.

**34 ②**

**바로가기 아이콘**
• 원본 파일이나 프로그램을 가리키는 참조 링크이다.
• 원본 파일의 위치와 무관하게 생성할 수 있으며, 하나의 파일에 대해 여러 개의 바로가기 생성이 가능하다.
• 바로가기를 실행하면 연결된 원본 파일이나 프로그램이 실행된다.
• 바로가기 아이콘을 삭제해도 원본 파일에는 영향을 주지 않는다.

**35 ②**

요구분석 단계는 사용자의 요구사항을 수집·정의·분석하여 시스템이 무엇을 해야 하는지 범위를 명확히 하는 과정이다. 이 단계의 결과를 바탕으로 설계·구현·테스트가 진행되므로 가장 먼저 수행되어야 한다.

**36 ①**

UNION 연산자는 두 개 이상의 SELECT 결과를 하나의 결과 집합으로 결합하면서 중복된 행을 자동으로 제거한다. 따라서 동일한 데이터가 여러 결과에 존재하더라도 한 번만 출력된다.

오답 피하기
• ② : 중복을 제거하지 않고 모두 포함
• ③ : 두 결과의 교집합 반환
• ④ : 한 결과에서 다른 결과를 제외한 차집합 반환

**37 ①**

UPDATE 문은 조건에 맞는 행의 데이터를 수정한다. 이때 WHERE 절을 생략하면 테이블의 모든 행이 대상이 되어 값이 변경될 수 있으므로 주의가 필요하다.

**38 ②**

• 집계 함수(AVG)로 계산된 결과에 조건을 적용할 때는 HAVING 절을 사용한다.
• 부서별 평균을 구하려면 GROUP BY 부서명이 필요하며, 그 결과 중 평균 급여가 3000 이상인 부서만 필터링하기 위해 HAVING AVG(급여) >= 3000을 사용한다.

**39 ①**

UPDATE 문에서 변경할 컬럼과 값을 지정할 때는 SET, 변경 대상 행의 조건을 지정할 때는 WHERE 절을 사용한다. 따라서 컬럼 값 변경에는 SET, 잔고 범위 조건에는 WHERE가 들어간다.

**40 ②**

뷰(View)는 기본 테이블을 기반으로 한 가상 테이블로, 실제 데이터를 별도로 저장하지 않는다.

**41 ①**

INDEX는 테이블의 특정 컬럼에 대한 검색 속도를 향상시키기 위한 자료구조이다. 정렬된 인덱스를 활용해 조건 검색(WHERE)이나 정렬(ORDER BY) 시 빠른 데이터 접근이 가능하다.

**42 ①**

• SQL은 논리적 실행 순서에 따라 처리된다.
• 먼저 FROM에서 대상 테이블을 결정하고 →
  WHERE에서 행을 필터링한 뒤 →
  SELECT로 조회할 컬럼을 결정한다. →
  마지막으로 ORDER BY를 적용하여 결과를 정렬한다.

**43 ②**

집계 함수(SUM, AVG, MAX, MIN 등)는 NULL 값을 계산 대상에서 제외한다. 즉, NULL은 연산에 참여하지 않으며 결과에 영향을 주지 않는다. 단, COUNT(*)는 행의 개수를 세므로 NULL 여부와 관계없이 포함된다.

**44 ②**

LEFT JOIN은 왼쪽 테이블의 모든 행을 항상 포함한다. 조인 조건에 일치하는 오른쪽 테이블의 행이 없을 경우, 오른쪽 테이블의 컬럼 값은 NULL로 채워져 결과에 포함된다.

**45 ②**

BETWEEN 연산자는 두 값 사이의 범위를 조건으로 지정할 때 사용된다. 시작값과 끝값을 모두 포함(이상~이하)하여 데이터를 조회한다. 범위 조건을 간단하게 표현할 수 있어 가독성이 높다.

오답 피하기
• ① : = 연산자
• ③ : GROUP BY
• ④ : ALTER TABLE

**46** ②

- DELETE는 테이블 구조는 유지한 채 데이터(행)만 삭제하는 명령어이다. WHERE 절을 사용해 조건에 맞는 데이터만 선택적으로 삭제할 수 있다.
- DROP은 테이블 자체를 삭제하여 구조와 데이터가 모두 제거된다.

**47** ②

HAVING 절은 그룹화된 결과에 조건을 적용할 때 사용된다. 따라서 집계 함수(SUM, AVG 등)를 사용해 GROUP BY로 묶은 결과에 대해 조건을 지정할 때 함께 쓰인다.

**48** ①

LIMIT 절은 조회 결과에서 반환되는 행(row)의 개수를 제한할 때 사용된다. 주로 상위 N개 데이터 조회나 페이지네이션 구현에 활용된다.

**49** ④

서브쿼리는 SELECT, FROM, WHERE, HAVING, UPDATE SET 등 다양한 구문에서 사용할 수 있다. 하지만 컬럼 정의(테이블 생성 시 컬럼 타입 · 제약조건 정의) 영역에는 서브쿼리를 사용할 수 없다. 컬럼 정의에는 데이터 타입, NULL 여부, 기본값, 제약조건만 지정할 수 있다.

**50** ②

DEFAULT 제약조건은 INSERT 시 해당 컬럼에 값을 지정하지 않았을 경우 자동으로 기본값을 설정하는 기능이다. 데이터 입력을 간소화하고, 컬럼에 일관된 기본값을 유지하는 데 사용된다.

**51** ①

보조 기억장치는 전원이 꺼져도 데이터가 유지되는 비휘발성 저장장치로, 대용량 데이터를 장기간 저장하는 데 사용된다. HDD(Hard Disk Drive)는 대표적인 보조 기억장치이다.

**52** ②

분산처리 시스템은 여러 컴퓨터(노드)가 작업을 나누어 처리하는 구조이다. 한 시스템에 장애가 발생하더라도 전체 시스템이 중단되지 않도록 장애를 분산할 수 있으며, 작업 부하를 여러 노드에 나누어 처리 성능과 효율을 향상시킨다.

**53** ①

시스템 개발 생명주기(SDLC)는 요구사항을 정의하는 단계부터 운영 이후의 유지관리까지 단계적으로 진행된다. 일반적인 순서는 요구분석 → 설계 → 구현 → 시험(테스트) → 이행(배포) → 유지보수이다.

**54** ③

ITSM은 장기적으로 서비스 품질과 운영 효율을 향상시키지만, 도입 초기에는 프로세스 정립, 문서화, 교육, 시스템 구축 등으로 인해 일시적으로 업무 부담이 증가할 수 있다. 이는 ITSM의 본질적 효과가 아니라 도입 과정에서 발생하는 단기적 부작용이다.

**55** ③

백업(Backup)은 데이터 손실에 대비해 원본 데이터를 보관하는 것으로, 시스템 장애나 오류 발생 시 데이터 복구와 안정성 확보가 목적이다.

**오답 피하기**
서버의 처리 속도를 높이는 가속 기능과는 무관하다.

**56** ①

스케줄러는 운영체제의 핵심 구성요소로, 여러 프로세스(또는 스레드) 중에서 어떤 작업에 CPU를 할당할지 결정한다. CPU 사용 순서와 우선순위, 실행 시간 배분을 관리하여 시스템의 효율을 높인다.

**57** ②

데이터 무결성(Integrity)은 데이터가 정확하고 일관되게 유지되는 성질을 의미한다. 입력 · 수정 · 삭제 과정에서 데이터가 의도치 않게 변경되거나 훼손되지 않도록 보장하는 것이 핵심이다. 이를 위해 개체 무결성, 참조 무결성, 도메인 무결성 등의 제약조건이 사용된다.

**58** ②

PaaS(Platform as a Service)는 서버, OS, 런타임, 미들웨어 등 개발 · 실행에 필요한 플랫폼을 제공하므로 사용자는 인프라 관리 부담 없이 애플리케이션 개발과 배포에 집중할 수 있다.

**오답 피하기**
- ① : IaaS
- ③ : SaaS
- ④ : 온 프레미스(On-Premise)

**59** ②

시스템 복원은 특정 시점의 시스템 상태로 되돌리는 작업이므로, 문제 발생 이전의 적절한 복원 지점을 정확히 선택하는 것이 가장 중요하다. 복원 지점이 부적절하면 오류가 해결되지 않거나 다른 문제가 발생할 수 있다.

**60** ①

분산처리 환경에서는 여러 노드 간에 데이터를 동기화하며 백업한다. 이때 네트워크 장애가 발생하면 데이터 전송이 중단되거나 지연되어 백업 데이터 간 불일치(동기화 실패)가 발생할 수 있다. 이는 분산 환경 백업에서 가장 대표적인 리스크이다.

| | | | | |
|---|---|---|---|---|
| 01 ② | 02 ② | 03 ① | 04 ② | 05 ④ |
| 06 ② | 07 ② | 08 ① | 09 ② | 10 ① |
| 11 ② | 12 ① | 13 ① | 14 ② | 15 ② |
| 16 ② | 17 ② | 18 ② | 19 ④ | 20 ② |
| 21 ③ | 22 ③ | 23 ① | 24 ④ | 25 ① |
| 26 ① | 27 ① | 28 ② | 29 ① | 30 ③ |
| 31 ① | 32 ② | 33 ① | 34 ① | 35 ① |
| 36 ① | 37 ④ | 38 ③ | 39 ① | 40 ② |
| 41 ② | 42 ② | 43 ② | 44 ② | 45 ② |
| 46 ② | 47 ② | 48 ① | 49 ② | 50 ① |
| 51 ② | 52 ② | 53 ① | 54 ① | 55 ② |
| 56 ③ | 57 ② | 58 ③ | 59 ① | 60 ① |

## 01 ②

추상 클래스(Abstract Class)는 구현된 메서드와 구현되지 않은 추상 메서드를 함께 가질 수 있는 클래스이다. 즉, 모든 메서드를 구현할 필요는 없으며, 일부 메서드만 구현하고 나머지는 하위 클래스에서 구현하도록 강제할 수 있다. 또한 추상 클래스는 new로 객체를 직접 생성할 수 없다.

## 02 ②

C언어에서 주소 연산자 &는 변수의 메모리 주소를 얻기 위해 사용하는 연산자이다. 포인터는 변수의 주소를 저장하는 변수이므로, 포인터 사용의 출발점이 바로 & 연산자이다.

**오답 피하기**
- ① : 포인터는 변수의 값이 아니라 주소를 저장
- ③ : void* 포인터는 자료형 크기를 알 수 없어 포인터 연산 불가
- ④ : 포인터 값(주소)과 변수 값은 의미와 내용이 전혀 다름

## 03 ①

list comprehension(리스트 컴프리헨션)은 리스트를 생성하는 코드를 간결하고 직관적으로 작성할 수 있게 해준다. 반복문과 조건문을 한 줄로 표현할 수 있어 가독성과 생산성이 향상된다.

## 04 ②

콜백 함수(callback function)는 어떤 작업이 완료된 후 실행되도록 전달되는 함수이다. 특히 JavaScript의 비동기 처리(이벤트 처리, 타이머, 서버 통신 등)에서 작업 완료 시점에 후속 동작을 수행하기 위해 사용된다.

## 05 ④

객체지향 프로그래밍의 4대 특징은 '캡슐화, 상속, 다형성, 추상화'이다.

## 06 ②

private 접근제어자는 선언된 클래스 내부에서만 접근 가능하도록 제한한다. 같은 패키지나 하위 클래스에서도 접근할 수 없으며, 정보 은닉(Encapsulation)을 강화하는 데 사용된다.

## 07 ②

튜플(tuple)은 한 번 생성되면 요소의 값을 변경할 수 없는 불변(immutable) 자료형이다.

## 08 ①

구조체 변수 자체를 사용할 때는 점 연산자(.)를 이용해 멤버에 접근한다.

## 09 ②

- ptr은 변수 x의 주소를 저장하는 포인터이다.
- *ptr = 10; 문장은 포인터가 가리키는 주소에 저장된 값, 즉 x의 값을 10으로 변경한다.
- 따라서 printf("%d", x);의 출력 결과는 10이다.

## 10 ①

with 문은 컨텍스트 매니저(Context Manager)를 사용하여 작업이 끝난 뒤 자원을 자동으로 정리(close)해 준다. 파일 입출력에서 예외가 발생하더라도 파일이 안전하게 닫히는 것이 핵심 목적이다.

## 11 ②

friend 키워드는 클래스 외부의 함수나 다른 클래스가 해당 클래스의 private/protected 멤버에 접근할 수 있도록 허용한다. 정보 은닉을 유지하면서도 특정 대상에 한해 접근 권한을 부여할 때 사용된다.

## 12 ①

생성자(Constructor)는 객체 생성 시 자동으로 호출되는 특수한 메서드로, 반환형이 존재하지 않으며 클래스 이름과 동일한 이름을 가진다.

**오답 피하기**
- ② : public, protected, default, private 등 다양한 접근제어자 사용 가능
- ③ : new 키워드를 통해 간접적으로 호출 가능
- ④ : 객체 생성 시 가장 먼저 실행되는 초기화 단계

## 13 ①

- a++는 후위 증가이므로 현재 값 5가 연산에 사용된 후, a = 6으로 증가한다.
- --b는 전위 감소이므로 먼저 감소되어 b = 1이 된 뒤 연산에 사용된다.
- 따라서 계산은 5 * 1 = 5가 되어 출력 결과는 5이다.

## 14 ②

malloc 함수는 실행 중에 필요한 크기의 메모리를 힙(Heap) 영역에 동적으로 할당하는 함수이다. 할당된 메모리는 프로그램 종료 시까지 유지되며, 사용이 끝나면 free( ) 함수로 반드시 해제해야 한다.

## 15 ②

브레이크포인트는 프로그램 실행을 특정 코드 위치에서 일시적으로 멈추게 하는 기능이다. 이를 통해 해당 시점의 변수 값, 메모리 상태, 실행 흐름을 확인하며 오류 원인을 분석할 수 있다.

## 16 ②

표현 계층(Presentation Layer)은 데이터의 표현 방식을 담당한다. 주요 기능으로 암호화/복호화, 압축/해제, 형식 변환(인코딩/디코딩)을 수행하여 응용 계층과 하위 계층 간 데이터 해석의 차이를 해결한다.

**오답 피하기**
- ① : 경로 선택(IP 라우팅)
- ③ : 연결 설정 · 유지 · 종료 관리
- ④ : 비트 전송과 전기적 신호 규격

## 17 ②

TCP(Transmission Control Protocol)는 연결 지향형 프로토콜로, 데이터 전송 과정에서 순서 보장, 오류 제어, 재전송, 흐름 제어 등을 통해 신뢰성 있는 데이터 전송을 보장한다.

**오답 피하기**
- TCP : 신뢰성, 연결 지향, 오류 검사, 재전송 → 신뢰성과 정확성이 중요
- UDP : 비연결 지향, 빠름, 실시간 → 속도와 실시간성이 중요

## 18 ②

VPN(Virtual Private Network)은 공용 네트워크(인터넷)를 통해 사설 네트워크처럼 안전한 통신 환경을 제공한다. 데이터를 암호화하여 전송함으로써 도청 · 위변조를 방지하고, 원격지에서도 내부망에 안전하게 접속할 수 있게 한다.

## 19 ④

**클라우드 서비스의 유형**
- IaaS(Infrastructure as a Service) : 서버 · 스토리지 등 인프라 제공
- SaaS(Software as a Service) : 완성된 소프트웨어 제공
- PaaS(Platform as a Service) : 개발 · 실행 플랫폼 제공

## 20 ②

데이터링크 계층은 MAC 주소를 기반으로 프레임을 전달하며, 같은 네트워크(LAN) 내에서 장치 간 데이터 전송을 제어한다. 또한 프레임 생성, 오류 검출, 흐름 제어 기능을 수행한다.

**오답 피하기**
- ① : 포트 번호 기반의 종단 간 통신 담당
- ③ : IP 주소 기반의 경로 선택 담당
- ④ : 전기적 · 물리적 신호 전송 담당

## 21 ③

인터럽트(Interrupt)는 외부 장치(키보드, 디스크, 네트워크 등)나 내부 이벤트가 발생했을 때 CPU의 현재 작업을 잠시 중단시키고 즉시 처리하도록 알리는 신호이다. 이를 통해 CPU는 불필요한 대기 없이 필요한 시점에만 해당 작업을 처리할 수 있어 시스템 효율이 향상된다.

## 22 ③

IPv6는 주소 고갈 문제를 해결하기 위해 128비트 주소 체계를 사용한다. 이를 통해 IPv4(32비트)보다 훨씬 많은 주소 공간을 제공하며, 콜론(:)으로 구분된 16진수 형태로 표현된다.

## 23 ①

가용성은 정상적인 사용자에게 서비스와 데이터가 지속적으로 제공되는 성질을 의미한다. 시스템 장애, 공격, 자원 고갈 등의 상황에서도 서비스 중단 없이 접근 가능하도록 유지하는 것이 핵심이다.

**오답 피하기**
- ② : 무결성(Integrity)
- ③ : 인증(Authentication)
- ④ : 기밀성(Confidentiality)

## 24 ④

패킷 교환(Packet Switching)은 데이터를 작은 패킷으로 분할해 디지털 네트워크로 전송하는 방식이다. 네트워크 상황에 따라 경로를 유연하게 선택할 수 있고, 회선 이용 효율이 높다.

**오답 피하기**
아날로그 데이터 전송에 최적화된 방식은 회선 교환이다.

## 25 ①

ERP는 인사, 회계, 생산, 물류 등 기업의 핵심 업무 데이터를 하나의 통합 시스템으로 관리하여 업무 효율성을 높이고, 정보의 일관성과 정확성을 확보하는 것이 목적이다.

## 26 ①

세션 계층(Session Layer)은 두 시스템 간의 논리적인 연결(세션)을 설정하고 유지 · 종료하는 역할을 한다. 또한 통신 중 동기점(Synchronization Point)을 설정하여 오류 발생 시 해당 지점부터 다시 통신할 수 있도록 지원한다.

**오답 피하기**
- ② : 암호화, 압축, 형식 변환
- ③ : 경로 선택 및 라우팅(IP)
- ④ : 사용자에게 직접 서비스 제공

## 27 ①

요구사항 분석은 사용자가 무엇을 원하는지 정확히 파악하고 문서화하는 단계이다. 이 단계에서 정의된 요구사항을 기반으로 이후 설계 · 구현 · 테스트가 진행되므로, 시스템의 기능 범위와 목표를 명확히 하는 것이 핵심 목적이다.

**오답 피하기**
- ② : 구현 단계
- ③ : 테스트 단계
- ④ : 운영 · 구축 단계

## 28 ②

별형(Star) 토폴로지는 모든 노드가 중앙 장치에 직접 연결되는 구조이다. 한 노드에 장애가 발생해도 다른 노드에는 영향을 주지 않는 장점이 있으며, 관리와 확장이 비교적 용이해 LAN 환경에서 널리 사용된다.

**오답 피하기**
- ① : 노드들이 원형으로 연결됨
- ③ : 하나의 공통 전송선을 공유
- ④ : 계층 구조로 확장된 형태

## 29 ①

방화벽은 내부 네트워크와 외부 네트워크 사이에서 트래픽을 감시 · 통제하는 보안 장치이다. 정해진 보안 정책에 따라 허용된 통신만 통과시키고, 비인가 접근은 차단하여 네트워크를 보호한다.

## 30 ③

클라우드 컴퓨팅은 서버 · 스토리지 등 인프라를 서비스 형태로 제공하므로, 사용자가 서버를 직접 설치 · 운영 · 관리할 필요가 없다.

## 31 ①

- 멀티프로세싱(Multiprocessing)은 독립된 여러 프로세스를 동시에 실행하는 방식이며, 각 프로세스는 독립적인 메모리 공간을 가진다.
- 멀티스레딩(Multithreading)은 하나의 프로세스 내부에서 여러 스레드가 실행되며, 코드 · 데이터 · 힙 영역을 공유하여 자원 효율이 높다.

## 32 ①

NAT(Network Address Translation)는 사설 IP 주소를 공인 IP 주소로 변환하여 내부 네트워크의 여러 장치가 하나(또는 소수)의 공인 IP를 공유해 외부와 통신하도록 한다. 이 과정에서 내부 IP가 외부에 직접 노출되지 않아 보안성 향상 효과도 있다.

## 33 ①

**클래스별 범위**

| 클래스 | 첫 옥텟 범위 | IP 주소 범위 |
|---|---|---|
| A Class | 0 ~ 127 | 0.0.0.0 ~ 127.255.255.255 |
| B Class | 128 ~ 191 | 128.0.0.0 ~ 191.255.255.255 |
| C Class | 192 ~ 223 | 192.0.0.0 ~ 223.255.255.255 |
| D Class | 224 ~ 239 | 224.0.0.0 ~ 239.255.255.255 |
| E Class | 240 ~ 255 | 240.0.0.0 ~ 255.255.255.255 |

## 34 ①

**결합도(Coupling) : 강한 순(낮은 품질) → 약한 순(높은 품질)**
- 내용 결합도(Content Coupling)
- 공통 결합도(Common Coupling)
- 외부 결합도(External Coupling)
- 제어 결합도(Control Coupling)
- 스탬프 결합도(Stamp Coupling)
- 자료 결합도(Data Coupling)

## 35 ①

소프트웨어 설계에서는 각 모듈이 하나의 기능에 집중하도록 응집도는 높이고, 모듈 간 의존성을 최소화하기 위해 결합도는 낮게 유지하는 것이 바람직하다. 이렇게 설계하면 유지보수성, 확장성, 재사용성이 향상된다.

## 36 ①

DISTINCT는 SELECT 결과에서 중복된 행을 제거하여 유일한 값만 조회하도록 하는 키워드이다. 특정 컬럼 또는 여러 컬럼 조합의 중복을 제거한 결과를 얻을 때 사용한다.

**오답 피하기**
- ② : ORDER BY
- ③ : INSERT
- ④ : ALTER TABLE 또는 AS(별칭)

## 37 ④

- 트랜잭션 처리 명령어(TCL)는 트랜잭션의 확정 · 취소 · 중간 지점 관리를 담당한다.
- COMMIT은 변경 사항을 확정하고, ROLLBACK은 취소하며, SAVEPOINT는 트랜잭션 내 복귀 지점을 설정한다.

**오답 피하기**
SELECT는 데이터 조회(DML) 명령어로, 트랜잭션 제어 기능이 아니다.

## 38 ③

RIGHT JOIN은 오른쪽 테이블의 모든 행을 결과에 포함하고, 조인 조건에 일치하는 왼쪽 테이블의 값이 없을 경우 왼쪽 컬럼을 NULL로 채운다.

**오답 피하기**
- ① : 양쪽 테이블의 일치 행만 반환
- ② : 왼쪽 테이블의 모든 행을 포함
- ④ : 양쪽 테이블의 모든 행을 포함

## 39 ③

PRIMARY KEY(기본키)는 테이블에서 각 행을 유일하게 식별하기 위한 제약 조건이다. 따라서 중복 값을 허용하지 않으며(NULL 불가), 반드시 값이 존재해야 한다. 한 테이블에는 하나의 PRIMARY KEY만 정의할 수 있다(복합키는 가능).

## 40 ②

VIEW는 하나 이상의 기본 테이블로부터 정의된 가상 테이블이다. 실제 데이터를 별도로 저장하지 않고, 조회 시점에 기본 테이블의 데이터를 참조한다.

## 41 ②

UNION ALL은 두 개 이상의 SELECT 결과를 중복 제거 없이 그대로 합쳐서 반환한다.

**오답 피하기**
- ① : 합집합(중복 제거)
- ③ : 교집합
- ④ : 차집합

## 42 ②

WHERE 절은 조회 · 수정 · 삭제 시 조건을 지정하여 대상 행을 제한하는 역할을 한다. 이를 통해 불필요한 데이터 처리 없이 필요한 데이터만 선택적으로 다룰 수 있다.

## 43 ②

HAVING 절은 GROUP BY로 그룹화된 결과에 조건을 적용할 때 사용한다.

**오답 피하기**

- ① : 그룹화 이전의 행(Row)에 조건 적용
- ③ : 결과 정렬
- ④ : 중복 제거

## 44 ②

%는 0개 이상의 임의의 문자열을 의미하는 와일드카드이다.

## 45 ③

TRUNCATE는 테이블의 모든 행을 한 번에 삭제하지만, 테이블 구조(컬럼, 제약조건 등)는 그대로 유지한다.

## 46 ②

인덱스(Index)는 테이블의 특정 컬럼에 대해 검색 속도를 향상시키기 위한 구조이다. 마치 책의 목차처럼, 원하는 데이터를 빠르게 찾을 수 있도록 도와준다.

## 47 ②

외래키(Foreign Key)는 두 테이블 간의 관계를 유지하기 위해 사용되며, 자식 테이블의 값이 부모 테이블의 기본키(또는 후보키)에 존재하는 값만 참조하도록 제한한다. 이를 통해 참조 무결성(Referential Integrity)을 보장한다.

## 48 ①

RENAME TABLE은 테이블의 이름 자체를 변경하는 전용 명령어이다.

## 49 ②

AVG( ) 함수는 지정한 컬럼의 평균값(산술 평균)을 계산하여 반환한다. 숫자형 데이터에 사용되며, NULL 값은 자동으로 제외하고 계산한다.

## 50 ①

정규화(Normalization)는 데이터베이스를 논리적으로 구조화하여 데이터 중복을 최소화하고, 삽입 · 삭제 · 갱신 시 발생할 수 있는 이상 현상(Anomaly)을 방지하는 것이 목적이다. 이를 통해 데이터 무결성과 일관성을 유지할 수 있다.

## 51 ②

**정보 시스템 유지보수의 유형**

| 수정 유지보수 (Corrective Maintenance) | • 오류(버그)를 수정하기 위한 유지보수 • 오류 수정, 버그 패치 |
|---|---|
| 적응 유지보수 (Adaptive Maintenance) | • 환경 변화에 대응하기 위한 유지보수 • OS, 하드웨어, 법 · 제도, 업무 환경 |
| 개선 유지보수 (Perfective Maintenance) | • 성능 · 기능 · 사용성 개선 목적 • 기능 추가, 성능 향상 |
| 예방 유지보수 (Preventive Maintenance) | • 미래의 오류를 사전에 방지 • 사전 예방, 안정성 향상 |

## 52 ②

설계 단계는 요구사항 분석 결과를 바탕으로 시스템의 구조와 동작 방식을 구체화하는 단계이다. 이 단계에서 시스템 아키텍처, 데이터베이스 구조, 화면 · 프로그램 설계 등이 이루어진다.

**오답 피하기**

- ① : 요구사항 분석 단계
- ③ : 구현 단계
- ④ : 테스트 단계

## 53 ①

백업은 시스템 장애, 오류, 재해 등 예기치 못한 상황에서 데이터 손실을 방지하고 원래 상태로 복구하기 위한 핵심 수단이다. 데이터의 안전한 보존과 복구 가능성 확보가 백업의 최우선 목적이다.

## 54 ①

ITSM은 IT 서비스를 프로세스 기반으로 표준화 · 관리하여 서비스 품질을 안정적으로 유지하고 지속적으로 개선하는 것이 목적이다. 이를 통해 고객 만족도 향상, 운영 효율 증대의 효과를 기대할 수 있다.

## 55 ②

애자일은 짧은 반복 주기(Iteration)로 기능을 점진적으로 개발하고, 각 주기마다 고객과 사용자 피드백을 빠르게 반영하는 방식이다. 변화에 유연하게 대응하고, 실행 가능한 결과물을 자주 제공하는 데 초점을 둔다.

## 56 ③

예방 유지보수(Preventive Maintenance)는 문제가 발생하기 전에 시스템을 점검하고 개선하여 장애 가능성을 최소화하고 안정적인 운영을 유지하는 것을 목표로 한다. 코드 정리, 성능 점검, 취약점 사전 조치 등이 이에 해당한다.

## 57 ②

디지털 서명은 메시지의 작성자 신원 확인(인증)과 사후에 서명을 부인할 수 없도록 하는 부인방지(Non-repudiation)를 핵심 목적으로 한다.

## 58 ③

소프트웨어 설계의 목적은 구조를 명확히 하고 재사용성을 높여 유지보수와 품질을 향상시키는 데 있다. 따라서 코드 중복을 줄이는 것이 목표이며, 중복을 늘리는 것은 설계 목적에 반한다.

## 59 ①

CI(Continuous Integration)는 여러 개발자가 작성한 코드를 자주(지속적으로) 통합하고, 그 과정에서 자동 빌드·테스트를 수행하여 오류를 조기에 발견하는 것을 목표로 한다.

**오답 피하기**
- ② : CD는 운영 배포까지 자동화하는 개념(Delivery/Deployment)
- ③ : CI와 CD는 연계된 파이프라인으로 함께 사용됨
- ④ : CI/CD는 자동화로 품질 향상 및 유지보수 효율 개선에 크게 기여

## 60 ①

Jenkins는 지속적 통합(CI)과 지속적 배포/전달(CD)를 자동화하기 위한 대표적인 도구이다. 소스 코드 변경 시 자동 빌드·테스트·배포 파이프라인을 구성할 수 있어 DevOps 환경에서 널리 사용된다.

**오답 피하기**
- ② : IDE(통합 개발 환경)
- ③ : 데이터베이스 관리 시스템(DBMS)
- ④ : 파일 탐색 도구

| | | | | |
|---|---|---|---|---|
| 01 ③ | 02 ② | 03 ③ | 04 ③ | 05 ② |
| 06 ① | 07 ① | 08 ① | 09 ① | 10 ② |
| 11 ② | 12 ① | 13 ① | 14 ② | 15 ② |
| 16 ② | 17 ② | 18 ③ | 19 ② | 20 ② |
| 21 ② | 22 ① | 23 ② | 24 ② | 25 ② |
| 26 ① | 27 ② | 28 ② | 29 ① | 30 ② |
| 31 ① | 32 ① | 33 ② | 34 ① | 35 ④ |
| 36 ① | 37 ② | 38 ② | 39 ① | 40 ② |
| 41 ① | 42 ③ | 43 ① | 44 ② | 45 ① |
| 46 ④ | 47 ① | 48 ① | 49 ① | 50 ① |
| 51 ① | 52 ② | 53 ④ | 54 ② | 55 ③ |
| 56 ② | 57 ② | 58 ② | 59 ② | 60 ④ |

## 01 ③

주소 연산자 &는 변수가 저장된 메모리의 주소(address)를 반환한다. 포인터 변수에 주소를 대입할 때 사용되며, 포인터 연산의 기본이 된다.

## 02 ②

**Java의 생성자(Constructor)**
- 반환형을 가지지 않는 특수한 메서드로, void 타입조차 선언하지 않는다.
- 생성자의 이름은 반드시 클래스명과 동일해야 하며, 객체가 생성될 때 자동으로 실행된다.
- 매개변수의 개수나 타입을 달리하여 여러 개의 생성자를 정의하는 오버로딩이 가능하다.

## 03 ③

리스트 컴프리헨션(List Comprehension)은 간결하고 가독성이 뛰어난 방식으로, 기존 리스트를 순회하며 새로운 리스트를 생성하는 데 가장 많이 사용된다.

## 04 ③

window.alert( )는 브라우저에 경고용 팝업 창을 표시하여 사용자에게 메시지를 알리는 함수이다. 확인 버튼을 누르기 전까지 스크립트 실행이 일시 중단되는 특징이 있다.

## 05 ②

복사 생성자(Copy Constructor)는 기존 객체를 인자로 받아 새로운 객체를 생성할 때 자동으로 호출된다. 객체의 값 복사, 깊은 복사 구현 등에 사용되며, 함수 인자 전달이나 반환 시에도 호출될 수 있다.

## 06 ①

enumerate( ) 함수는 반복 가능한 객체를 순회할 때 인덱스(index)와 값(value)을 동시에 반환해 준다. 별도의 인덱스 변수를 관리할 필요가 없어 코드가 간결하고 가독성이 좋아진다.

## 07 ①

오버로딩은 같은 메서드 이름을 사용하되, 매개변수의 개수나 타입(또는 순서)를 다르게 정의하는 것이다.

## 08 ①

헤더 파일(.h)은 함수 원형, 매크로 상수, 구조체 · 열거형 선언 등을 모아 두는 파일이다. 여러 소스 파일에서 공통으로 사용되는 선언을 분리해 재사용성과 유지보수성을 높인다. 보통 #include 지시자로 포함된다.

## 09 ①

- ② : private 멤버는 클래스 내부의 멤버 함수에서만 접근할 수 있으며, 외부(인스턴스를 통한 직접 접근 포함)에서는 절대 접근할 수 없다.
- ③ : protected는 클래스 내부와 상속받은 자식 클래스까지는 접근을 허용한다.
- ④ : C++의 class는 접근 제한자를 생략할 경우 기본값이 private이다.

## 10 ②

instanceof는 객체가 특정 클래스나 인터페이스 타입에 속하는지 검사할 때 사용한다. 주로 다운캐스팅 전에 안전성을 확인하기 위해 활용된다.

## 11 ②

const로 선언된 변수는 초기화 이후 값 변경이 불가능하다. 이를 통해 의도치 않은 값 변경을 방지하고, 코드의 안정성과 가독성을 높일 수 있다.

## 12 ①

화살표 함수는 자신만의 this를 가지지 않고, 선언 당시의 상위 스코프의 this를 그대로 사용(lexical this)한다.

## 13 ①

딕셔너리에서 x["a"]는 키 "a"에 대응하는 값(value)을 반환한다. 따라서 출력 결과는 10이다.

## 14 ②

10 % 3은 10을 3으로 나눈 나머지 값을 반환하므로 결과는 10이다.

## 15 ②

** 연산자는 거듭제곱 연산자이다. 따라서 x ** y는 5의 3제곱(5^3)을 의미하며, 계산 결과는 125이다.

## 16 ②

코덱(CODEC)는 Coder + Decoder의 합성어로, 아날로그 신호를 디지털 신호로 변환(AD)하고, 디지털 신호를 다시 아날로그 신호로 변환(DA)하는 신호 변환 장치를 의미한다. 주로 음성 · 영상 데이터의 인코딩/디코딩 과정에서 사용된다.

## 17 ②

IPv6는 128비트 주소를 사용하며, 이를 16비트씩 8개 블록으로 나누어 콜론(:)으로 구분해 표기한다. 각 블록은 16진수로 표현된다.

점(.)으로 분리하는 것은 IPv4의 방식이다.

## 18 ③

SRAM(Static RAM)은 재충전(refresh)이 필요 없고, 접근 속도가 매우 빠르며, CPU 캐시 메모리로 주로 사용된다. 반면 DRAM은 일정 주기로 재충전이 필요하다.

## 19 ②

모니터의 화면 크기는 인치(inch)를 단위로 하며, 화면의 대각선 길이를 기준으로 측정한다.

## 20 ②

**USB 버전별 최대 전송속도**

- USB 1.1 : 최대 12Mbps
- USB 2.0 : 최대 480Mbps
- USB 3.0 : 최대 5Gbps

## 21 ②

데이터링크 계층(Data Link Layer)은 인접한 노드 간(홉 단위) 데이터 전송을 책임지며, 프레임 단위로 오류 검출(CRC 등)과 흐름 제어를 수행한다. 물리 계층에서 발생할 수 있는 오류를 상위 계층으로 전달하지 않도록 제어한다.

## 22 ①

스니핑(Sniffing)은 네트워크를 흐르는 패킷을 몰래 가로채어 내용(계정 정보, 세션, 데이터 등)을 감청하는 공격 기법이다.

## 23 ②

ROM은 비휘발성 메모리로 전원이 차단되어도 데이터가 유지된다. 주로 시스템 부팅 정보나 기본 펌웨어를 저장하며 일반적으로 읽기 전용(수정 제한적)으로 사용된다.

- ① : RAM
- ③ : RAM
- ④ : SRAM

## 24 ②

ERP는 전사적 자원 관리(Enterprise resource planning)로, 기업의 인사, 회계, 생산, 물류, 영업 등 전사 자원과 업무 프로세스를 하나의 시스템으로 통합 관리하는 정보 시스템이다.

## 25 ②

링크 계층은 물리적 네트워크를 통해 데이터(프레임)를 실제로 송수신하는 역할을 담당한다.

## 26 ①

웜(Worm)은 자기 스스로 복제하여 네트워크를 통해 자동 전파되는 악성코드이다. 사용자의 실행 동작 없이도 취약점을 이용해 확산되며, 네트워크 부하 · 시스템 장애를 유발할 수 있다.

**27 ②**

응용 계층은 사용자와 가장 가까운 계층으로 전자우편(SMTP), 파일 전송(FTP), 웹 서비스(HTTP) 등 응용 프로그램이 네트워크 서비스를 이용하도록 인터페이스를 제공한다.

**오답 피하기**
- ① : 표현 계층(Presentation Layer)
- ③ : 네트워크 계층(Network Layer)
- ④ : 물리 계층(Physical Layer)

**28 ②**

클라우드 컴퓨팅의 핵심은 필요에 따라 자원을 유연하게 확장/축소하고, 서비스(IaaS/PaaS/SaaS) 형태로 제공하여 초기 투자 비용을 줄이는 것이다.

**29 ②**

정보보안 적정성 평가는 조직의 정보 시스템이 보안 정책과 기준에 적합하게 운영되고 있는지를 점검하고, 취약점과 잠재적 위험 요소를 식별 · 분석하여 개선 대책을 마련하는 것이 목적이다.

**30 ②**

표현 계층(Presentation Layer)은 데이터 형식 변환, 인코딩/디코딩, 암호화 · 복호화, 압축 등을 담당한다.

**31 ①**

**클래스별 범위**

| 클래스 | 첫 옥텟 범위 | IP 주소 범위 |
|---|---|---|
| A Class | 0 ~ 127 | 0.0.0.0 ~ 127.255.255.255 |
| B Class | 128 ~ 191 | 128.0.0.0 ~ 191.255.255.255 |
| C Class | 192 ~ 223 | 192.0.0.0 ~ 223.255.255.255 |
| D Class | 224 ~ 239 | 224.0.0.0 ~ 239.255.255.255 |
| E Class | 240 ~ 255 | 240.0.0.0 ~ 255.255.255.255 |

**32 ①**

SSL(또는 TLS) 인증이 적용되면 브라우저와 서버 간 통신이 암호화되어 전송된다. 이를 통해 기밀성(도청 방지), 무결성(변조 방지), 서버 신원 확인이 보장된다. 주소창의 https://와 자물쇠 아이콘으로 확인할 수 있다.

**33 ②**

애자일 개발 방식은 짧은 반복 주기(Sprint)를 통해 기능을 점진적으로 개발하고, 각 단계마다 사용자와 고객의 피드백을 빠르게 반영하는 것이 핵심이다. 이를 통해 요구사항 변화에 유연하게 대응할 수 있다.

**34 ①**

NTFS는 대용량 파일과 대용량 디스크를 안정적으로 지원하며, 파일 크기 제한이 매우 크다. 또한 접근 권한(ACL), 암호화(EFS), 저널링 등 보안 및 신뢰성 기능을 제공한다.

**35 ④**

정보 시스템에서 사람(People)은 설계 · 운영 담당자뿐만 아니라 최종 사용자(end user)까지 포함하는 개념이다. ④번은 사람을 개발자 및 운영자 역할로만 한정하여 설명하고 있어 정보 시스템 구성요소의 의미를 부분적으로 축소한 설명이다.

**오답 피하기**

**정보 시스템(Information System)의 구성요소**

| 하드웨어(Hardware) | • 정보 시스템의 물리적 장치<br>• 컴퓨터, 서버, 저장장치, 네트워크 장비, 입출력 장치 등<br>• 데이터 처리, 저장, 전송을 위한 기반 제공 |
|---|---|
| 소프트웨어(Software) | • 하드웨어를 제어하고 업무를 수행하는 프로그램<br>• 운영체제, 응용 프로그램, 미들웨어<br>• 업무 처리 로직 제공, 시스템 운영 |
| 데이터(Data) | • 시스템이 처리, 저장, 관리하는 정보 자원<br>• 업무 수행과 의사결정의 핵심 자원<br>• 정확성, 무결성, 일관성이 중요 |
| 사람(People) | • 정보 시스템을 사용하는 모든 주체<br>• 개발자, 운영자, 관리자 + 일반 사용자(End User) 포함<br>• 시스템 설계, 개발, 운영, 활용 |
| 프로세스(Process) | • 정보 시스템이 수행하는 업무 절차와 규칙<br>• 업무 흐름 표준화, 효율성 향상<br>• 시스템을 '어떻게' 사용하는지 정의 |

**36 ①**

- CHECK 제약조건은 컬럼에 입력될 수 있는 값의 범위를 조건식으로 제한한다.
- CHECK (age >= 0)은 나이가 0 이상인 값만 허용하도록 하는 올바른 사용 예이다.

**37 ②**

VIEW는 하나 이상의 테이블에 대한 SELECT 결과를 가상 테이블 형태로 저장하여 복잡한 쿼리를 재사용 · 단순화하고, 필요한 데이터만 노출해 보안과 편의성을 높이는 데 목적이 있다.

**38 ②**

ORDER BY 절은 정렬 방향을 지정하지 않으면 기본값으로 오름차순(ASC) 정렬을 수행한다.

**39 ③**

ALTER TABLE은 기존 테이블의 구조를 변경하는 명령으로, 컬럼 추가 · 삭제 · 데이터 타입 변경 등의 작업을 수행할 수 있다.

**오답 피하기**

테이블 자체를 삭제하는 작업은 DROP TABLE 명령을 사용한다.

**40 ③**

INNER JOIN은 조인 조건을 만족하는 행만 결과로 반환한다. 즉, 두 테이블에 모두 존재하며 조건이 일치하는 데이터의 교집합만 조회된다.

오답 피하기
- ① : 왼쪽 테이블의 모든 행을 포함
- ② : 양쪽 테이블의 모든 행을 포함
- ④ : 조건 없이 모든 조합(카티션 곱)을 생성

**41 ①**

ROLLBACK은 현재 트랜잭션에서 수행된 변경 사항을 취소하고, 마지막 COMMIT 시점 또는 SAVEPOINT로 지정한 지점까지 데이터를 원래 상태로 복구한다.

**42 ③**

MINUS는 첫 번째 SELECT 결과에서 두 번째 SELECT 결과를 제외한 값을 반환하는 차집합 연산자이다. 즉, 앞의 결과에만 존재하고 뒤의 결과에는 없는 행만 출력된다.

오답 피하기
- ① : UNION
- ② : INTERSECT
- ④ : UNION ALL

**43 ①**

PRIMARY KEY는 테이블의 각 행을 유일하게 식별하기 위한 제약조건으로, 중복 값과 NULL 값을 모두 허용하지 않는다.

**44 ②**

GROUP BY 절을 사용하지 않고 집계 함수(COUNT, SUM, AVG, MAX, MIN 등)를 사용하면 테이블 전체 행을 하나의 그룹으로 간주하여 단일 결과(1행)를 반환한다.

**45 ①**

- ORDER BY 절에 DESC를 지정하면 내림차순 정렬이 수행된다.
- 기본값은 ASC(오름차순)이며, 명시적으로 DESC를 써야 내림차순이 된다.

**46 ④**

UPDATE 구문 자체는 서브쿼리를 절로서 포함하는 위치가 아니며, 보통 SET이나 WHERE 절 내부에서만 서브쿼리가 사용된다.

**47 ①**

DELETE FROM 테이블명은 조건(WHERE 절) 없이 실행할 경우 테이블의 모든 행(Row)을 삭제한다.

오답 피하기
- ② : 테이블 자체(구조 포함)를 삭제
- ③ : 테이블 구조 변경
- ④ : 데이터 조회 명령어

**48 ①**

DEFAULT는 테이블 생성 또는 컬럼 추가 시 값이 입력되지 않았을 때 자동으로 설정될 기본값을 지정하는 키워드이다.

**49 ①**

CREATE INDEX는 테이블의 특정 컬럼에 대해 검색 성능을 향상시키기 위해 인덱스를 생성하는 명령어다. 주로 WHERE, JOIN, ORDER BY 절에서 자주 사용되는 컬럼에 적용한다.

**50 ①**

EXCEPT는 첫 번째 SELECT 결과에서 두 번째 SELECT 결과를 제외한 행만 반환하는 차집합 연산자이다. 즉, 앞의 결과에만 존재하는 데이터가 출력된다.

**51 ①**

데이터 버스는 CPU, 메모리, 입출력 장치 사이에서 실제 데이터를 전달하는 통로이다.

**52 ②**

완전 백업(Full Backup)은 백업 시점의 모든 데이터를 처음부터 끝까지 전부 복사하는 방식이다. 복구가 가장 간단하고 신뢰성이 높다는 장점이 있지만, 백업 시간과 저장 공간을 많이 사용한다는 단점이 있다.

**53 ④**

운영체제는 CPU · 메모리 · 입출력 장치 등 자원 관리, 사용자와 하드웨어 간 중재, 응용 프로그램 실행 환경 제공 등의 역할을 수행한다.

오답 피하기
운영체제는 암호화 기능을 제공하거나 보안 기능을 지원할 수 있다.

**54 ②**

분산처리 시스템은 여러 컴퓨터(노드)가 자원과 처리 작업을 나누어 수행하는 구조로, 부하를 분산해 성능 향상, 확장성, 장애 대응력을 높이는 것이 핵심 특징이다.

**55 ③**

- SDLC는 일반적으로 요구분석 → 설계 → 구현 → 테스트 → 운영/유지보수의 흐름으로 진행된다.
- 유지보수 단계는 시스템 운영 이후 발생하는 오류 수정, 환경 변화 대응, 성능 · 기능 개선을 수행하는 최종 단계이다.

**56 ②**

백업의 목적은 장애나 사고 발생 시 데이터를 원래 상태로 정확하게 복구하는 것이다. 따라서 복원 과정에서는 데이터가 손상되지 않았는지(무결성), 원본과 동일하게 복구되었는지(정확성)를 가장 우선적으로 확인해야 한다.

**57 ②**

멀티스레드는 하나의 프로세스 내에서 여러 실행 흐름(스레드)을 동시에 수행함으로써, CPU의 유휴 시간을 줄이고 병렬 처리 효과를 통해 CPU 자원 활용도를 높인다. 그 결과 응답성 향상, 처리 효율 증가라는 효과를 얻을 수 있다.

**58 ②**

테스트 계획은 테스트 범위, 방법, 일정, 기준을 사전에 정의하여 개발된 시스템이 요구사항을 충족하는지 검증하고 결함을 조기에 발견하는 데 목적이 있다. 이를 통해 시스템 품질을 확보하고 오류 발생을 예방할 수 있다.

**59 ②**

PaaS는 애플리케이션 개발 · 실행에 필요한 플랫폼(운영체제, 미들웨어, 개발도구 등)을 서비스 형태로 제공하는 모델이다. 개발자는 인프라 관리 부담 없이 개발과 배포에 집중할 수 있다.

오답 피하기
- ① : IaaS
- ③ : SaaS

**60 ④**

ITSM은 IT 서비스를 표준화 · 체계화하여 서비스 품질을 높이고, 역할과 프로세스를 명확히 해 업무 혼선을 줄이는 것이 핵심 목적이다.

이 책장을 넘기면,
합격의 길이 열릴 거예요.

자격증은
이기적